本书获教育部高校博士点基金项目（201111103110021）和北京市教育委员会社科计划重点项目（SZ201110005002）的支持。

北京工业大学211学科建设成果

基于复杂社会网络理论的产业结构研究

邢李志 著

科学出版社

北京

内 容 简 介

作为北京工业大学 211 学科建设成果之一,本书立足于复杂网络理论和社会网络理论,根据投入产出数据构建了一系列加权有向的网络模型,并以此为基础对产业结构优化、产业集群发展、融资风险评估、产业空间布局和区域承载力等问题进行了研究。

本书适合高等院校学生、教师和科研人员阅读,对从事社会网络研究的工作人员具有一定的参考和借鉴价值。

图书在版编目(CIP)数据

基于复杂社会网络理论的产业结构研究 / 邢李志著. —北京:科学出版社,2013

ISBN 978-7-03-037482-0

Ⅰ.①基… Ⅱ.①邢… Ⅲ.①产业结构–理论研究 Ⅳ.①F062.9

中国版本图书馆 CIP 数据核字(2013)第 099704 号

责任编辑:林 剑 / 责任校对:刘亚琦
责任印制:徐晓晨 / 封面设计:耕者设计工作室

科学出版社 出版
北京东黄城根北街 16 号
邮政编码:100717
http://www.sciencep.com

北京建宏印刷有限公司 印刷
科学出版社发行 各地新华书店经销
*

2013 年 5 月第 一 版 开本:B5(720×1000)
2017 年 4 月第四次印刷 印张:17
字数:351 000
定价:**128.00 元**
(如有印装质量问题,我社负责调换)

总　　序

"211 工程"是新中国成立以来教育领域唯一的国家重点建设工程，即面向 21 世纪重点建设一百所高水平大学，使其成为我国培养高层次人才，解决经济建设、社会发展和科技进步重大问题的基地，形成我国高等学校重点学科的整体优势，增强和完善国家科技创新体系，跟上和占领世界高层次人才培养和科技发展的制高点。

中国高等教育发展迅猛，尤其是 1400 多所地方高校约占全国高校总数的 90%，已成为我国高等教育实现大众化的重要力量，成为区域经济和社会发展服务的重要生力军。

在北京市委、市政府的高度重视和大力支持下，1996 年 12 月我校通过了"211 工程"部门预审，成为北京市属高校唯一进入国家"211 工程"重点建设的百所大学之一。我校紧紧抓住"211 工程"建设和举办奥运会的重要机遇，实现了两个历史性的转变：一是实现了从单科性大学向以工科为主，理、工、经、管、文、法相结合的多科性大学的转变；二是实现了从教学型大学向教学研究型大学的转变。"211 工程"建设对于我校实现跨越式发展、增强服务北京的能力起到了重大的推动作用，学校在学科建设、人才培养、科学研究、服务北京等方面均取得了显著的成绩，综合实力和办学水平得到了大幅度的提升。

至 2010 年底，我校的学科门类已经覆盖了工学、理学、经济学、管理学、文学、法学、哲学和教育学。现拥有 8 个一级学科博士学位授权点、37 个二级学科博士学位授权点和 15 个博士后科研流动站，15 个一级学科硕士学位授权点和 81 个二级学科硕士学位授权点；拥有 6 种类型硕士研究生专业学位授权资格，工程硕士培养领域 19 个；拥有 3 个国家重点学科、16 个北京市重点学科和 18 个北京市重点建设学科。

目前，学校有专任教师 1536 人，其中全职两院院士 5 人，博士生导师 220 人，正高级职称 294 人和副高级职称 580 人；专任教师中具有博士学位教师的比例达到 54.6%；有教育部"长江学者"特聘教授 4 人，国家杰出青年基金获得者 6 人，入选中组部"千人计划" 1 人，北京市"海聚工程" 3 人，教育部新（跨）世纪优秀人才支持计划 15 人。

2010年学校的到校科研经费为6.2亿元。"十一五"期间，学校承担了国家科技重大专项28项，"973计划"项目16项，"863计划"项目74项，国家杰出青年基金2项，国家自然科学基金重点项目8项、科学仪器专项2项、重大国际合作项目1项、面上和青年基金项目347项，北京市自然科学基金项目180项，获国家级奖励14项。现有1个共建国家工程研究中心，7个部级或省部共建科研基地，11个北京市重点实验室和3个行业重点实验室。

为了总结和交流北京工业大学"211工程"建设的科研成果，学校设立了"211工程"专项资金，用于资助出版系列学术专著。这些专著从一个侧面代表了我校教授、学者的学科方向、研究领域、学术成果和教学经验。

展望北工大未来，我们任重而道远。我坚信，只要我们珍惜"211工程"建设的重要机遇，构建高层次学科体系，营造优美的大学校园，我校在建设国际知名、有特色、高水平大学的进程中就一定能够为国家，特别是为北京市的经济建设和社会发展作出更大的贡献。

中国工程院院士

北京工业大学原校长

2011年6月

前　言

当前，在产业复杂网络的研究中，最常见的研究方式是构建类似于简单物理网络的、无权无向的产业网络。但是，在这类产业网络中节点之间的边代表的仅仅是它们存在某种特定的联系，很少反映联系的强弱。在过去的研究中，投入产出数据能够很好地描述一个国家或地区经济系统中各个产品部门之间的技术经济关系，而且数据都是以矩阵的形式给出，可以直接或经过处理后作为复杂网络的邻接矩阵，从而形成一类有向加权网络。

本书根据投入产出表的直接消耗系数矩阵构建了产业结构网络模型，然后针对网络中的边同时具有方向和权重的特点，改良了 Floyd 最短路径搜索算法，使之能够搜索网络中的两个节点间最快抵达的路径，经过全局路径搜索后得到了代表部门节点最快速、最直接的系数矩阵，从而构建了另一类产业网络模型——产业关联网络模型，以及衍生于该网络的一系列以特定产品部门为核心的子网络——产业集群发展关联网络。此外，参考 Blöchl 等的研究，构建了以投入产出基本流量表为数据基础的产业信息传递网络模型。

针对以上的产业网络模型，已经完成度分布、边权分布、点权分布、集聚系数、介数、流介数等基本的复杂网络分析过程，并且根据改良的路径算法和模糊聚类算法开发出一种新的产品部门聚类分析的研究方式。根据社会网络中间人属性和条件概率算法界定了产品部门的产业中介属性，根据随机游走过程和结构洞理论分析产业金融风险，根据 GLW 模型和 Levy Stable 分布分析了产品部门的演化机制。

本书还根据二分图理论构建了产业环境资源竞争网络模型及其映射得到的排污企业单模式竞争网络模型，目的是分析区域企业对于环境容量的需求关系和它们之间环境外部性产生的竞争关系，通过模型的边权、点权、加权聚集系数、加权路径等网络指标来表征企业排污对环境容量的消耗程度，以及排污企业之间环境外部性的综合影响、直接影响和间接影响程度。

总而言之，本书尝试将复杂网络丰富的研究手段和社会网络深刻的解释方式相结合，挖掘产业网络中每个节点不同网络指标所蕴含的产业经济学意义，提出产业联动效应、产业集群发展、产业融资风险、区域产业布局和相关政策措施制定等问题的解决方案。

在此书出版之际，非常感谢导师李京文院士和赵立祥教授多年来的细心教导和无微不至的关怀，感谢关峻教授在生活和学术上的帮助，也感谢我的家人和朋友一直以来对我的支持。

邢李志

2013 年 2 月

目 录

总序
前言
1 绪论 ·· 1
   1.1 研究背景和意义 ·· 1
   1.2 相关领域研究综述 ·· 3
   1.3 研究内容与方法 ·· 15
2 复杂网络理论基础 ·· 18
   2.1 基本概念 ··· 19
   2.2 重要的特征度量 ·· 21
   2.3 介数中心性理论 ·· 30
   2.4 经典的复杂网络模型 ·· 34
   2.5 投入产出理论 ··· 40
3 产业结构网络的路径搜索和聚类分析 ··························· 43
   3.1 ISN 网络模型的构建原则 ···································· 43
   3.2 ISN 网络的特征度量分析 ···································· 44
   3.3 ISN 网络路径分析的理论探索 ····························· 56
   3.4 ISN 网络模型强关联关系的聚类分析 ···················· 61
   3.5 本章小结 ··· 67
4 产业关联网络的抗毁性分析和中间人属性 ···················· 68
   4.1 产业关联网络模型 ··· 68
   4.2 产业关联网络的特征度量分析 ····························· 71
   4.3 产业关联网络的介数分析 ···································· 81
   4.4 产业关联网络的稳健性与脆弱性 ·························· 84
   4.5 产业关联网络的中间人属性研究 ·························· 89

4.6　本章小结 ·· 98
5　产业集群网络的关联性分析 ··· 100
　　5.1　产业集群网络模型 ·· 100
　　5.2　以汽车行业为主导产业的 ICDN1-AU 网络模型 ······················ 102
　　5.3　以现代服务业为主导产业的 ICDN1 网络模型 ························· 108
　　5.4　以石化行业为主导产业的 ICDN1-PE 网络模型 ······················ 117
　　5.5　本章小结 ·· 126
6　产业信息传递网络的随机游走分析 ··· 127
　　6.1　产业信息传递网络模型的构建 ·· 127
　　6.2　产业信息传递网络的流介数 ··· 131
　　6.3　产业信息传递网络的随机游走中心性 ···································· 133
　　6.4　产业信息传递网络的累计首达介数 ······································· 141
　　6.5　本章小结 ·· 148
7　产业环境资源竞争网络模型研究 ··· 149
　　7.1　排污企业环境外部性的测度 ··· 149
　　7.2　二分图理论与产业环境资源竞争网络模型的构建 ····················· 151
　　7.3　模型的分析方法及其经济含义 ·· 154
　　7.4　广州经济技术开发区的实证分析 ··· 155
　　7.5　本章小结 ·· 161
8　结论与展望 ··· 162
　　8.1　本书的主要结论 ··· 162
　　8.2　进一步研究之处 ··· 164
参考文献 ·· 166
附录 ··· 172

1 绪 论

1.1 研究背景和意义

1.1.1 研究的现实背景

党的十八大明确指出,要推进经济结构战略性调整。这是加快转变经济发展方式的主攻方向,以改善需求结构、优化产业结构、促进区域协调发展、推进城镇化为重点,着力解决制约经济持续健康发展的重大结构性问题。之所以将优化产业结构提升到如此高的战略地位,一是推进经济结构战略性调整是转变经济发展方式的主攻方向;二是可以实现国民经济持续平稳增长;三是有助于实现全面建成小康社会和社会主义现代化建设的目标;四是可以抓住国际经济结构调整升级带来的机遇,有效应对各种挑战。

进入21世纪以来,世界政治经济及国际关系变化起伏,经济进一步向集团化、区域化、国际化发展;而且全球一体化的趋势继续深化。全球化的经济结构重组和市场一体化成为城市和区域发展的新动力。区域经济一体化也给传统的区域经济带来了全新的概念。相关研究也转向一定市场经济条件下特定区域内生产力的空间分布及发展规律,探索促进特定区域经济增长的途径和措施,以及如何在发挥各地区优势的基础上实现资源优化配置和提高区域整体经济效益。这种研究的核心就决定和反映了生产力发展状态的产业结构。改革开放以来,区域产业结构的概念被频繁运用于我国的经济规划之中,如深圳经济特区、浦东新区、天津滨海新区、成渝经济区等综合配套改革试验区、北部湾经济区等。相关理论发展和社会实践均建立于将系统方法、理性决策和控制论等引入到区域产业结构的研究中,并使其得到了长足发展。但随着社会的进步和经济实力的增强,区域产业结构的衡量指标不再单纯反映在经济收益上,社会总体经济效益和地区性生态效益也被纳入考量范畴。如此便要求探索适应区域产业结构研究的新理论和新方法。

1.1.2 研究的实践意义

随着社会主义市场经济体制在我国的进一步深化、知识经济和虚拟经济的进一步推动、产能过剩矛盾的进一步激化，以及全球经济一体化在各个层面的表现和所带来的竞争压力，加强区域产业规划、增强产业竞争实力就成为不二之选。在这种大背景下，深化和推动我国区域产业规划的研究工作自然有着与历史上任何时刻均不同的重要意义。加强区域产业结构优化的研究，是对科学发展观的准确把握；通过加强区域产业结构优化的研究，我国才能真正在实践中落实好科学发展观；只有区域产业结构优化理论在实践中不断前进，不断发展，我国才能真正走上具有中国特色的科学发展之路。因此，本书的选题和内容具有很强的现实意义和实施必要。

区域经济是一个结构复杂的有机系统，大到部门，小到企业；从生产到流通、服务等企业的集合都可以称为产业。产业是区域经济社会发展的主体，也是区域生产力布局中的重要内容。只有产业不断发展与更替才有区域产业体系的不断演化，才有产业结构的变动与提升；只有产业不断适应布局要求，才能使优势要素（特别市资源要素）得到合理的配置，才能取得良好的经济效益、社会效益和生态效益。从这个意义上来说，产业结构规划布局就是区域经济发展的谋划过程，必须综合复杂系统理论和宏观经济数量分析来进行统筹规划。随着科学技术的发展和产业分类的完善，产业间的联系也越来越复杂和密切，这就需要通过研究产业间投入产出关联的数量关系来研究区域产业系统的内在特性。

1.1.3 研究的理论意义

复杂性科学是 21 世纪最重要的新兴科学之一，近年来在自然、工程、社会和经济等领域蓬勃发展，得到各个领域专家学者的广泛关注。有关复杂网络的理论研究和应用研究在物理、计算机和社会学领域掀起了研究热潮并取得了巨大成功。通过在 Web of Science 文摘索引数据库，本书对 1998 年以来的复杂网络研究文献进行了统计，也证实复杂网络已经成为近十几年来复杂性研究的前沿方向（图 1-1）。

复杂网络理论的出现也为系统、客观地再现区域经济结构提供了一个新的路径。复杂网络理论所具备的结构复杂、网络进化、连接多样性、动力学复杂性及多重复杂性融合的特点均可映射至区域产业结构的各特性上。现有复杂网络理论

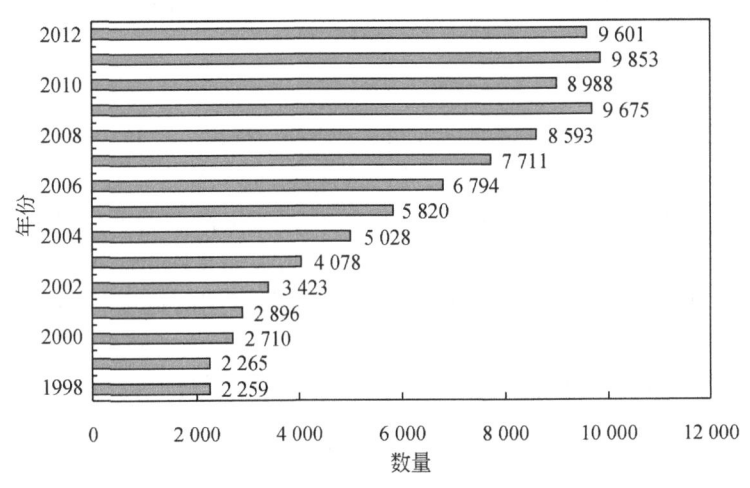

图 1-1　以"Complex networks"为主题的 SCI 论文统计

的相关研究多围绕生命科学、万维网、社会网络、传播网络、科学家合作网络、人类关系网络、语言学网络等展开。针对经济学的复杂网络理论研究也多局限于较为微观和中观尺度的企业间或产业链方面，尚未有利用复杂网络理论勾勒产业结构并探讨其演化机理的研究。利用复杂网络理论刻画区域产业拓扑结构，可以更好地反映产业结构各层次及各部分之间的相互依存、相互制约的关系，也可以确定产业结构的优化和控制节点。所以，采用复杂网络理论研究产业结构具有极大的理论和现实意义。

1.2　相关领域研究综述

1.2.1　复杂网络理论的研究现状

复杂系统作为一门独立的学科出现于 20 世纪 90 年代，而复杂网络作为研究复杂系统的有效工具和方法始于 90 年代末期。众所周知，复杂系统是由相互作用的众多子系统组成，如果将子系统抽象成节点，把子系统之间的相互作用关系抽象成连接节点的边，则复杂系统可以抽象成一个复杂网络。最早将复杂系统看成是一个网络进行研究的是社会学家，社会学家通过研究人群关系网络，分析了个体对整个系统的贡献，强调网络中个体节点的作用。因此研究一个复杂网络，不仅要考虑其微观的网络结构及网络特征，而且要分析其作为一个整体即从宏观的视角研究其系统特性，对复杂网络的研究包含以下几个内容。

1.2.1.1 基本模型

20世纪60年代，匈牙利数学家Erdös和Rényi提出，在每个时间步，在由N个节点构成的一维图中以确定概率p随机选择其中的两个节点连接一条边，如此演化形成一个ER随机图模型（简称ER模型）。ER模型的节点度服从泊松分布，它具有较小的平均路径和较小的簇系数（Erdös and Rényi，1960）。ER模型提出后，从20世纪50年代末期到20世纪90年代末期的近40年里，无明确设计原则的大规模网络主要用这种简单而易于被多数人接受的随机图的拓扑结构来描述，即认为大规模网络的形成过程中节点间的连接是完全随机的。直到20世纪80年代末期，由于计算机数据处理和运算能力的飞速发展，科学家们发现大量的现实网络不是完全随机的网络，而是具有其他统计特征的网络。

1998年，Watts和Strogatz发表了一篇开创性的论文，提出了网络科学著名的WS小世界模型（简称WS模型）。他们研究了网络模型如何实现在规则拓扑结构和随机拓扑结构之间的转换，发现规则网络可以通过"重连接"增加网络的混乱度。经过重连的网络既可以像规则网络一样有很高的聚合度，同时又可以像随机网络一样有很低的特征路径长度。他们命名具有这种效应的网络为小世界网络，并且证明了在小世界网络具有更高的信号传输速度、更强的计算能力及更好的同步能力，而且病毒传播也更加容易。但是，ER模型和WS模型的度分布与许多现实网络都不相符，用它们来描述这些现实网络具有很大的局限性。

1999年，Barabási和Albert通过对电影演员合作网、万维网和美国细目电力传输网等大型随机网络的研究发现，许多复杂网络具有大规模的高度自组织特性，即多数复杂网络的节点度服从Pareto分布，并把具有幂律度分布的网络称为无标度网络，即Barabási-Albert网络模型（简称BA模型），它是第一个随机的无标度网络模型。Barabási认为，增长和择优连接是许多复杂系统的共同特征，包括商业网络、社会网络（描述个人或组织）和传输网络，也是无标度网络形成的两种必不可少的机制。

1.2.1.2 实证研究

复杂网络最开始的研究是通过分析现实世界中网络统计数据得出它们的共性，由此才诞生了小世界网络和无标度网络，而且进一步推动了学者们构建更加符合实际网络特性的网络模型。国内外研究学者针对各类实际网络进行了大量的实证研究，如电影演员合作网络、万维网、论文引用网络、飞机航线网、物流和

| 1 | 绪　　论

供应链网络等。从目前的研究成果来看，多数实际网络普遍存在一些共同的拓扑特性：大都具有较短的平均距离和高的聚集性，而且部分网络具有幂函数律的节点度分布，即具有无标度网络的特性（李春光，2004）。

为了进一步反映连接网络节点的边的更多物理信息，考虑不同节点之间作用的强度，即边的权值，大量文献研究了加权网络（weighted networks）的统计分析。事实上，许多网络的节点间相互作用的强度是不同的，也就是说它们都是复杂加权网络，如社会关系网中，相识边权重代表两个人的相识程度；演员合作网中，合作边权重代表演员间的合作熟悉程度；电力网中，高压传输站点间的连边权重代表其距离的远近；万维网中，超级连接的边权重代表超级连接强度等。加权网络的描述方法为研究网络拓扑结构和权重的共演化提供了便捷的途径。而且近年来越来越多的含有权重的网络实证的获得使得研究权重网络的演化成为可能。通过对实证数据的分析，人们发现了很多有趣的现象，包括连接度（degree）、点权（strength）和边权（weight）分布的无标度特性，以及度和权重的非线性关系等。

1999年，Barabási和Albert通过网络机器人查找网络文档URL并建立数据库的方式，发现网页的链入和链出的概率都遵循Boltzmann-Gibbs分布定律，不仅和传统的随机图论所预测的柏松分布相去甚远，也不符合在随机网络模型中找到的有界分布。他们的研究发现，那个时期互联网的平均路径为19，而且预言，即使互联网的规模增大10倍时，平均路径也只会改变很少（Albert et al.，1999）。

2000年，Jeong等系统地比较和分析了43个组织新陈代谢网络。他们发现尽管这些网络的个体组成和路径有很大差异，但是都有同样的拓扑规模属性。为了研究新陈代谢网络表现出对小错误的容忍特性，他们仿真了大肠杆菌基因的新陈代谢网络：去掉所有的中心，网络直径就会快速增加；当去掉一个随机中心，剩下节点直径的平均距离并没有受到影响。从而证明了无标度网络表现出对随机错误的抵抗性（Jeong et al.，2000）。

2001年，Newman借助Erdös数[①]的手段证实科学协作网具有小世界效应（一对科学家的典型距离为6）和无标度特性（因时限原因不完全遵守Pareto分布），而且还研究了这种网络的度分布、平均路径、网络直径、集聚系数、中心节点等特征（Newman，2001）。

---

① Erdös数衡量了一个数学家在文献学方面与Erdös的近似度。Erdös的Erdös数为0，与Erdös合作发表论文的人的Erdös数为1，与Erdös的某个合作者合作发表论文的人的Erdös数为2，以此类推。

2001年，Liljeros等通过研究人类性关系网的无标度特性，证明流行病增长和传播的速度在无标度网络中更快，同时该网络的中心节点受损会很大程度上影响整个网络。结果表明把有大量性伙伴的个体作为安全性教育运动的战略对象，可能是阻止性传染疾病传播的最有效的方法（Liljeros et al., 2001）。

2003年，李春光和陈关荣在分析了科学家合作网的连边强度基础上，发现该网络的权重分布服从Pareto分布，进一步预测大多数的加权网络的权重分布都具有类似的形式（Li and Chen, 2003）。

2003年和2004年，Latora和Marchinri分别基于有效性和费用的概念，得到了能够有效进行信息传输的所谓"经济的小世界网络"（economic small worlds），并对神经网络、社会网络、通信网络和运输网络进行了实证研究（Latora and Marchinri, 2003；2004）。

2004年，Barrat等以全球机场网络和科学家合作网络为例，详细分析了加权网络的统计特性，并将集聚系数和邻近节点平均度扩展到加权网络中。他们的工作表明，真实网络中权重同样存在很强的异质性，并且节点权重和度之间存在非线性的关联（Barrat et al., 2004）。

2005年，Macdonald等做了类似的实证工作，并发现在美国航空网络及大肠杆菌新陈代谢网络中同样存在流量和拓扑结构的非线性关系。这些结果表明真实权重网络中存在马太效应，即连接度大的点通常会承受比连接度更大的权重。这些实证数据为权重网络的建模工作提供了可靠的依据（Macdonald et al., 2005）。

1.2.1.3 病毒传播

1997年，Ball等（1997）研究了在具有两层混合的种群中进行个体移除的流行病（SIR流行病模型）传播情况。两层混合网（two levels of mixing）分为全局和局部，并为这种过程开发了"大圆模型（great circle model）"。可以说，他们开创了复杂网络上病毒传播研究的先河。

2001年，Kuperman和Abramson研究了流行病在小世界网络中的传播行为，他们发现当表征捷径密度的参数p变化的时候，SIRS模型会显示出两种明显不同的行为：当p值比较小的时候，低级别的局部感染会持续一段时间；当值比较大的时候，模型中被感染个体数目明显带有类似周期性的振荡（Kuperman and Abramson, 2001）。

2001年，Pastor-Satorras和Vespignani对互联网中的病毒传播进行了实证分析，进一步建立了复杂网络上的病毒传播模型（简称SIS模型），并通过计算机数值模拟和平均场理论分析了无标度网络上病毒传播的特性。他们的工作揭示了一个非常重要的事实：一个无标度网络上病毒传播的有效传染概率阈值为零（Pastor-Satorras and Vespignani，2001）。

2002年，Eguíluz和Klemm进一步研究了具有高簇系数和相配混合性的无标度网络上SIS病毒传播的阈值，发现簇系数和相配混合性能够一定程度地抑制无标度网络上病毒的传播（Eguíluz and Klemm，2002）。

2004年，Barthélemy等在Pastor-Satorras研究的基础上进一步研究了病毒的传播行为，发现无标度网络上的病毒传播存在分层特性（hierarchical spread）（Barthélemy et al.，2004）。

2005年，Newman探讨了复杂网络上两种相互关联的病毒的传播，发现系统中存在不同的动力学相（Newman，2005）。

2006年，Gross等研究了自适应网络（adaptive network）上的病毒传播行为，发现了病毒传播中存在一级相变、迟滞现象、振荡及网络结构相配性的涌现。该工作表明，病毒传播与网络结构的相互作用对网络结构的演化和病毒传播的动力学同时起到至关重要的作用（Gross et al.，2006）。

1.2.1.4 稳健性

任何无标度网络都可以承受相当比例的节点损失仍能继续工作，这种稳健性源自其自身的拓扑结构特点。无标度网络中存在高度联通的中心节点，它们使得网络能够连成一体。如果故障对任何节点来说是以相同概率发生的，那么故障更有可能发生在度较小、数量较多的非中心节点上，但是这些节点对网络的整体所起的作用是有限的，网络不会因为一定数量的故障而崩溃。如果故障发生在少数中心节点上，按照等级分布的中心节点还会有其他的来维持网络的整体性。总而言之，无标度网络的稳健性根源在于其结构的不均衡性。

2000年，Havlin等研究了网络对随机性节点失效的稳健性，并使用幂指数度分布为$P(k)=k^{-\alpha}$的无标度网络进行了测试。他们的研究发现大多数实际网络都是无标度的且次数幂小于等于3，这种网络无论多少节点被删除，大组件都不会从网络中消失（Cohen et al.，2000）。

1.2.1.5 脆弱性

但是，面对攻击的脆弱性也是无标度网络与生俱来的特性之一。删除无标度网络中连通性最强的一些中心节点后，网络很快就分裂成相互无法连通的分散组件。

2000年，Albert等将去除节点所能给网络带来的攻击效果定义为网络弹性。

他们的研究发现万维网、因特网、社会网络和细胞网络具有极高的网络弹性,肯定了无标度网络具有强大的稳健性这一客观事实,即这些网络中节点的通信能够不受一些节点高失效率的影响。但是,这些网络面对攻击又特别脆弱,这种攻击指的是选择并移走那些确保网络连通性的中心节点(Albert et al., 2000)。Callaway 等发现对于具幂指数 Pareto 分布的图,大组件的大小在度最高的顶点被删除之后会迅速缩小。对于指数为 2.7 的 Boltzmann-Gibbs 分布,大约 1% 的具有最高度的顶点需要被删除从而完全地破坏其大组件,等价于在具有相同拓扑的通信网络中摧毁那些最长的通信路径(Callaway, 2000)。

上述研究一方面对确定产业结构中的核心产业及确立相关保护和支持政策,另一方面对寻找制约产业结构升级的关键点及制定相关政策有较好的指导意义。

1.2.2 产业复杂网络的研究现状

复杂网络是具有海量节点和复杂连接拓扑结构的网络模型,自然界存在着大量的复杂系统,从社会、交通以至于产业关联系统,这些系统能够用各种各样的"网络"加以定量描述。产业复杂网络指的是产业通过错综复杂的相互关联形成的网络。将产业视为节点,产业之间的各种关系转化为边,通过产业之间的相互作用就可以构建各种产业复杂网络。对于产业复杂网络的研究,主要是通过特征指标来刻画网络的特征,其特性主要由基本特征、静态结构特征和动力学特征组成。复杂网络基本特征主要由平均路径(average path length)、集聚系数(clustering coefficient)、度(degree)与度分布(degree distribution)这三个基本概念来刻画;复杂网络的静态结构特征则主要由中心性(centrality)、介数(betweenness)、核数(k-core)、层级结构(hierarchy)、社团结构(community)、度相关性(degree correlations)、簇度相关性(clustering-degree correlations)来刻画;而复杂网络动力学特征则重点考察网络的可靠性(reliability)、稳健性(robustness)、传播性(epidemic)和同步性(synchronization)。通过分析其特征刻画网络的拓扑结构,并据此来解释真实产业系统的形成机制、演化规律和动力学过程,进而将理论结果映射到具体的区域产业规划过程之中。

时至今日,对于复杂网络的研究已经覆盖了大多数实际网络领域,其中有些研究与产业经济息息相关,并初步形成了一个较为成熟的研究框架,体现了复杂网络的研究范式和研究方法,为揭示产业组织的特点和演变规律提供了新的工具。本书将到目前为止产业网络的重要研究成果分为三类,分别是产业结构网络、产业竞争网络和产业合作网络。这三类网络的节点代表的是产业或者企业,而不同之处在于边所蕴含的意义。产业结构网络重视的是节点之间是否存在真实的载体链接或者遵循某种特定规则,产业竞争网络与产业合作网络则更多从经济学的角度出发进行界定。

1.2.2.1 产业结构网络

2006 年,李守伟等从复杂网络的角度提出了产业网络的三个层次的复杂性水平:要素、联系和系统动力学。通过对三个层次复杂性水平的分析得到,企业在产业网络中的地位是不同的,而且产业网络是一个具有无标度特性的复杂网络。本书还给出了产业网络的宏观和微观系统动力学模型,同时应用中国半导体产业网络对复杂性进行了实证。最后,得出结论,成员之间联系的本质和动态特性是产业网络复杂性的关键方面(李守伟和钱省三,2006)。2007 年,李守伟等研究了影响创新在产业网络上扩散的网络拓扑结构,认为产业网络结构对创新扩散的阈值、路径长度及企业地位和创新分享有不同的影响,并基于企业进行技术创新的成本以及对待技术创新风险的态度,进一步分析了产业网络上的"技术创新雪崩"扩散模型(李守伟等,2007)。

2008 年,刘刚等以《2002 年全国投入产出表》数据为依据,构建了 122 个产业为节点、2289 条连接边代表产业间供需关系的中国产业结构网络,将开放条件下外资产业并购和进口商品倾销对产业结构的冲击,分别看成是对产业结构网络的节点、连接边的去除,以网络全局效率度量产业结构网络在不同冲击下的变化(刘刚等,2008)。

2009 年,方爱丽等为了更深刻揭示实际加权复杂网络的结构属性,从拓扑和加权两个角度,给出复杂网络的聚集性和相关性的度量方法,并分别比较了在这两个角度下度量值之间的相互关系。以中国 2002 年国民经济产业结构为例,构建了国民经济产品部门的投入产出关联网络,借助国民经济核算司发布的投入产出数据和 Matlab 软件,对产业关联网络的聚集性和相关性进行了分析,充分揭示了我国国民经济产品部门投入和消耗关联的结构特征(方爱丽等,2009)。

2009 年,张丹宁基于产业组织 SCP 范式和复杂网络理论构建了沈阳汽车产业网络实证研究的理论框架,即产业网络 AARS 分析范式。在沈阳汽车产业网络图的基础上,运用复杂网络的统计特性和模糊信息集结的方法对沈阳汽车产业网络的微观和宏观密度及节点的影响力进行实证研究,并运用复杂网络的传播临界值理论对产业网络的资源扩散效率进行研究(张丹宁,2009)。

2010 年,李永等应用网络科学的理论方法,基于实际数据,提出优先权排队网络模型,建立全球核电站网络;利用数值模拟研究了网络拓扑特性(度分布和群聚系数等）；利用 CFinder 软件研究了网络的社团结构。结果揭示了全球核电站网络分布具有不平衡性和不均匀性，并基本反映了发达国家（节点度大）广泛采用成熟堆型、发展中国家（节点度小）从发达国家引进的事实。全球核电站网络相关的各种特性可反映全球核电站的发展现状及其核电站网络的演化特点（李永等，2010）。

2010 年，薛健以投入产出分析为基础，对产业间关联结构及贸易与产业产出间关联关系的整体体征，遵循复杂网络思想与研究框架，同时综合运用定量的统计分析、定量定性相结合的比较分析等方法进行了研究。在这一基础上，讨论了进出口对经济增长的影响。其中对进口对经济增长影响的讨论运用比较优势思想，突破了直接将产出水平变动与经济增长波动直接对应的研究方法，得到了更加科学合理的结论（薛健，2010）。

2011 年，Blöchl 等在 Freeman 提出的紧密中心性的基础上，提出了随机游走中心性的概念，用于描述描述产品部门之间经济流通速度；在 Newman 的随机游走介数基础上又提出了累计首达介数的概念，其目的是描述网络中节点被随机游走路径首达访问的频率；之后，利用经济合作与发展组织（OECD）国家 2000 年的投入产出数据进行了测算和聚类分析（Blöchl et al. , 2011）。

2011 年，李亚杰建立了一个基于产品投入产出价值量的产业网络模型，并把《2007 年中国投入产出表》中的数据作为实证研究对象建立产业网络，针对产业网络的特征量：度分布（入度和出度）、权分布（边权和点权）、聚类系数和平均路径长度，进行实证分析，以此研究每个行业之间运行的效率，分析各行业之间的相互运作的紧密程度和信息分享的强度。在基于产业网络的加权和有向特性，在原有 K-means 算法的基础上，提出了一种加权聚点和加权路径的 K-means 聚类算法，结合模块值作为确认社团数量的标准，对产业网络进行社团的划分，并对划分成的五个社团建立起社团关联度矩阵，分析社团间的投入产出关系（李亚杰，2011）。

2011 年，赵炳新等针对供应链管理、产业聚集及循环经济等经济管理研究的热点问题，提出了产业复杂网络概念，分析了其主要特征，进而研究了产业复杂网络的建模原理和技术方法，设计了四类基础网络和两类扩展网络，并在建模的基础上将上述企业与区域经济决策活动归集为路径选择、子网提取等产业复杂网络上的优化问题进行研究分析（赵炳新等，2011）。

2011 年，邢李志等根据投入产出直接消耗系数表，结合复杂网络理论的建模思想构建了一类有向加权网络——区域产业结构网络。在研究网络的路径问题时，开发并挖掘网络的最长路径及其蕴含的产业经济意义。以此为基础构建了产业间最强关联网络和产业集群发展关联网络，并选取了汽车行业和石化行业进行了产业集群发展可行性方面的实证分析（邢李志和关峻，2012a）。然后，邢李志根据最长路径构成的矩阵概念，构建了衍生的产业结构网络——产业间最强关联网络，并从介数攻击角度研究了网络的抗毁性。最后，证实了该网络作为一种无标度网络，在节点随机失效和介数蓄意攻击时分别呈现出稳健性和脆弱性等特征（邢李志和关峻，2012b）。

1.2.2.2 产业竞争网络

2004年，杨建梅及其研究团队将复杂网络方法引进产业组织分析，提出了产业竞争关系复杂网络的概念、建模方法与分析思路。随后，于2006年又提出了企业间竞争关系与对抗行动的二层复杂网络模型，可同时分析行业层面的企业竞争关系与企业层面的对抗行动，为产业市场结构及企业战略分析提供了一个整合的分析框架（杨建梅，2006）。

2006年，王大辉等基于二分图理论建立了一个生产者-消费者模型，生产者和消费者两类节点之间的二分图边表示消费者选择该生产者的产品来消费，每条边代表一个单位的消费，因此一个生产者节点的二分图度就代表它的销售额及占据的市场份额，而网络演化的优选生长机制代表了市场竞争中的马太效应（Wang et al., 2006）。

2008年，胡鲜等根据2002~2006年每年度广东省软件产业内企业及产品的数据，分年度构建了企业竞争关系复杂网络模型；然后用各种静态几何量分析了每年度网络的结构属性，比较了不同静态几何量之间的关系，并探讨了网络增长的动力机制和经济学背景（胡鲜等，2008）。而笔者认为，由于实际网络几乎都是加权网络，那么软件企业之间的强弱联系不同，如果根据110类软件产品中任意一款存在竞争就界定竞争关系，会使整个竞争关系复杂网络始终处于一种较弱联系的基础之上。

2008年，姚灿中等采用极大似然估计和KS统计量拟合Pareto分布α指数和x_{min}值的研究，是复杂网络中Pareto分布拟合的新进展。运用上述方法对广州软件产业、佛山陶瓷产业和中国家电产业竞争关系网络及百度百科词条生产网络的分布进行研究，并与用最小二乘方法的估计进行比较得出了一些新结论（姚灿中和杨建梅，2008）。

2009年，冯建勇建立了中国民用航空产业的二层复杂网络模型，分析上层竞争关系网络与下层南方航空公司局域网的性质。然后对南方航空公司的主要竞争对手及所有航线的特征进行了分析，并探讨了南方航空公司在各条航线上受到主要竞争对手进攻时所应采取的竞争策略（冯建勇和杨建梅，2009）。

2010年，李得荣等以中国汽车零部件产业为例，建立了零部件企业与产品的二分网络模型和根据产品销售量加权的加权二分网络模型；分别把布尔二分网络模型和加权二分网络模型投影到企业节点上，根据不同的投影规则得到汽车零部件企业间布尔竞争关系网络模型和有向竞争压力网络模型；对四个模型的相互联系和区别进行了综合分析，并对网络模型拓扑属性的经济学背景进行解释（李得荣等，2010）。

2010年，后锐等为了将产业竞争的研究从垄断市场拓展到宏观现实市场，选取物流企业作为研究对象，构建了物流企业竞争关系复杂网络模型。他将物流企业提供的物流服务类和物流服务的地点作为两个维度，构成了物流服务产品矩阵；物流企业作为节点，而它们之间的边数由该矩阵是否存在交集来决定，边的权重由这些企业所提供的同质产品的数量决定。根据网络的度分布、边权分布、平均路径和集聚系数判定该网络具有无标度特征和小世界效应（后锐等，2010）。

2012年，吕康娟等根据世界重要航运公司在各城市的职能分布，建立并验证了基于航运企业价值链接的世界航运中心之间呈现复杂的网络关系，世界航运城市网络具备小世界特征；对该复杂网络进行测度得出国际航运中心出现向亚太地区转移的趋势；世界航运城市呈现"多核心复杂嵌套式核心—边缘"结构特征；提出了世界航运城市的网络级、核心节点级和边缘节点级三个层次（吕康娟和张蓉蓉，2012）。

2012年，廖虹以东北亚港口群为研究对象，绘制港口群空间网络拓扑结构图，并应用复杂网络理论对港口群空间网络拓扑结构进行分析，在港口群空间网络演化影响因素的基础上，构建基于改进后复杂网络演化模型的东北亚港口群空间网络演化模型，以此模拟东北亚港口群空间网络的形成过程（廖虹，2012）。

2013年，杨建梅等基于社团结构，提出了产业竞争关系与企业对抗行动分析的双层复杂网络模型，并应用于中国的汽车产业与轿车社团企业，由此发现中国汽车产业竞争关系网络具有拓扑结构的特点，以及镶嵌在这个网络上的轿车社团企业的对抗行动与其各层网络拓扑位置的关系，得出了企业对抗行动主要是受其所在社团网络位置影响等结论（杨建梅等，2013）。

1.2.2.3 产业合作网络

目前，对于产业合作网络的研究国内主要有两个科研团队，一个是何大韧领导的扬州大学物理学院非线性、复杂性课题组，另一个是方锦清领导的中国原子能科学研究院的非线性网络的动力学复杂性研究课题组。

从 2006 起,何大韧的科研团队实证得到了一部分合作竞争网络进行项目度分布、度分布和项目大小分布等拓扑性质的共同统计规律,并且提出了一个能够解析和数值地导出这些规律的演化模型,称之为 Z 模型(Zhang et al., 2006)。2008 年,何大韧科研团队对 9 个实际合作网络、25 个实际合作-竞争网络进行实证研究。其中 9 个实际合作网络和 5 个实际合作-竞争网络的项目大小遵循单峰分布,度分布与项目度分布遵循幂函数和指数函数之间的所谓"漂移幂律"(shifted power law)分布;其余 13 个实际合作-竞争网络却显示不同的性质,即项目大小分布不是单峰分布,而是和度分布与项目度分布定性相同,都是漂移 Pareto 分布(刘水晶等,2008)。2008 年,何大韧科研团队还分别定义了被称为"差异性"和"异质性"的两个参数,来描述合作竞争网络中度分布、项目度分布,以及节点权分布的不均匀程度。从 14 个分别属于教育、语言、餐饮、工业、体育、经贸、医疗等领域的合作竞争网络的实证研究数据中提取了差异性与 α 和 γ 的依赖关系,并且解析地得到了与实证数据符合更好的异质性与 α 和 γ 的显函关系,说明 α 和 γ 都表征点权分布的不均匀程度(Fu et al., 2008)。2009 年,对 Z 模型的普遍情况做了解析,得到了合作竞争网络中在一般情况下节点项目度分布和度分布都遵循"漂移幂律"的结论,提出了"漂移幂律"的参数与模型演化中"随机选择概率 p"的关系;对 Z 模型的模拟给出了合作竞争网络同类性系数 r 随参数 p 演化的清晰关系曲线,得出了一个合作竞争网络的节点项目度分布"漂移幂律"的参数与模型同类性系数 r 关系的理论预言。预言的函数曲线与中药方剂网、中国旅游线路网、中国淮扬菜系网,以及好莱坞电影演员网的实证结果相当符合(Chang et al., 2007)。同年,何大韧科研团队提出了合作竞争网络中"重要子图"的定义,即根据参加合作竞争项目多少来判别子图的重要性,实证研究了若干实际合作竞争网的重要子图普遍分布规律,并且用一个推广的 Z 模型解析、数值地做了解释(Fu et al., 2009)。

2007 起,方锦清的科研团队立足于网络科学的统一混合理论框架体系,提出了从网络科学发展的角度研究中国高科技园区发展的思路。他们将高技术产业网络划分为中关村 Z-Park 高科技网络、全国高科技网络园区企业网络、全国高技术产业网络和世界五百强企业网络四个层次,通过分析发现了中国高科技产业网络不仅具有小世界效应,而且累积度分布是在 Pareto 分布与广延指数分布(stretched exponential distribution,SED)之间转变的现象(陈关荣和许晓明,2008)。在随后的 2008 年,方锦清、刘强和李永在此基础上深入研究了这种网络的拓扑特性。例如,采用 2003~2007 年的电子百强企业关键经济指标的统计数据，构建了电子百强企业的加权网络、区域联合加权网络等，分析了网络的基本特性和特点（刘强等，2008）；通过比较确定性加权网络、择优确定性加权网络、混合择优加权网络和随机混合加权网络的特性，揭示了中国高新技术产业确定性加权及随机性加权网络的一些拓扑性质（李永等，2008）；利用高新技术园和大学科技园的经济指标和数据构建和考察了联合规则分布、随机网络及增长网络三种类型的高新科技园和大学科技园联合网络，结果表明大学科技园和高技术园区联合网络只要加强自身的创新能力，扩大技术传播途径和技术交流，就可以通过以点带面的方式推动和提升整个国家的创新能力（刘强等，2009）；依据2004~2005年中国高新技术产业统计数据，以总收入为网络结点属性特征，构建和考察了国家高新技术产业开发区网络的特点，分析了 BUN 网络、BDN 网络和加权网络的拓扑性质等（李永等，2009）。笔者认为，方锦清科研团队应用复杂网络理论研究中国高技术企业的竞争、合作与交流关系，不仅具有网络模型方面的理论创新，而且对中国高技术产业的发展战略和产业政策的制定有实际指导意义。

2007 年，Chmiela 等根据商业数据库"Baza Kompass Polskie Firmy B2B" 2005 年以来的数据，采用二分图理论建立了波兰大、中型公司的合作-竞争网络。在他们构建的加权网络中，节点为 48 158 个波兰公司，项目为这些公司所归属的 2150 个产业类别，权重为二分图向一类节点投影的重复次数（Chmiela et al.，2007）。同一年，日本学者 Hiroyasu Inoue 等也采用类似的方法研究了日本公司（参与者）及其申请的专利（项目）构成的合作-竞争网络，所不同的是他们只研究了申请同一专利的公司构成的项目完全子图（Hiroyasu Inouea et al.，2007）。

2011 年，肖冰提出了中小企业集群复杂网络的局域双向适应度模型，通过综合考虑中小企业集群复杂网络具有局域世界性（群落结构）、竞争性、获取的信息不完全和不对称等特点，在 BA 模型的基础上构建了局域双向适应度模型，分析了中小企业集群的数据对象，提出了一种利用聚类分析识别中小企业集群群落结构的 k-均值算法，并对集群网络的核心节点和关键资源节点进行了识别（肖冰，2012）。

2012 年，李勇以复杂网络理论为工具对生态产业共生网络的成长机制进行分析和讨论，研究了产业共生网络形成原因、影响产业共生网络稳定性因素、弱化状态下的目标抗毁性策略、网络成长的治理机制，并以鲁北生态产业共生网络为案例进行研究（李勇，2012）。

2013 年，王治莹等针对生态工业共生网络无法解决企业间的异质性问题的现状，提出构建生态工业共生超网络（EISS）来刻画生态工业园内复杂的结构和关系，量化了 EISS 的各子网络的构建和耦合过程，并从不完全信息攻击模式下网络结构的抗毁性视角提出 EISS 的稳定性测度算法，从而提出通过有效管理核心企业来维持生态工业园的稳定性策略（王治莹和李春发，2013）。

综上所述，国内外学者在产业复杂网络的理论建模、动力学演化方面已经进行了一定的研究，这表明从复杂性和系统论的角度对产业网络进行研究已经成为一个新的趋势。在当前的产业复杂网络的研究中，最常见的研究方式是构建类似于简单物理网络的、无权无向的产业网络。但是，在这类产业网络中节点之间的边代表的仅仅反映了大规模节点数量下网络整体呈现出的拓扑结构特性和物理统计学特征，并没有在真正意义上反映出产业或企业之间的错综复杂的技术经济联系。因此本研究拟采用网络流理论的研究方法，构建基于投入产出数据的加权有向网络模型，分析其特征刻画网络的拓扑结构，并据此来解释真实产业系统的形成机制、演化规律和动力学过程。通过研究这些反映产业结构特点的网络模型的路径问题、介数中心性、最大流问题和随机游走过程，达到为产业结构优化提供定量依据和定性对策的目的。

1.3 研究内容与方法

1.3.1 研究内容

区域产业系统作为国民经济系统中最为复杂的子系统，必须综合复杂系统理论和宏观经济数量分析来进行统筹规划。与整个国民经济系统相比较，区域产业系统虽然是一个开放性的系统，但是也是由物质生产部门和非物质生产部门等众多子系统组成，各个层次的系统之间存在着相互依存、相互制约的关系，因而区域内某个产业的调整和演化必然会影响其他产业，甚至影响整个区域经济系统。随着科学技术的发展和产业分类的完善，产业之间的联系也越来越复杂和密切，这就需要通过研究产业间投入产出关联的数量关系来研究区域产业系统的一些特性。

本书将区域看成是开放的复杂巨系统，定义具体产业为节点，产业之间的关系为边。通过投入产出和区域产业规划理论，构建基于投入产出基本流量表和直接消耗系数表的邻接关系矩阵，将产业之间的关系定义为促进区域环境、社会、人口多方面科学发展的经济纽带，从而建立基于区域经济学、产业经济学、系统科学等理论的四类产业结构网络模型（图 1-2），它们分别是区域产业结构网络

(industrial structure networks，ISN)、产业关联网络（industrial strongest relevant networks，ISRN）、产业集群网络（industrial cluster development networks，ICDN）、产业信息传递网络（industrial shock transition networks，ISTN）、产业环境资源竞争网络（industrial environmental resources competition networks，IERCN）和排污企业单模式竞争网络（IERCN-P）。

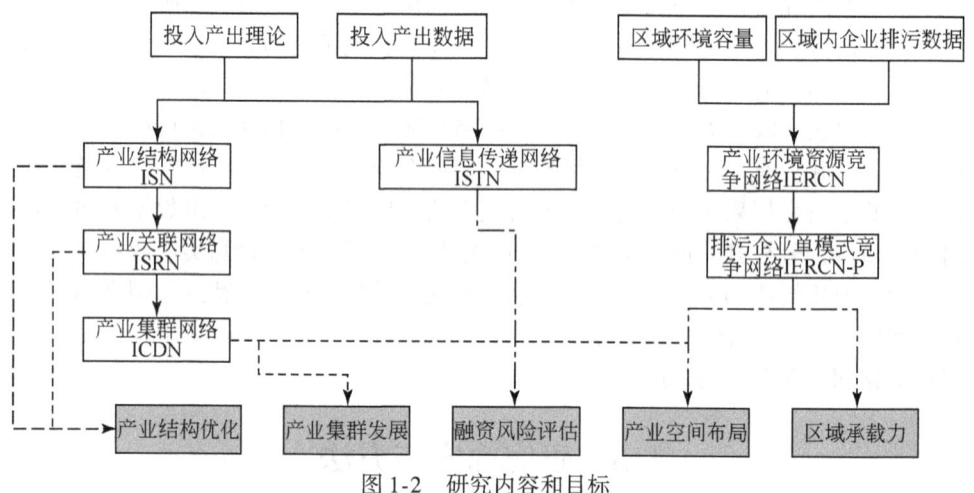

图 1-2　研究内容和目标

本书以科学发展观为指导思想和基本原则，以复杂网络理论和介数中心性理论为工具，同时遵循社会网络的分析范式，从个体网、局域网和整体网的层面分析了产业结构网络的模型所蕴含的社会意义和经济意义，研究了产业结构优化过程涉及的产业联动效应、产业集群发展、产业融资风险和相关政策措施制定等问题。

1.3.2　研究方法

（1）首先以复杂系统理论为指导思想，以系统建模为手段建立研究框架，将复杂网络理论对区域产业各功能模块社会价值的根本来源、利益主体之间的经济关系、不同合作–竞争关系对区域规划涉及投资行为的影响映射为规划方案的价值所在，对区域系统规划方案的筛选和优化的影响给予相应的定性分析，同时为本研究后一阶段的数理分析提供理论基础。

（2）通过复杂网络的各项特征指标来刻画网络的基本特性、静态结构特性和动力学特性，分析网络的拓扑结构，并据此来解释真实产业系统的形成机制、演化规律和动力学过程，进而将理论结果映射到具体的区域产业规划过程之中。整个过程将应用 Matlab、OriginPro、Stata 等统计分析软件，Ucinet、Pajek 等复杂网络专用软件保证定量运算的科学性和规范性。

（3）计算机建模与仿真。比照现实产业系统进行建模，将大量的产业部门进行分类和整合，其中产品部门视为网络中的节点，它们之间的技术经济关系、合作关系或者竞争关系视为网络中的边；在所建立的产业复杂网络模型基础上研究其基本的特征，并根据这些特征结合实际的产业背景延伸提出新的模型或者新的研究方法；根据数学模型或者仿真模型所得出的结果与复杂网络模型所揭示的实际系统静态特征进行对比，一方面验证模型的合理性和科学性；另一方面为结合社会网络的相关概念对经济现象进行解释。

（4）充分利用实际案例和统计年鉴中的相关数据，对所建立的区域产业规划模型体系进行佐证性分析。对于无法从统计年鉴中获得的产业数据，通过设计调研问卷、走访调研、委办局访谈等方式获取信息，确保研究的实用性和时效性。

1.3.3 拟解决的关键问题

本书力图在以下三个关键问题上有新的突破。

（1）在过去应用复杂网络理论研究产业投入产出关联的基础上，将该网络由无向加权网络扩展为有向加权网络进行网络流研究，运用网络流算法来分析基于投入产出数据的网络模型呈现出的新特征。

（2）建立针对产业联动效应、产业集群发展、产业融资风险和相关政策措施制定等问题的网络模型，并重点从路径问题、社团结构、介数等特征度量入手研究区域产业结构对产业规划的影响。

（3）引入随机游走中心性，衡量经济信息在产业网络上以随机游走方式传递的过程中，产品部门彼此间相互影响的程度和频率，挖掘经济信息的传递的规律和特点，以此作为两种评估产品部门融资风险的新指标。

（4）通过 IERCN-P 模型的边权、点权、加权聚集系数、加权路径等网络指标来表征企业排污对环境容量的消耗程度，以及排污企业之间环境外部性的综合影响、直接影响和间接影响程度。

2　复杂网络理论基础

对于网络的研究，在数学及其他自然学科中已经有非常悠久的历史。早在1736年，数学家莱昂哈德·欧拉为了证明Königsberg的七桥问题，构造了由点（顶点或者节点）[①]和线（边或者连接）构成的图，其中四个顶点A、B、C和D代表该地区的四块空地，七条连接四个顶点的边代表了该地区的七座桥。由此欧拉将七桥问题转变为证明节点间连通性的数学问题，即这个网络中是否存在欧拉路径。然后，他通过一条简单的发现证明了Königsberg不存在穿过每座桥梁而一次走遍全城的路径：图上带有奇数边的点，不是形成起点便是终点，而穿越所有桥梁的连续路线只能有一个起点和一个终点。A、B、C和D点都有三条边，所以无法找到所需的路径，如图2-1所示。直到1875年，B和C点之间搭建了一座新桥，使得图上B和C点的边变为偶数，只剩下A和D两个点的边为奇数，才可以找到这样一条路径。

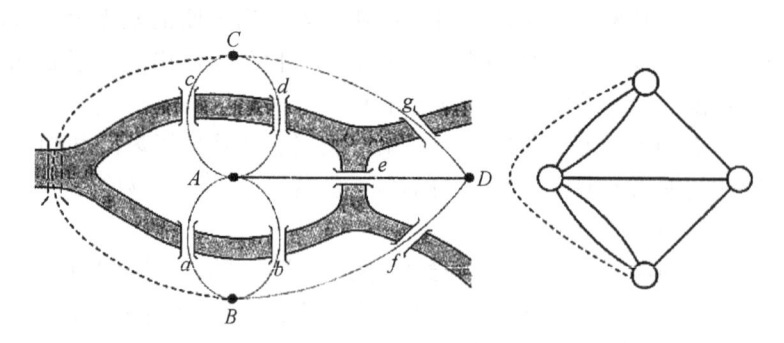

图 2-1　七桥问题的简绘图

欧拉通过七桥问题所要传达的信息是：图或网络具有自身的属性，这种属性隐藏在它们自身的结构中，可以限制或增强我们使用网络的能力（艾伯特·拉斯洛·巴拉巴西，2007）。欧拉的这种论证方式也正是图论的前身。

[①] 网络中的点通常称为节点（node），图中的点则常称为顶点（vertex）。

通过剔除问题的细节，图论能够清晰地描述重要的拓扑特征[①]，这也使它成为描述网络特征的基本数学语言。因为网络的最简单形式便是一系列的顶点和一系列连接这些顶点的边，这些顶点在今天看来涵盖的范围非常广泛，如 Rapoport 和 Horvath（1961）提出的人和友情、Faloutsos 等（1999）提出的计算机和通信线路、郑浩雄等提出的化学物及其反应、de Solla Price（1965）和 Redner（1998）分别提出的科学论文和引用等。这些研究成果表明，图论的应用早已超越了纯数学领域，并且已经开始解决系统工程领域实际问题。

2.1 基本概念

网络（network）在数学上以图（graph）来表示，之前已经提到的欧拉的七桥问题便是关于图的研究的最早范例。复杂网络可以用图论的语言和符号精确简洁地加以描述。根据复杂网络的一般定义，网络（图）可以用二元组 (V, E) 来表征，其中 V 为节点集，E 为边集，V 中元素称为节点或顶点（node 或 vertex），E 中元素称为边（edge 或 link），且 E 中的每条边 l_i 都有 V 的一对节点 (u, v) 与之对应，V 中元素个数和 E 中元素个数分别称为网络的阶（order）和边数（size）。

根据图论的基本定义，阶和边数都有限的图为有限图（finite graph）；边所连接的节点称为端点（end-vertices），两端点相同的边称为环（loop）；有公共起点并且有公共终点的两条边称为平行边（parallel edges）或重边（multi-edge）。无环且无平行边的图称为简单图（simple graph）；任何不同的两节点之间都有边相连的简单无向图称为完全图（complete graph）（孙雪莲，2007）。

图 $G=(V, E)$ 由它的顶点与边之间的关联关系唯一确定，也由它的顶点之间的邻接关系唯一确定。一般情况下，采用邻接矩阵的方式描述图顶点与顶点之间的结构关系，进而通过对这种矩阵的研究来揭示图的若干性质。设顶点集 $V=\{v_1, v_2, \cdots, v_n\}$，用 a_{ij} 表示顶点 v_i 与 v_j 之间的边数，那么称所得矩阵 $A = A(G)=(a_{ij})_{n \times n}$ 为图 G 的邻接矩阵（王海英等，2010）。

如果 E 中任意的节点对 (u, v) 和 (v, u) 对应同一条边，则该图表示的网络为无向网络（undirected network），对应不同的边则为有向网络（directed

---

[①] 网络的拓扑性质与网络中节点的大小、位置、形状、功能等，以及节点与节点之间是通过何种物理或非物理的连接方式都无关，而只与网络中有多少个节点及哪些节点之间有边直接相连接这些基本特征相关。

network); 对于有向边 e_{ij}, 顶点 v_i 称为始点, 顶点 v_j 称为终点; 如果 E 中所有边的长度均为 1, 即 $|l_i|=1$, 则称该网络为无权网络 (unweighted network), 否则为加权网络 (weighted network)。本书将网络根据边是否具有权重和方向分为四类: 无权无向网络 (binary undirected networks, BUN)、无权有向网络 (binary directed networks, BDN)、加权无向网络 (weighted undirected networks, WUN) 和加权有向网络 (weighted directed networks, WDN)。

假设网络中有 N 个点和 K 条边, 那么 K 最少为 0, 最多为 $N(N-1)/2$。如果 $K \ll N^2$, 网络是稀疏网, 如果 $K=O(N^2)$, 则是稠密网。

现代社会具有网络形式的系统越来越多, 如社会网 (演员合作网、友谊网、姻亲关系网、科学合作网、Email 网)、生物网 (食物链网、神经网、新陈代谢网、蛋白质网、基因网络)、信息网络 (自治系统级别的因特网、万维网、科学文献引用网)、技术网络 (电力网、因特网、电话线路网)、交通运输网 (航线网、铁路网、公路网) 等 (图 2-2~图 2-7)。特别是在社会经济领域, 图论除了作为一种描述抽象模型的语言, 也成为一种分析经验数据的实用工具。一方面, 在对社会网络的量化分析中很多术语来自图论, 如元素聚合度、路径长度、阀、连接组件等; 另一方面, 图被看成是各种社会影响传播的媒介, 如信息和疾病。网络系统的结构特性, 特别是连通性, 与社会系统的行为特性联系在一起之后, 使得对图的研究趋势从确定目标发展到非确定目标, 因此图的特性开始由统计学等理论丰富壮大。

图 2-2　科学合作网　　　　　图 2-3　新陈代谢网

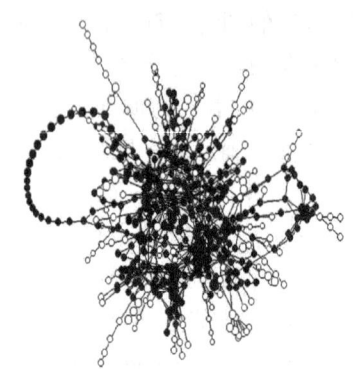

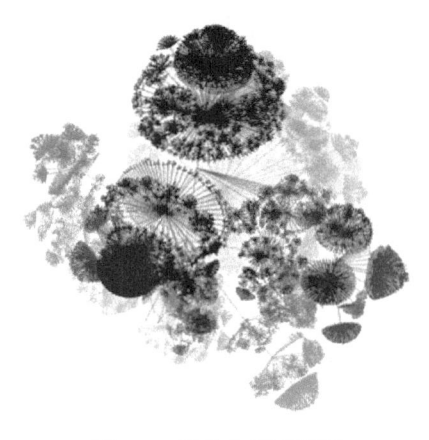

图 2-4　科学文献引用网 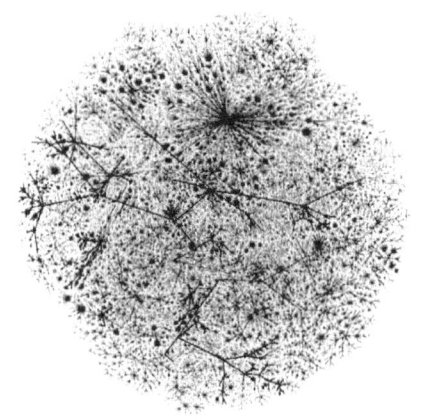　　　图 2-5　自治系统级别的因特网

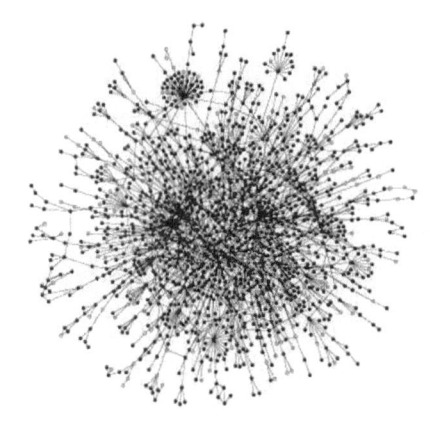

图 2-6　蛋白质网络 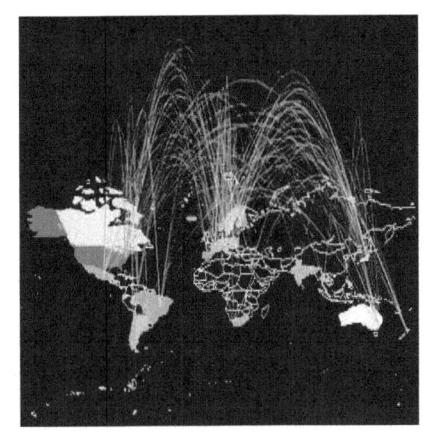　　　图 2-7　万维网

2.2　重要的特征度量

随着对复杂网络研究的深入，学者们提出了许多针对网络节点和网络整体的度量方法，以此揭示复杂网络的结构特性。

2.2.1　度和度分布

2.2.1.1　度

度（degree）也称为连通度（connectivity），用 $K(i)$ 来表示，是刻画和衡量一个节点特性的最简单同时也是最重要的概念，它表示与节点 i 连接的边的数量。一个节点的度越大，它在网络中的重要性就越高，它可以根据其邻接矩阵来定义

$$K(i) = \sum_{j \in \tau(i)} a_{ij} \qquad (2.1)$$

对于有向图来说，点的度由两部分组成。一部分为出度（out-degree），指的是从节点 v_i 指向其他节点的有向边的数目，即 $K^{OUT}(i) = \sum_{j \in \tau(i)} a_{ij}$，其中 $\tau(i)$ 为所有与节点 i 相连的节点的集合；另一部分为入度（in-degree），指的是从节点其他节点指向 v_i 的有向边的数目，即 $K^{IN}(i) = \sum_{j \in \tau(i)} a_{ji}$；在不存在重边的情况下，总的度 $K(i) = K^{OUT}(i) + K^{IN}(i)$；在存在重边的情况下，$K(i) \ne K^{OUT}(i) + K^{IN}(i)$，而是 $K(i) \le K^{OUT}(i) + K^{IN}(i)$，因此在统计节点度的时候既要考虑网络有向的特点，又要考虑到重边和自环的情况。节点度的平均值 $\langle K(i) \rangle$ 称为网络的平均度（average degree），也可记为 K。度在不同网络中所蕴含的意义也不尽相同，如在社会网络中，度可以用来表示个体的影响力，度越大的个体在组织中起到的作用也越大。

2.2.1.2 度分布

度分布（degree distribution）是网络的一个重要统计特征，用 $P(K)$ 来表示，它是网络最基本的一种拓扑特性。作为网络节点分类的首要依据，它等于网络中度为 k 的节点占网络中节点总数的比例。对于有向图，其度分布还可以分为入度分布（in-degree distribution）和出度分布（out-degree distribution）。

当完全随机网络的规模趋向于无穷时，度分布近似为泊松分布（Poisson distribution）$P(K) = e^{-\lambda}\lambda^k/k!$，其形状在远离峰值（$K = \lambda$）的地方呈指数下降趋势。这意味着当 $k \gg K$ 时，度为 k 的节点几乎不存在（图2-8）。因此，这类网络也称为均匀网络（homogeneous network）。

近年来对真实网络的实证研究表明，许多实际网络的度分布异于随机网的泊松分布，而遵循着幂率分布（Pareto distribution），可以用幂律形式 $P(K) \sim k^{-\lambda}$ 来更好地进行描述，其中 λ 的值为 2~3，分布曲线在双对数坐标系下是一条下降的直线，如图2-9所示。如果一个网络中的度分布符合 Pareto 分布，表示在这个网络中绝大部分节点的度很低，但存在少量节点的度非常高，通常称这些度较大、数量少的节点为网络的集散节点或中心节点（hub node）。

当然，并非所有的真实网络的度分布都符合 Pareto 分布。美国高速公路网的

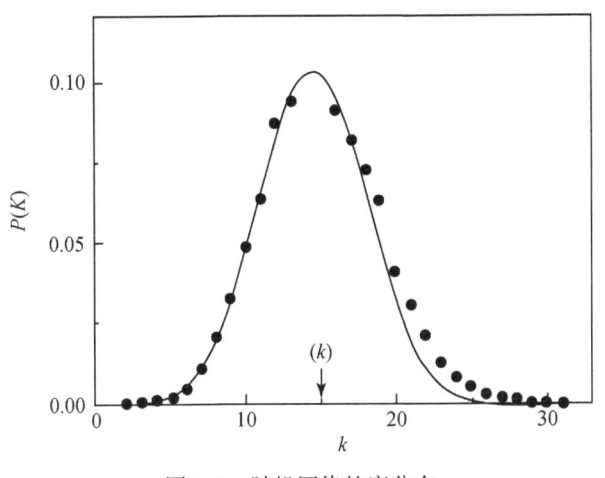

图 2-8 随机网络的度分布

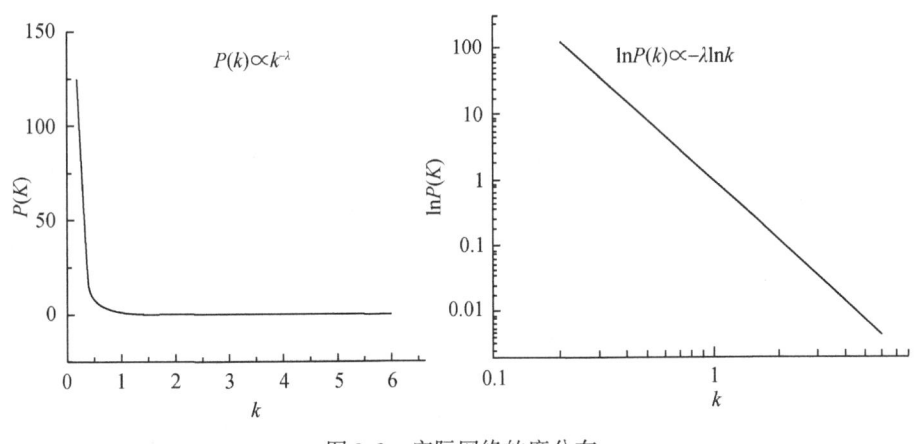

图 2-9 实际网络的度分布

度分布近似均匀分布，而许多电力网的度分布却服从 Boltzmann-Gibbs 分布（Watts and Strogatz，1998），还有很多网络的度分布是两种及两种以上分布的结合，如蛋白质相互作用网就是 Pareto 分布与指数截断相结合的形式（Jeong et al.，2001）。

2.2.2 权

国内外学者对于网络的早期研究集中在无权网络，但是无权网络无法全面反映实际网络中节点之间相互作用的强度,也无法体现网络中连边的多样性和差异性,这一问题在社会网络的研究中更加突出。因此,从20世纪初开始加权网络便成为复杂网络研究中最具有挑战性的研究课题之一。这种网络不仅能够反映实际网络拓扑结构的复杂性,而且能够更好地反映真实网络上动力学特征与拓扑结构之间的联系。随着边上权值在网络演化过程中的变化,其动态演化过程也相当复杂和多样化。总而言之,权重及其分布必然对网络的性质和功能产生重要的影响。

2.2.2.1 边权

加权网络可以用连接权重矩阵 $W=\{w_{ij}\}$ 表示,其中 $i,j\in\{1,2,\cdots,N\}$(N 为网络的规模,即节点总数)。w_{ij} 表示相连的两个节点 i 与 j 之间边的权重,即边权(weight)。无向图 G 的权重矩阵 W 定义为

$$w_{ij}=\begin{cases}f(v_iv_j), & v_i\ 到\ v_j\ 存在边,\\ \infty, & v_i\ 到\ v_j\ 不存在边,\\ 0, & i=j\end{cases} \quad (2.2)$$

其中,$f(v_iv_j)$ 为连接节点 v_i 和节点 v_j 的边上的权重。对于无向图来说,对任意 $i,j=1,2,\cdots,N$,有 $w_{ij}=w_{ji}$,因此无向网络的权重矩阵为对称矩阵。与此类似,有向网络的权重矩阵也可以根据以上公式得到。

边权分为两种类型,分别是相似权(similarity)和相异权(dissimilarity)。所谓相似权,指的是权值越大表示两个节点之间的距离越小,关系越紧密,反之亦然;而相异权指的是权值越大表示两个节点之间的距离越大,关系越疏远。与度分布类似,边权分布 $P(W)$ 表示随机边的边权为 w 的概率。

在加权网络中,相似权和相异权的区分十分重要。狄增如等提出在处理加权网络时,将相似权归一化到 $(0,1]$ 区间,而将相异权归一化到 $[1,\infty)$ 区间,这样就可以方便地利用倒数关系实现两种权重之间的转换(郭雷和许晓鸣,2006)。

2.2.2.2 点权

将节点连接度的概念推广到加权网络中节点的强度 $S(i)$,即点权(strength),其定义为

$$S(i)=\sum_{j\in\tau(i)}w_{ij} \quad (2.3)$$

点权的概念既包含了节点度的信息,同时也包含了所有与其相连的边的权重

信息（刘珊等，2007）。对于有向加权网络，点权也要从出权和入权两个方面进行分析。节点 v_i 的出权（out-strength）$S^{OUT}(i)$ 定义为从节点 v_i 出发的所有边权之和，即 $S^{OUT}(i) = \sum_{j \in \tau(i)} w_{ij}$；同样，节点 v_i 的入权（in-strength）$S^{IN}(i)$ 定义为指向节点 v_i 的所有边权之和，即 $S^{IN}(i) = \sum_{j \in \tau(i)} w_{ji}$。这时 $S(i) = S^{OUT}(i) + S^{IN}(i)$，由此可见边权的计算既考虑到了周围的节点分布情况，又综合了与节点相连的边权，是网络局域信息的一种综合体现。

与度分布和边权分布类似，点权分布（strength distribution）用 $P(S)$ 来表示，指的是任取网络中一个节点，其点权为 S 的概率。因此，出权分布表示为 $P(S^{OUT})$，入权分布表示为 $P(S^{IN})$。

此外，为了研究网络度与出权的相关性，定义网络中度 $K(i) = K$ 的所有节点的平均出权 $S^{OUT}(K(i))$ 公式为

$$S^{OUT}(K(i)) = \frac{1}{N_K} \sum_{K(i) = K} S^{OUT}(i) \tag{2.4}$$

式中，N_K 为 $K(i) = K$ 的节点数目。若 $S^{OUT}(K(i))$ 随 K 递增，则网络是正相关，反之则认为网络是负相关。

2.2.3 集聚系数

集聚系数（clustering coefficient）作为网络的另一个重要参数，它衡量的是网络的集团化程度，即网络中节点主体之间的熟悉程度。集聚系数的概念有其深刻的社会根源，而且在其他类型的网络中也普遍存在集聚的现象。

2.2.3.1 拓扑集聚系数

节点 v_i 的拓扑集聚系数 $C(i)$ 描述的是网络中与其直接相连的节点之间的连接关系，定量数值等于这些相邻节点间实际存在的边数与最大可能存在的边数的比例。BUN 网络中，拓扑集聚系数 $C(i)$ 的表达式为[①]

$$C(i) = \frac{A(i)}{\frac{1}{2}K(i)(K(i) - 1)} = \frac{2A(i)}{K(i)(K(i) - 1)} \tag{2.5}$$

---

① 无权网络中的集聚系数（unweighted clustering coefficient）也被称为拓扑集聚系数（topological clustering coefficient）。

式中，$A(i)$ 为节点 v_i 的邻节点之间实际存在的边数。如果节点 v_i 只有一个邻节点或者没有邻节点 [即 $K(i)=1$ 或 $K(i)=0$]，那么 $A(i)=0$，此时公式的分子和分母均为 0，定义 $C(i)=0$。

从集合特征上看，集聚的定义等价为

$$C(i) = \frac{\text{包含节点 } v_i \text{ 的三角形的个数}}{\text{以节点 } v_i \text{ 为中心的三点组的个数}} \quad (2.6)$$

因为网络的邻接矩阵为 $A=\{a_{ij}\}$，所以包含节点 v_i 的三角形个数为

$$A(i) = \frac{1}{2} \sum_{j,k \in G} a_{ij} a_{jk} a_{ki} \quad (2.7)$$

当且仅当节点 v_i、v_j 和 v_k 构成一个三角形，否则必有 $a_{ij}a_{jk}a_{ki}=0$。因此，节点 v_i 的集聚系数还可以表示为

$$C(i) = \frac{2A(i)}{K(i)(K(i)-1)} = \frac{\sum_{j,k \in G} a_{ij}a_{jk}a_{ki}}{K(i)(K(i)-1)} = \frac{(A^3)_{ii}}{K(i)(K(i)-1)} \quad (2.8)$$

或者

$$C(i) = \frac{\text{包含节点 } v_i \text{ 的三角形的个数}}{\text{以节点 } v_i \text{ 为中心的三点组的个数}} = \frac{\sum_{j,k \in G} a_{ij}a_{jk}a_{ki}}{\sum_{j,k \in G} a_{ij}a_{ki}} \quad (2.9)$$

式中，$(A^3)_{ii}$ 是邻接矩阵 A 三次方后得到矩阵中对角线上的第 i 个元素。需要注意的是，以上公式仅适用于 BUN 网络。如果所研究的网络为 BDN 网络，那么计算的过程要更为复杂。本书研究的产业复杂网络是一类 WDN 网络，在不考虑其边权的前提下该网络仍是 BDN 网络，需要将网络进行对称化，否则在用 MATLAB 软件计算时，实际上采用的数据为邻接矩阵的上三角阵，忽略了原网络中一半的有向边。本书采用以下公式来对网络的邻接矩阵进行对称化

$$\underline{a}_{ij} = \begin{cases} 1, & a_{ij} \neq 0, \text{ or } a_{ji} \neq 0, i \neq j, \\ 0, & \text{其他} \end{cases} \quad (2.10)$$

然后，采用对称化后的邻接矩阵 $\underline{A}=\{\underline{a}_{ij}\}$ 来计算产业复杂网络的 $C(i)$。此时，网络为 BUN 网络，即在原网络的基础上忽略了有向边的方向。整个网络的拓扑集聚系数定义为所有节点拓扑集聚系数的算术平均值，公式为

$$C = \langle C(i) \rangle = \frac{1}{N} \sum_{i=1}^{N} C(i) \quad (2.11)$$

式中，N 为网络的阶或网络规模。显然，只有全连通网络的 C 等于 1，此时每个节点都与其余所有的节点相连接，其他情况下 C 一般均小于 1；在完全随机网络中，$C(i)=1/N$；实证结果表明，在大部分大规模的真实网络中节点倾向于聚集

在一起，尽管集聚系数 C 远远小于 l，但都远比 $1/N$ 大（Boccaletti et al.，2006），这说明真实网络不是完全的随机网络。

此外，为了研究网络度与集聚系数的相关性，定义网络中度 $K(i)=k$ 的所有节点的平均集聚系数 $C(K(i))$ 公式为

$$C(K(i)) = \frac{1}{N_k} \sum_{K(i)=k} C(i) \tag{2.12}$$

式中，N_k 为 $K(i)=k$ 的节点数目。若 $C(K(i))$ 随 k 递增，则网络是正相关，反之则认为网络是负相关。

2.2.3.2 加权集聚系数

无权网络中所有的边都可以看成是同质的，但是现实中的网络基本上都是加权网络，而且连接节点的边所蕴含的能力和强度都是异质的，整个网络的结构也更加复杂。因此，将 BUN 网络的集聚系数算法扩展到 WUN 网络甚至 WDN 网络，就需要充分考虑边权矩阵 $\boldsymbol{W}=\{w_{ij}\}$ 带来的影响，同时还需要明确加权集聚系数（weighted clustering coefficient） $C^W(i)$ 的限制条件。

（1） $C^W(i)$ 的数值大小应位于 [0, 1] 区间；
（2） 当 WUN 网络退化为 BUN 网络时， $C^W(i)$ 应与 Watts-Strogatz 定义的 $C(i)$ 计算结果相同；
（3） 如果两个节点之间不存在边，则边权 w_{ij} 用 0 来表示；
（4） 包含节点 v_i 的三角形中三条边对 $C^W(i)$ 的贡献应与 w_{ij} 成正比。

改变 BUN 网络集聚系数 $C(i)$ 的计算公式使之能够表示 WUN 网络的集聚系数 $C^W(i)$，前提条件是将节点 v_i 与邻节点构成的三角形上的边权考虑进来。近年来，学者们提出了许多加权网络集聚系数的定义，它们的主要区别在于如何定量刻画边权对于集聚系数的影响。

对于一个给定加权网络 $G=(V, E, W)$ 及其邻接矩阵 $\boldsymbol{A}=\{a_{ij}\}$ 和权重矩阵 $\boldsymbol{W}=\{w_{ij}\}$，它的集聚系数 $C^W(i)$ 可以表示为

$$C^W(i) = \frac{\sum_{j,k \in G} w_{ijk} a_{ij} a_{jk} a_{ki}}{K(i)(K(i)-1)} \tag{2.13}$$

式中，w_{ijk} 代表以节点 v_i 为核心的三角形的权重影响因素。当加权网络退化为无权网络时，节点 v_i、v_j 和 v_k 构成的三角形当中 $w_{ijk}=1$，所以界定 $w_{ijk} \in [0, 1]$，进而可以得到 $C^W(i) \leq C(i)$ 的结论，说明加权网络边权的非均匀化会导致集聚系数变小。常见的 w_{ijk} 值取法有以下两类（汪小帆等，2012）。

(1) 把 w_{ijk} 取为节点 v_i 与两个邻节点 v_j 和 v_k 之间两个边权的归一化平均值（Barrat et al., 2004），即

$$w_{ijk} = \frac{1}{\langle W(i) \rangle} \frac{w_{ij} + w_{ki}}{2} \qquad (2.14)$$

式中，$\langle W(i) \rangle$ 是以节点 v_i 为一个顶点的所有连边边权的平均值，因此有 $S(i) = K(i) \langle W(i) \rangle$。$C^W(i)$ 的表达式可以写为

$$C^W(i) = \frac{\sum_{j, k \in G} \frac{w_{ij} + w_{ki}}{2} a_{ij} a_{jk} a_{ki}}{S(i)(K(i) - 1)} \qquad (2.15)$$

这种取法考虑节点 v_i 与其邻节点 v_j 和 v_k 之间边权的影响，但是没有考虑 v_j 和 v_k 之间边权的影响。

(2) 把 w_{ijk} 取为节点 v_i 与两个邻节点 v_j 和 v_k 组成的三角形的三条边的归一化边权的几何平均值，即

$$w_{ijk} = (\tilde{w}_{ij} \tilde{w}_{jk} \tilde{w}_{ki})^{\frac{1}{3}} \qquad (2.16)$$

其中，$\tilde{w}_{ij}$ 为归一化后的边权，而且它的归一化也有两类观点。一类是定义 $\tilde{w}_{ij} = w_{ij} / \max_{il} w_{il}$，另一类定义 $\tilde{w}_{ij} = w_{ij} / \max_{kl} w_{kl}$（汪小帆等，2012），但是 $\tilde{w}_{ij}$、$\tilde{w}_{jk}$ 和 $\tilde{w}_{ki}$ 三者相乘意味着分母可以互换，所以这两类观点的差异也不需深究。将式 (2.16) 代入式 (2.13)，考虑到两个节点之间没有边等价于边权为 0，得到如下公式

$$C^W(i) = \frac{\sum_{j, k \in G} (\tilde{w}_{ij} \tilde{w}_{jk} \tilde{w}_{ki})^{\frac{1}{3}} a_{ij} a_{jk} a_{ki}}{K(i)(K(i) - 1)} = \frac{\sum_{j, k \in G} (\tilde{w}_{ij} \tilde{w}_{jk} \tilde{w}_{ki})^{\frac{1}{3}}}{K(i)(K(i) - 1)} \qquad (2.17)$$

此外，根据实际网络的需要还有一些其他计算 $C^W(i)$ 的方式（Holme et al., 2007）。本书选取第二类算法来计算 WUN 网络的 $C^W(i)$，目的是保留更多产品部门之间的技术经济联系。为了便于计算，式 (2.17) 还可以变为以下形式

$$C^W(i) = \frac{\sum_{j, k \in G} \tilde{w}_{ij}^{\frac{1}{3}} \tilde{w}_{jk}^{\frac{1}{3}} \tilde{w}_{ki}^{\frac{1}{3}}}{K(i)(K(i) - 1)} = \frac{(\widetilde{W})_{ii}^3}{K(i)(K(i) - 1)} \qquad (2.18)$$

其中，定义 $\widetilde{W} = \{\tilde{w}_{ij}^{\frac{1}{3}}\}$，取矩阵 $\widetilde{W}$ 三次方后得到的矩阵 $(\widetilde{W})^3$ 中对角线上的第 i 个元素作为公式的分子。本书在计算一系列产业复杂网络的 $C^W(i)$ 时，将这些 WDN 网络处理为具有对称性的 WUN 网络，公式为

$$\underline{w}_{ij} = \begin{cases} \dfrac{w_{ij} + w_{ji}}{2}, & i \neq j, \\ 0, & i = j \end{cases} \qquad (2.19)$$

然后，采用对称化后的边权矩阵 $\underline{W} = \{w_{ij}\}$ 来计算产业复杂网络的 $C^W(i)$。在后续的研究中，本书将直接采用针对 WDN 网络的 $C^W(i)$ 算法，以挖掘产业系统中更加全面的产品部门集聚效应信息。

整个 WUN 网络的 C^W 为所有节点 $C^W(i)$ 的平均值，即

$$C^W = \langle C^W(i) \rangle = \frac{1}{N} \sum_{i=1}^{N} C^W(i) \qquad (2.20)$$

WUN 网络中的强关联和弱关联打破了集团化的平衡。那些与其他节点普遍关联较弱节点的 $C^W(i)$ 变得很低，说明它们在网络环境中的集团化程度受到其自身 $S(i)$ 影响很大。

2.2.4 路径长度

2.2.4.1 平均路径和直径

网络研究中，一般定义节点间的距离（distance）为节点 v_i 到节点 v_j 所要经历的边的最小数目，两个节点间长度等于距离的路径称为最短路径（shortest path），用 d_{ij} 来表示，如果网络中不存在这条路径，则表示为 $d_{ij} = \infty$。网络中所有节点之间的最大距离称为网络的直径（network diameter），即 $D = \max_{ij} d_{ij}$（徐俊明，2010）。

平均路径（average path length, APL）是另一个重要特征度量，它表示的是网络中所有节点之间的平均最短距离，描述了网络中节点的分离程度，或者说网络的大小，公式为

$$\text{APL} = \frac{1}{N(N-1)} \sum_{i \neq j \in G} d_{ij} \qquad (2.21)$$

节点间距离、节点间最短路径、网络直径和网络平均路径都适用于对 BDN 网络的研究。

研究发现，大多数大规模真实网络的平均路径往往按照网络阶的对数形式增长，或者以更慢的速度增长。如果一个网络同时具有较小的平均最短距离和较大的拓扑集聚系数，那么称其具有"小世界效应"（small-world effect）。

2.2.4.2 最短路径长度

为了计算加权网络中节点之间的最短距离，本书采用基于 Floyd 算法的最短距离矩阵方法。对于边权为相异权的网络，即边权越大表示节点之间的距离越大的网络，首先确定加权网络的边权矩阵 $W = (w_{ij})_{N \times N}$，然后反复使用迭代公式

$$d_{ij}^{(k)} = \min_{i,j,k \in \{1,2,\cdots,N\}} \{d_{ij}^{(k-1)}, d_{ik}^{(k-1)}+d_{kj}^{(k-1)}\}$$ 得出每两个节点之间的最短距离，最后汇总得到最短距离矩阵，记为

$$\boldsymbol{D}^{(N)} = \begin{bmatrix} d_{11}^{(N)} & \cdots & d_{1N}^{(N)} \\ d_{21}^{(N)} & \cdots & d_{2N}^{(N)} \\ \vdots & & \vdots \\ d_{N1}^{(N)} & \cdots & d_{NN}^{(N)} \end{bmatrix} \tag{2.22}$$

式中，$d_{ij}^{(N)}$ 为节点 v_i 到节点 v_j 的最短距离，$\boldsymbol{D}^{(N)}$ 为最短距离矩阵。

2.2.4.3 最长路径长度

与此类似，对于边权为相似权的网络，需将表示算法思想表的迭代公式变为

$$\widetilde{d}_{ij}^{(k)} = \max_{i,j,k \in \{1,2,\cdots,N\}} \left\{ \widetilde{d}_{ij}^{(k-1)}, \frac{\widetilde{d}_{ik}^{(k-1)} \widetilde{d}_{kj}^{(k-1)}}{\widetilde{d}_{ik}^{(k-1)} + \widetilde{d}_{kj}^{(k-1)}} \right\} \tag{2.23}$$

公式中将边权矩阵中 $w_{ij} = \infty$ 的权值都换为 $w_{ij} = 0$，最终得到最长距离矩阵 $\widetilde{D}^{(N)}$，对应的网络平均最长路径为 $\mathrm{AP}\widetilde{L}$，网络加权直径为 $\widetilde{D}$，它们衡量的是网络传递信息的能力。

2.3 介数中心性理论

中心性是指采用定量方法对每个节点处于网络中心地位的程度进行刻画，从而描述整个网络是否存在核心。从不同的角度定义中心性，得到的中心节点会具有不同的网络功能。

2.3.1 度中心性

度中心性（degree centrality）是对中心性最简单、最直观的定义，度最大的节点就是中心节点。度中心性的公式可以表示为

$$C_D(i) = \frac{K(i)}{N-1} \tag{2.24}$$

实际上，度中心性是对度的一种标准化形式，前者为相对值，后者为绝对值，这么做的目的是为了不同网络之间的比较，该特征度量在有向网络中同样也会分为出度中心性和入度中心性（刘军，2009）。

$$C_{\mathrm{AD}} = \frac{\sum_{i=1}^{N}(C_{\mathrm{ADmax}}(i) - C_{\mathrm{AD}}(i))}{\max(\sum_{i=1}^{N}(C_{\mathrm{ADmax}}(i) - C_{\mathrm{AD}}(i)))} \qquad (2.25)$$

$$C_{\mathrm{RD}} = \frac{\sum_{i=1}^{N}(C_{\mathrm{RDmax}}(i) - C_{\mathrm{RD}}(i))}{N-2} \qquad (2.26)$$

2.3.2 紧密中心性

紧密中心性（closeness centrality）指的是，网络的拓扑中心也可以作为网络的中心节点，该点到网络中所有其他节点的总距离最小，在无权网络中指的是途径的边数最少，在加权网络中指的是累计的边权最大或最小（Freeman，1979）。公式为

$$C_C(i) = \frac{N-1}{\sum_{j=1}^{N} d_{ij}} \qquad (2.27)$$

也就是说，当节点 v_i 到所有其他节点的最短距离之和最小时，该点的 $C_C(i)$ 值越大，可以认定节点 v_i 是网络的拓扑中心。

对于 WDN 网络来说，计算紧密中心性时，不仅要将影响力传递的路径用上节提出的竞争强关联矩阵表示，而且还要考虑邻接矩阵的不对称性，进而将其分为出度紧密中心性和入度紧密中心性。此外，考虑到加权网络为相似权网络，需将 $\tilde{d}_{ij}^{(N)}$ 的加和放在分子的位置，公式如下所示

$$C_C^{\mathrm{OUT}}(i) = \frac{\sum_{j=1}^{N} \tilde{d}_{ij}}{N-1} \qquad (2.28)$$

$$C_C^{\mathrm{IN}}(i) = \frac{\sum_{i=1}^{N} \tilde{d}_{ij}}{N-1} \qquad (2.29)$$

式中，$C_C^{\mathrm{OUT}}(i)$ 为出度加权紧密中心性，$C_C^{\mathrm{IN}}(i)$ 为入度加权紧密中心性，分别衡量的是以节点 v_i 为出发节点和终点节点的加权紧密中心性。

2.3.3 介数

介数中心性（betweenness centrality）简称介数（betweenness），概念源于分

析社会网络中个体的重要性。介数分为节点介数和边介数两种，它们衡量的是节点或边在网络中的传导作用（Freeman，1977）。如果经过一对节点共有 σ_{jk} 条最短路径，其中有 $\sigma_{jk}(i)$ 条经过节点 v_i，那么节点 v_i 对这对节点介数的贡献率为 $\sigma_{jk}(i)/\sigma_{jk}$。将节点 v_i 对网络中所有节点对的介数的贡献率加和后除以节点对总数，就可得到节点 v_i 的介数 $C_B(i)$，公式如下

$$C_B(i) = \sum_{i,\ j \in G(j \neq k)} \frac{\sigma_{jk}(i)}{\sigma_{jk}} \qquad (2.30)$$

其中，σ_{jk} 是连接节点 j 和节点 k 的最短路径的数量，而 $\sigma_{jk}(i)$ 是连接节点 v_j 和节点 v_k 且经过节点 v_i 最短路径的数量。介数可以通过除以不包括节点 v_i 的节点对数量的方式来实现归一化（normalized betweenness centrality），节点数量对于有向图是 $(N-1)(N-2)$，对于无向图是 $(N-1)(N-2)/2$。例如，在一个有向星形图中中央结点的介数值为 $(N-1)(N-2)/2$，归一化后为 1，而叶结点的介数值为 0。研究表明，$C_B(i)$ 与 $K(i)$ 之间有很强的相关性，不同类型的网络介数分布也大不一样（Barthélemy，2004）。

2.3.4 流介数

Freeman 提出了在介数基础上发展而来的流介数中心性（flow centrality）概念（Freeman et al.，1991），它是研究最大流问题时的一种重要特征值。如果将一个网络的边看成承载某种流动的管道，并且任意指定两个网络中的节点 v_j 和节点 v_k，那么一定存在一条承载着最大流量通过的路径，从网络全局来看任意两节点之间会存在许多这类路径。假设网络中任意的一个节点 v_j 为网络流的源头，任意的一个节点 v_k 为网络流的目标，它们之间的最大流可以通过最大流最小割定理来求，节点 v_i 的流介数定义为

$$C_F(i) = \sum_{i,\ j \in G(j \neq k)} \frac{f_{jk}(i)}{f_{jk}} \qquad (2.31)$$

式中，$f_{jk}(i)$ 为网络中从节点 v_j 到节点 v_k 最大流 f_{jk} 经过节点 v_i 的流量。

对于加权网络来说，因为网络中的边附加了权重，所以不论所加权重体现的是相异权还是相似权，网络上信息的流动不再完全和无权网络中的最短路径相关。

以图 2-10 中所示情况为例，两个较大的节点簇是由较少的节点作为桥梁来连接的，由于图 2-10（a）中的节点 A 和节点 B 处在桥梁的位置，所以跨越两个节点簇的最短路径必然经过它们，决定了它们会有很高的介数。如图 2-10 所示，

如果引入节点 C，不难看出之前提到的最短路径不会经过该点，那么它的 $C_B(i)$ 值也会很小。但是，如果从网络流的角度来看待真实世界中存在的各种信息或物质的传递网络，此时节点 C 便有可能是更为重要的承载网络流的桥梁。如图2-10（b）所示，边 AC 和边 BC 的容量大于边 AB，两个节点簇之间的最大流会倾向于通过节点 C。

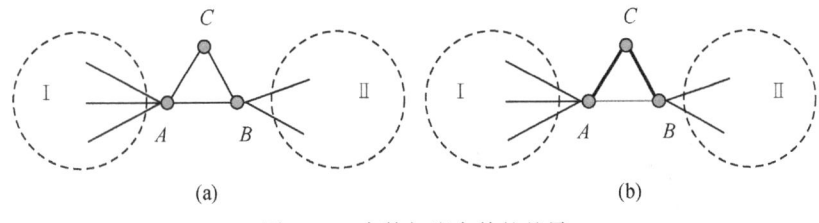

图 2-10　介数与流介数的差异

2.3.5　随机游走中心性

Freeman 提出的紧密中心性已经广泛应用于社会网络分析，但是在稠密网络中这类中心性就失去了意义，并且与其他中心性一样不能兼顾节点自环的存在。因此，Blöchl 等提出了随机游走中心性（random walk centrality）$C_{RC}(i)$ 的概念，用于描述产品部门之间经济流通速度。参照紧密中心性的定义来界定随机游走中心性（Newman，2005），即 $C_{RC}(i)$ 反比于所有节点到达指定节点的平均首达时间，公式为

$$C_{RC}(i) = \frac{N}{\sum_{j=1}^{N} E(i, j)} \tag{2.32}$$

2.3.6　累计首达介数

Blöchl 等在 Newman 的随机游走介数基础上又提出了累计首达介数（counting betweenness）的概念，本书用 $C_{FP}(i)$ 来表示，其目的是描述网络中节点被随机游走路径首达访问的频率。本书将节点 i 的累计首达介数定义为

$$C_{FP}(i) = \frac{\sum_{s \in V} \sum_{t \in (V-\{s\})} F^{st}(i)}{N(N-1)} \tag{2.33}$$

关于随机游走中心性和累计首达介数的推导过程将在第 6 章详细介绍。

2.4 经典的复杂网络模型

在很长一段时间里，人们认为真实系统各因素之间的关系可以用一些规则网络表示。最常见的规则网络是由 N 个节点组成的环状网络，每个节点只与它最近的 k 个节点连接，因此节点具有相同的度和集聚系数。对于规则网络的研究主要集中在全局耦合网络、星型网络和最近邻耦合网络（图 2-11）。

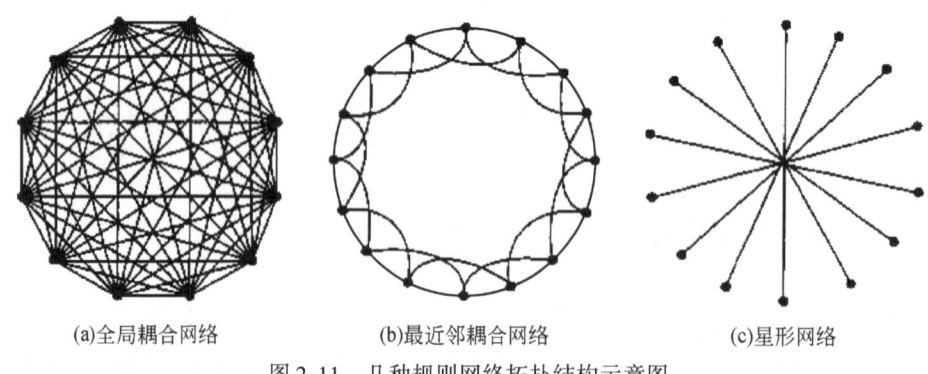

(a)全局耦合网络　　　　(b)最近邻耦合网络　　　　(c)星形网络

图 2-11　几种规则网络拓扑结构示意图

实际存在的网络并不是规则的，而是具有某种随机性。在 20 世纪 50 年代，大规模网络曾经被描述为随机网络，学者们认为网络在形成过程中节点间的连接是完全随机的。随机网络是最简单的复杂网络，在计算机技术不发达的 20 世纪 90 年代之前一直是复杂网络研究的主流。随机网络最早的理论研究开始于 20 世纪 60 年代 Erdös 和 Rényi 提出的 ER 随机图模型（简称 ER 模型）。ER 模型具有较小的平均路径和较小的集聚系数，并且节点的度分布可以用 Poisson 分布来表示。

2.4.1　WS 模型

小世界网络模型的研究起源于对许多社会实际存在网络的观察和研究。现实世界中存在的大部分网络具有小世界效应，它是指在网络中发生连接节点之间的平均距离，随着网络中节点数目的增加成对数关系增加。小世界效应最为著名的表现形式，就是由社会心理学家 Stanley Milgram 于 1967 年设计的社会网络实验，该实验的目标是找到在美国任意两个人之间的"距离",而实验的结果是中间人的平均数是5.5(Kochen,1989)。直到1991年,John Guare 在百老汇的戏剧中将这种效应称为"六度分隔"(six degrees of separation)。Watts 和 Strogatz 根据 Milgram 的假设提出了小世界网络模型,被称为 WS 模型。他们统计了电影明星网、电力网、Celegans 蠕虫的神经网中节点的平均距离,发现这些网络中节点之间的平均距离都很小,存在小世界效应。WS 模型的构造算法如下。

(1)从规则网络开始,构造一个具有 N 个节点的最近邻耦合网络。每个节点都与它左右相邻各 k/2 个节点相连,k 是偶数。

(2)以概率 p 随机重连网络中的每条边,即将边的一个端点保持不变,而另一个端点取为网络中随机选择的一个节点。规定任意两个不同的节点之间至多只能有一条边,且每一个节点都不能有边与自身相连。

显然,以上演化规则中,$p=0$ 对应于完全规则网络,而 $p=1$ 对应于完全随机网络。通过调节概率 p 的值,可以得到具有小世界特征的复杂网络。

小世界网络与其他网络的区别在于:规则网络的平均最短距离较大,集聚系数也较大;随机网络的平均最短距离较小,集聚系数也较小;但是,小世界网络的平均最短距离较小,接近随机网络,而集聚系数却较大,接近规则网络。小世界现象的存在,对于研究现实世界中疾病传播、通信网络改造及计算机网络中病毒传播都具有深刻的启示意义。

2.4.2 BA 模型

当然,现实中的许多网络也不符合以上提到 ER 随机网络和 WS 小世界网络的特征,特别是它们的度分布。Barabási 和 Albert 通过追踪万维网的动态演化过程,发现了现实中有许多复杂网络具有大规模的高度自组织特性,并且度分布符合 Pareto 分布,因此将这类网络命名为无标度网络,即 Barabási–Albert 网络模型(简称 BA 模型)。这里的无标度是指网络缺乏一个特征度值(或平均度值),即节点度值的波动范围相当大。BA 模型中节点的度值 $K(i)$ 相对于它的概率 $P(K)$ 满足幂律关系,且幂指数多在 [2,3] 的范围内,这一现象在现实网络中十分普遍。

BA 模型具有真实网络中常见的两个特征:增长性(growth)和偏好依附性(preferential attachment)。第一个特征表明:实际网络的出现和生长往往是从一个小小的节点核心开始,随着节点的数量的增长,通过新生节点与原有节点的连接而不断演化的,这个过程贯穿于网络生命周期始终(关峻,2006)。这说明网络是开放的，其规模并非固定而是不断增大的。例如，万维网上每天都有大量新的网页产生，每个月都会有大量新的科研文章发表。第二个特征则意味着：随机网络和小世界网络均假设任意两个节点间相连接（或重新连接）的概率与该节点的度无关，即新的连接是随机产生的。然而，大多数现实网络呈现出择优连接的迹象，新加入的节点更倾向于与那些连接度较高的节点相连，这种现象称为网络世界的马太效应（Stefancic and Zlatic，2005）。BA模型的构造算法如下。

（1）从一个具有 m_0 个节点的初始网络开始，每次引入一个新的节点并且连到 m 个已存在的节点上，这里 $m \leq m_0$。

（2）新节点与已经存在于网络中节点 v_i 的连接概率 $\Pi(i)$，与节点 v_i 的度 k，满足以下关系

$$\Pi(i) = \frac{k(i)}{\sum_i k(i)} \tag{2.34}$$

经过 t 步之后，便可得到一个具有 $N=t+m_0$ 个节点和 mt 条边的无标度网络。如图2-12所示，无标度网络从2个节点逐渐增长至11个节点，每一时刻新增的节点（三角形）倾向于与现存节点（圆形）中度较大的建立一条新的边。增长性和择优连接性使得无标度网络中最终出现一些具有极大边数的中心节点（Barabási and Bonabeau，2003）。

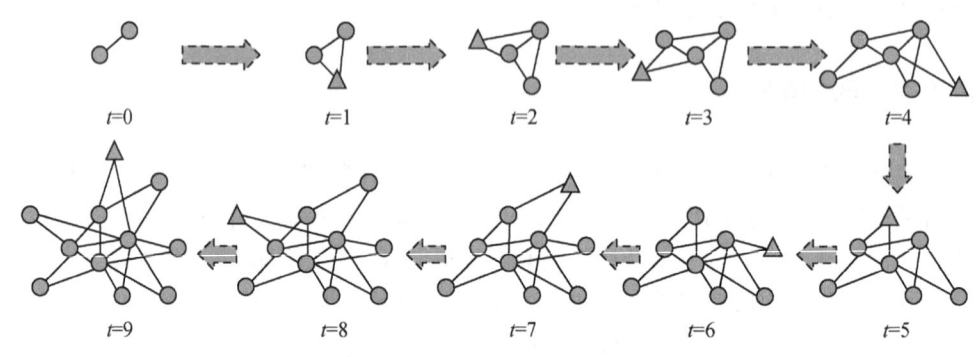

图2-12 无标度网络的节点增长过程

BA模型的统计特性简述如下。

（1）平均路径。对于随机图而言，节点之间的平均距离 l 与系统的规模成对数关系，即 $l \sim \log N$。而对于BA模型来说，其平均路径 l 和网络规模 N 之间存在一个非正常的双对数关系（Barabási and Riordan，2005）

$$l \propto \frac{\log N}{\log\log N} \tag{2.35}$$

这表明无标度网络具有小世界特性。

（2）集聚系数。BA 模型的集聚系数为

$$C = \frac{m^2(m+1)^2}{4(m-1)}\left[\ln\left(\frac{m+1}{m}\right) - \frac{1}{m+1}\right]\frac{[\ln(t)]^2}{t} \quad (2.36)$$

与 ER 随机图类似，当网络规模较大时，BA 模型的集聚系数较低，不具有明显的高聚类特性（Fronczak et al.，2003）。

（3）度分布。目前对 BA 模型的度分布研究主要有连续域理论（Barabási et al.，1999）、主方程法（Dorogovtsev et al.，2000）和速率方程法（Krapivsky et al.，2000），这三种方法得到的结果近似相同。在借鉴 BA 模型主要理论思想的基础上，Bollobás 认为对于一个具有 N 个节点的网络而言，如果度 $k<N^{1/15}$，那么度分布函数为

$$P(K) = \frac{2m(m+1)}{k(k+1)(k+2)} \approx 2m^2 k^{-3} \quad (2.37)$$

通过比较具有相同节点数和平均连接度的随机图和无标度网络模型，发现后者的平均路径相对小些，而集聚系数则相对大些。这表明无标度网络中那些度很大的节点在缩小网络中节点之间的距离上起了相当重要的作用。然而至今还没有关于 BA 无标度网络模型的平均路径和集聚系数的解析公式。BA 模型很好地解释了幂律度分布的产生机理，其在复杂网络的文献中受到了极大的关注。但是与真实网络相比，BA 模型还是有一定的缺陷，主要体现在完全忽略了网络节点之间的关系有强弱之分。

2.4.3 BBV 模型

研究表明，许多加权网络的度和点权都满足 Pareto 分布。依据这一特性，Barrat、Barthélemy 和 Vespignani 提出了一个加权无标度网络模型，称之为 BBV 模型（Barrat et al.，2004）。该模型综合考虑了网络结构和节点权重等因素来研究网络的动态演化过程。随着模型规模的增大，BBV 模型的度、边权和点权都呈现无标度特性。BBV 模型的构造算法如下。

（1）网络初始时，给定 N_0 个节点，它们组成一个全耦合网络，其中每条边都赋予权值 w_0。

（2）每次加入一个新节点 n，让这个节点与之前的 m 个节点相连，同时也新加入了 m 条边。如何连接按照权重优先选择（strength driven attachment）的原则进行，即一个原有节点 v_i 被选择的概率为

$$\prod(n \to i) = \frac{S(i)}{\sum_j S(j)} \qquad (2.38)$$

也就是说，权重越大的节点被选择的概率越高。

(3) 每次新加入的边 (n, i) 都赋予一个权值 w_0，并且认为新加入的边 (n, i) 只会局部地引发连接节点 v_i 与它的邻接节点 $j \in \Gamma(i)$ 边的权值的重新调整。调整按照以下公式进行

$$w_{ij} \to w_{ij} + \Delta w_{ij} \qquad (2.39)$$

$$\Delta w_{ij} = \delta_i \frac{w_{ij}}{S(i)} \qquad (2.40)$$

每次引入一条边 (n, i) 便会给节点 v_i 带来额外的 δ_i 的流量负担，而与之相连的边会按它们自身的权值 w_{ij} 的大小分担一定的流量。因此，节点 v_i 的权重调整为

$$S(i) \to S(i) + \delta_i + w_0 \qquad (2.41)$$

BBV 模型为加权网络的研究奠定了良好的基础。但现实的许多网络，如交通网络和社会网络，它们的节点和边能够负载的强度是有限的。当节点的强度达到某一程度后，可能无法再连接其他的新边或者不允许其强度继续增加，否则会导致节点的瘫痪或网络演化的停滞。因此，在加权网络演化过程中，考虑节点强度的有限及边权重的有限是十分必要的。

2.4.4 LW 模型

BBV 网络模型缺乏对于网络中普遍存在的局域世界现象的考虑。例如，在世界贸易网中，优先连接机制局限于某些区域经济体内部，许多国家都致力于加强与各自区域经济合作组织内部的经济合作和贸易关系（Liand Chen, 2003）。例如，在 Internet 中一台主机的加入只与同一域内的其他主机相连，其优先连接机制只在每个节点各自所处的局域世界中有效，而不是整个网络。因此，李翔和陈关荣提出了一个无权网络的局域世界（local-world）模型，称之为 LW 模型（Chen et al., 2005）。通过引入局域世界这样一个全新的概念，并调节相应的参数，模型的度分布从 Boltzmann-Gibbs 分布向 Pareto 分布过渡。LW 模型的构造算法如下。

(1) 网络初始时，具有 m_0 个节点和 e_0 条边。

(2) 随机从网络已有的节点中选取 M 个节点，作为即将新加入网络的节点的"局域世界"。

（3）加入一个新节点 n 和 m 条边，根据 BA 模型的优先连接概率来选择与局域世界中 m 个节点相连（$M \geq m$），连接概率为

$$\prod\nolimits_{\text{local}}(n \to i) = \prod{'}_{i \in \text{local-world}} \frac{K(i)}{\sum_{j \in \text{local}} K(j)} = \frac{M}{m_0 + t} \frac{K(i)}{\sum_{j \in \text{local}} K(j)} \qquad (2.42)$$

当 $M = m$ 时，新加入的节点与其局域世界中所有的节点相连接，优先连接原则已不再起作用，LW 模型退化为 BA 模型的随机相连情况，平均场方程为

$$\frac{\partial K(i)}{\partial t} = \frac{m}{m_0 + t} \qquad (2.43)$$

因此，可以求解得到：$P(K) \propto e^{-k/m}$，即度分布遵循指数函数。

当 $M = t + m_0$ 时，每个节点的局域世界网络实际上就是整个网络，并且随着时间增长而增长，LW 模型退化为 BA 模型，平均场方程为

$$\frac{\partial K(i)}{\partial t} = \frac{K(i)}{2t} \qquad (2.44)$$

因此，可以求解得到：$P(K) \approx 2m^2 k^{-3}$。

当 $m < M < t + m_0$ 时，LW 模型的度分布会呈现 Boltzmann-Gibbs 分布与 Pareto 分布之间的分布状态。李翔与陈关荣证明：如果局域世界规模 M 被固定为一个远大于 m 的常数，则 LW 模型同样具有与 BA 模型相似的无标度特性，即 $P(K) \approx 2m^2 k^{-3}$（何大韧等，2010）。目前为止，LW 模型已经用于研究世界贸易网络、社团组织、Internet 等复杂网络中普遍存在的局域世界现象（周健等，2011）。

2.4.5 GLW 模型

为了反映现实存在的局域世界网络，可以把 BBV 加权无标度网络模型与局域世界网络的概念相结合，将无权的局域世界模型变为加权的局域世界网络模型，用 GLW 模型来表示。GLW 模型的构造算法如下。

（1）网络初始时，具有 m_0 个节点和 e_0 条边，其中每条边上都赋予权重 w_0。

（2）随机从网络已有的节点中选取 M 个节点，作为即将加入节点的"局域世界"。

（3）加入一个新节点 n 和 m 条边，连接节点的选择按照局部权重优先选择进行，即一个节点 i 被选择的概率为

$$\prod\nolimits_{\text{local}}(n \to i) = \prod{'}_{(i \in \text{local-world})} \frac{S(i)}{\sum_{j \in \text{local}} S(j)} = \frac{M}{m_0 + t} \frac{S(i)}{\sum_{j \in \text{local}} S(j)} \qquad (2.45)$$

（4）和 BBV 模型相同，需要给新的边赋权重 w_0，同时认为新加入的节点会

给节点 i 带来新的负担 δ_i，所以要重新调整局域世界边的权重，方法与 BBV 模型相同，即 $w_{ij} \rightarrow w_{ij} + \Delta w_{ij}$。

当 $M = m$ 时，新加入的节点与其局域世界中所有的节点相连接，优先连接原则已不再起作用，GLE 模型退化为 BBV 模型的随机相连情况。

当 $M = t + m_0$ 时，每个节点的局域世界网络即是整个网络，并且随着时间增长而增长，GLW 模型退化为 BBV 模型。

当 $M \approx m$ 时，$P(K)$、$P(S)$ 和 $P(W)$ 分布曲线接近于 $M = m$ 的情况，都趋向于服从 Boltzmann-Gibbs 分布。当 $M \approx t + m_0$ 时，$P(K)$、$P(S)$ 和 $P(W)$ 分布曲线接近于 $M = t + m_0$ 的情况，都趋向于服从 Pareto 分布。因此，当 $m < M < t + m_0$ 时，GLW 模型中 $P(K)$、$P(S)$ 和 $P(W)$ 分布呈现从 Boltzmann-Gibbs 分布过渡到 Pareto 分布的演化。理论分析和仿真实验表明，GLW 模型反映了从 Boltzmann-Gibbs 分布加权网络向 Pareto 分布加权网络过渡的全过程（毕桥和方锦清，2011）。

2.5 投入产出理论

投入产出理论（input-output model）也称产业关联理论，是研究经济体系（国民经济、地区经济、部门经济、公司或企业经济单位）中各个部分之间投入与产出的相互依存关系的数量分析方法。在一般的经济活动过程中，每个产业都需要其他产业为自己提供各种产品作为供给，同时又把产业自身的产出作为一种市场需求提供给其他产业进行消费。正是由于这种错综复杂的供给与需求的关系，各产业才得以在经济活动的过程中相互依赖，共同发展。

投入产出表也被称为产业关联表，它以矩阵形式描述国民经济体系中各个产品部门在一定时期（通常为一年）内生产活动的投入来源和产出使用去向，揭示这些部门之间相互依存、相互制约的数量关系，是国民经济核算体系的重要组成部分。根据国务院办公厅印发的《关于进行全国投入产出调查的通知》（国办发［1987］18 号）精神，在逢 2 和逢 7 的年份，国家统计局、国家发展和改革委员会、财政部联合发文，布置并组织开展全国投入产出调查，编制投入产出基本表。

投入产出核算是国民经济核算体系的重要组成部分，它在协调专业统计和实现国民生产总值三种计算方法的衔接方面具有重要功能。同时投入产出表又是一个强有力的分析工具，已被广泛应用于生产分析、需求分析、价格分析、能源和环境分析等领域。在利用投入产出表进行经济分析时，需要将基本流量数据转换成不同的系数矩阵，进而计算出用于计量分析的各种系数。

2.5.1 直接消耗系数

直接消耗系数（投入系数）是指在生产经营过程中第 j 产品部门的单位总产出直接消耗的第 i 产品部门货物或服务的价值量，用 $a_{ij}(i, j=1, 2, \cdots, n)$ 表示。综合考察各产品部门的直接消耗系数时采用直接消耗系数矩阵（matris of direct input coefficients，MDIC），通常用矩阵 A 表示，作为数据分析基础，它等于第 j 产品部门的总投入 X_j 去除该产品部门生产经营中直接消耗的第 i 产品部门的货物或服务的价值量 x_{ij}，公式为

$$a_{ij} = \frac{x_{ij}}{X_j}(i, j=1, 2, \cdots, n) \qquad (2.46)$$

其中，x_{ij} 为基本流量表构成的基本流量矩阵（basic matrix，BM）中对应位置元素。为了方便 Matlab 矩阵运算，可将总投入 X_j 用行向量 TI 来表示。

2.5.2 完全消耗系数

完全消耗系数是指第 j 产品部门每提供一个单位最终使用时，对第 i 产品部门货物或服务的直接消耗和间接消耗之和，用 $b_{ij}(i, j=1, 2, \cdots, n)$ 表示。完全消耗系数构成了完全消耗系数矩阵（matrix of cummulative input coefficients，MCIC），通常用矩阵 B 表示。利用直接消耗系数矩阵 A 计算完全消耗系数矩阵 B 的公式为

$$B = (I-A)^{-1} - I \qquad (2.47)$$

2.5.3 列昂惕夫逆矩阵

矩阵 $(I-A)^{-1}$ 称为列昂惕夫逆矩阵，用矩阵 $\bar{B}$ 表示。矩阵中的元素 $\bar{b}_{ij}$（$i, j=1, 2, \cdots, n$）称为列昂惕夫逆系数，它表明第 j 产品部门每增加一个单位的最终使用时，对第 i 产品部门产生的完全需要量。

2.5.4 影响力系数

国民经济某一部门每增加一个单位的最终使用时，定义影响力系数来表征其

对国民经济其他各部门所产生的生产需求波及程度，用 $F(j)$ 表示，公式为

$$F(j)=\frac{\sum_{i=1}^{n}\bar{b}_{ij}}{\frac{1}{n}\sum_{i=1}^{n}\sum_{j=1}^{n}\bar{b}_{ij}}(i,j=1,2,\cdots,n) \tag{2.48}$$

其中，$\sum_{i=1}^{n}\bar{b}_{ij}$ 为列昂惕夫逆矩阵的第 j 列之和，表示 j 部门增加一个单位最终产品，对国民经济各部门产品的完全需要量；$\frac{1}{n}\sum_{i=1}^{n}\sum_{j=1}^{n}\bar{b}_{ij}$ 为列昂惕夫逆矩阵的列和的平均值。

第 j 部门的生产对其他部门所产生的波及影响程度等于社会平均影响水平时 $F(j)=1$。第 j 部门对其他部门的拉动作用越大，则影响力系数 $F(j)$ 越大。

2.5.5 感应度系数

国民经济各部门均增加一个单位最终使用时，某一部门因此而受到的需求感应程度用感应度系数来表征，用 $E(i)$ 表示，公式为

$$E(i)=\frac{\sum_{j=1}^{n}\bar{b}_{ij}}{\frac{1}{n}\sum_{j=1}^{n}\sum_{i=1}^{n}\bar{b}_{ij}}(i,j=1,2,\cdots,n) \tag{2.49}$$

其中，$\sum_{j=1}^{n}\bar{b}_{ij}$ 为列昂惕夫逆矩阵的第 i 行之和，反映当国民经济各部门均增加一个单位最终使用时，对 i 部门的产品的完全需求；$\frac{1}{n}\sum_{j=1}^{n}\sum_{i=1}^{n}\bar{b}_{ij}$ 为列昂惕夫逆矩阵的行和的平均值，反映当国民经济各部门均增加一个单位最终使用时，对全体经济部门产品的完全需求的均值。

3 产业结构网络的路径搜索和聚类分析

对于产业关联的研究最早开始于列昂惕夫的投入产出理论。该理论融合了古典经济理论、马克思的再生产理论、全部均衡论、国民收入理论、魁奈经济表和原苏联国民经济平衡表的部分思想。从创立之初到现在的半个世纪中，产业关联理论经过多个发展时期，大致可分为动态化、最优化和应用多元化等阶段，业已成为产业经济学的重要组成部分。产业关联是指国民经济各产业部门在社会再生产过程中所形成的直接和间接的相互依存、相互制约的经济技术联系，即一个产业部门的发展通过对其相关产业部门的发展产生连锁反应，来影响整个国民经济系统的协调发展。举例来说，一个产业部门的生产在需要其他产业部门的供给同时，其产品也会成为其他部门生产的需求，多个部门间的相互供给需求建立起产业系统中复杂的直接或间接联系。每个部门在类似于蜘蛛网式的关联中影响其他部门的能力和感应其他部门影响的能力各不相同，因此通过测度国民经济体系中各个部门这两种能力的强弱情况，从产业关联的角度来分析产业结构变动趋势和确定产业结构调整方向具有重要意义。

3.1 ISN 网络模型的构建原则

产业关联理论中的投入产出数据形式能够很好地描述一个国家或地区经济系统中各个产品部门之间的技术经济关系，而且数据都是以矩阵的形式给出，可以直接或经过处理后作为复杂网络的邻接矩阵，从而形成了一类有向加权网络。因此，本书根据投入产出表的直接消耗系数矩阵构建了产业结构网络模型（industrial structure networks，ISN），尝试将复杂网络丰富的研究手段和社会网络深刻的解释方式相结合，挖掘产业网络中每个节点不同网络指标所蕴含的产业经济学意义，进而对产业结构的合理性做出新的解释和分析。

产业结构网络根据图论基本分析范式将区域范围内的产品部门视为节点，产品部门之间的投入产出关系为边，关系的大小为权为边的权重，构成了由节点集 V、边集 E 和权重集 W 组成的图 $G=(V, E, W)$。具体的构建原则如下。

(1) 节点集 $V=\{v_i\}$ 由区域内的所有产品部门组成，其中 $i \in \{1, 2, \cdots,$

$n\}$，节点数记为 $n=|V|$。

(2) 边集 E 由代表区域内产业之间的投入产出关系的边组成，用邻接矩阵 $A=\{a_{ij}\}$ 中 a_{ij} 的值来进行表征。如果产品部门 i 对产品部门 j 存在投入关系，则在 v_i 和 v_j 之间存在一条有相边 e_{ij}，表示为 $a_{ij}=1$；反之，则 $a_{ij}=0$，其中 $i,j \in \{1,2,\cdots,n\}$。由于两个产业之间投入（消耗）的非对称性，所以一般有 $a_{ij} \neq a_{ji}$；由于产业可能同时对其他产业既投入又消耗，所以这时网络中存在对称边 (symmetric edges)；因为网络的构建是要研究产业之间的经济关系，所以不考虑产业自身的投入（消耗），即令邻接矩阵对角线上的 $a_{ii}=0$；另外，由于区域产业系统是一个开放性的系统，所以可能出现 $\sum_{i=1}^{n} a_{ij}=0$ 或 $\sum_{j=1}^{n} a_{ij}=0$ 的情况，即可能存在某个产业的所有投入和产出不与区域内部其他产业发生关系，表现为投入产出网络上的某些节点没有与之相连的边。

(3) 为了体现投入产出网络与现实的映射关系，必须考虑到边对应的投入产出关系在价值上的度量，所以引入权重集 $W=\{w_{ij}\}$，$i,j \in \{1,2,\cdots,N\}$ 且 $w_{ii}=0$。其中 w_{ij} 为产品部门 v_i 对产品部门 v_j 的直接消耗系数，表示的是一种相似权，其权值越大说明两个产品部门之间的投入或消耗越大。

构建产业结构网络的目的是要揭示区域产业系统内部各个子系统的相互作用关系及其程度。

3.2 ISN 网络的特征度量分析

本书根据国家统计局国民经济核算司编制的《中国投入产出表》数据，将我国基本产品部门的投入产出结构用 1997~2007 年的三组投入产出直接消耗系数来进行描述，构建了中国产业结构网络，简称 ISN-CN 网络。其中，ISN-CN07 网络的多维量表（multidimensional scaling, MDS）和权重三维曲面分别如图 3-1 和图 3-2 所示。在绘制 MDS 图的过程中时有两点值得注意：第一，需要先使用 Ucinet 的转换工具将邻接矩阵对称化，取对应位置的最大值来表示两个节点之间的相互关系强弱；第二，在 NetDraw 中根据邻接矩阵的性质，设定矩阵为相似权矩阵，以此作为欧氏距离计算的基础。

MDS 是根据距离的远近进行画图的一项技术。对于相似权网络来说，邻接矩阵中元素数值的"大"和"小"决定了二维空间中 MDS 距离的"近"和"远"，因此 ISN 网络的 MDS 表中距离比较近的节点具有更强的技术经济关联。这种方法的优点在于能够形象化地表示节点的聚类关系，但是缺点在于不能给出更多关于结构量化的说明。

如图 3-1 所示，雷达及广播设备制造业、其他电子设备制造业、软件业、公共设施管理业、体育和社会福利业等产品部门与其他部门构成紧密的产业结构核心距离较远。但是，这只能说明它们与其他部门的总体技术经济关联较弱，不能代表其在整个产业系统中的作用和地位。另外，如图 3-2 所示，ISN-CN07 网络的邻接矩阵中元素数值差距很大，说明产品部门间的投入产出比例关系是极为不均衡的，有些部门之间的关联程度特别高，而大部分的部门关联程度则较为分散和平均。

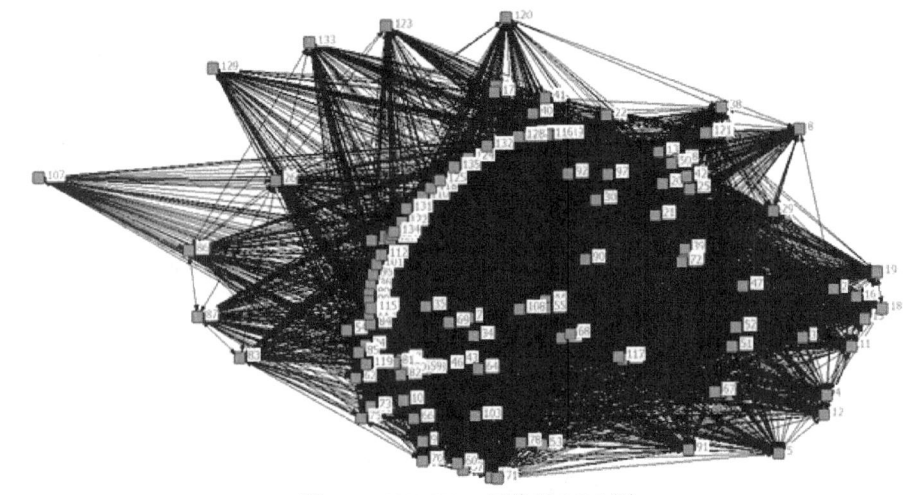

图 3-1　ISN-CN07 网络的 MDS 图

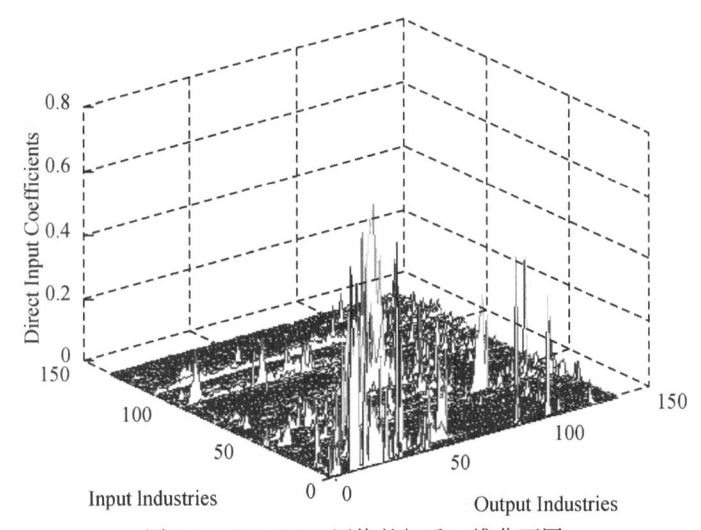

图 3-2　ISN-CN07 网络的权重三维曲面图

3.2.1 ISN-CN 网络的度分布

网络的平均入度衡量国民经济各部门在一定时期内，生产活动产出使用去向的总体程度，用 K^{IN} 来表示。网络的平均出度衡量国民经济各部门在一定时期内，生产活动投入来源的总体程度，用 K^{OUT} 来表示。因为投入产出表的平衡特点，所以 K^{IN} 必然和 K^{OUT} 相等，这也代表了复杂系统的一个重要特性：对于系统中每个个体而言不一定成立的性质，会在整个系统的层面上成立。

ISN 网络节点入度的经济含义指的是，产业结构网络中某个产品部门在生产过程中消耗产品和服务所涉及其他若干部门的数量，用 $K^{IN}(i)$ 来表示。根据 $K^{IN}(i)$ 的定义，某个产品部门的 $K^{IN}(i)$ 值越大，那么它需要消耗资源的部门就越多，即这个产业的存在需要更多其他产品部门在产品和资源上的支持。对于要重点发展的产业来说，更大 $K^{IN}(i)$ 值意味着区域产业规划中要充分考虑与其相关的配套产业，在资金和政策上予以支持，来营造出适宜重点产业发展的产业环境。通过对 ISN-CN07 网络 $K^{IN}(i)$ 值的统计，专用化学产品制造业的 $K^{IN}(i)$ 值最高，为 120；其次为医药制造业和合成材料制造业，分别为 118 和 117；软件业的 $K^{IN}(i)$ 值最低，仅为 68。如图 3-3（a）所示，ISN-CN07 网络的入度分布在 60~90 较为平均，在 90~120 类似于正态分布。

ISN-CN 网络节点出度的经济含义指的是，产业结构网络中某个产品部门为其他部门提供产品和服务过程所涉及的部门数量，用 $K^{OUT}(i)$ 来表示。根据 $K^{OUT}(i)$ 的定义，某个产品部门的出度越大，那么它的产品和资源投入给的产品部门就越多，即有越多的部门依赖于其产品和资源，因此它在国民经济体系中的地位就越重要。通过对 ISN-CN07 网络 $K^{OUT}(i)$ 值的统计，有 60 个部门的 $K^{OUT}(i)$ 值超过了 130，同时 15 个部门的 $K^{OUT}(i)$ 值低于 30，如图 3-3（b）所示，ISN-CN07 网络的出度分布在 0~130 较为平均，在 130 之后急剧上升。也就是说，我国国民经济体系中大部分产品部门都为其他部门的生产活动提供了必要的支撑，整个系统正常运转的基础是部门之间紧密的相互关联。

从 ISN-CN02 网络和 ISN-CN97 网络的入度分布和出度分布来看，也大致具有和 ISN-CN07 网络相同的特点，分别如图 3-4 和图 3-5 所示。

另外，通过对比 ISN-CN 在 1997 年、2002 年和 2007 年的度分布可以发现，网络节点度值分布的差异化更加明显，表明产品部门之间的联系日益紧密，产业结构网络也变得更加稠密，如图 3-6 所示。

3 产业结构网络的路径搜索和聚类分析

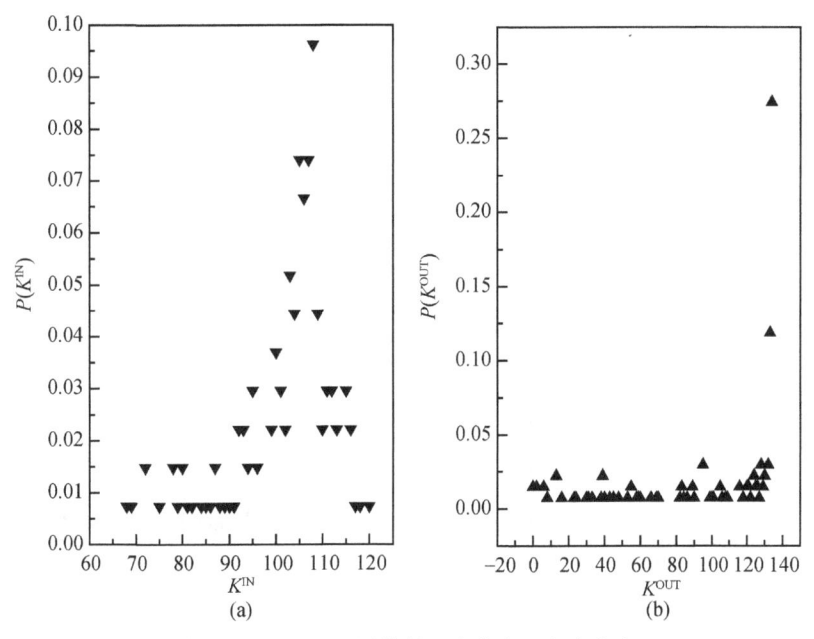

图 3-3 ISN-CN07 网络的入度分布和出度分布

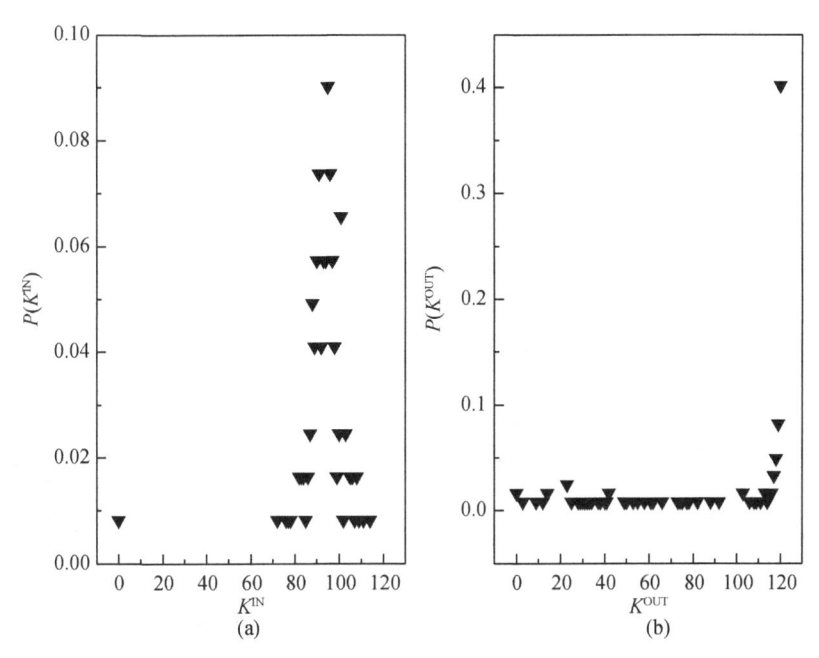

图 3-4 ISN-CN02 网络的入度分布和出度分布

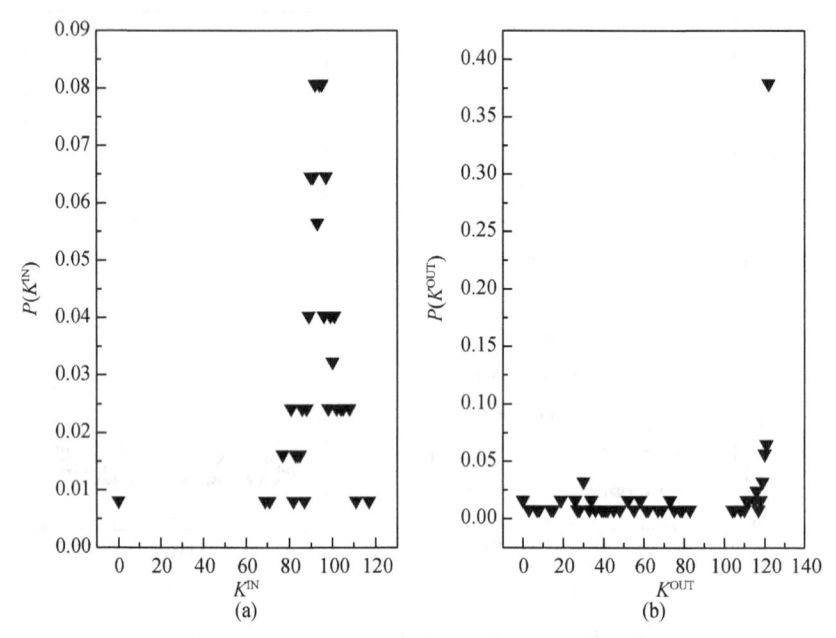

图 3-5　ISN-CN97 网络的入度分布和出度分布

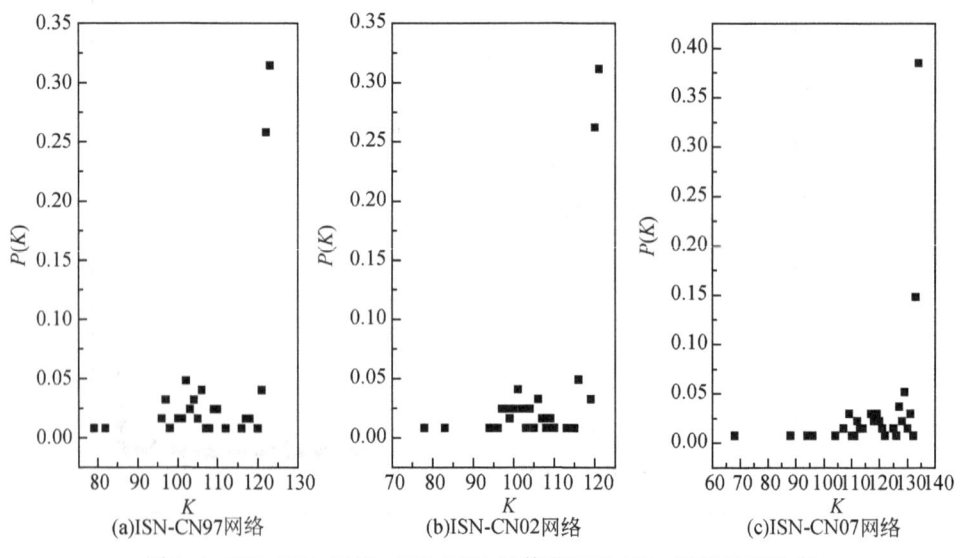

图 3-6　ISN-CN97 网络、ISN-CN02 网络和 ISN-CN07 网络的度分布

3.2.2 ISN-CN 网络的权分布

本书所构建的 ISN 网络采用每两个产品部门之间的直接消耗系数作为节点之间的边权，反映的是生产经营过程中产品部门 j 的单位总产出所直接消耗的产品部门 i 货物或服务的价值量。从直接消耗系数的定义即可得出这种边权是相似权的结论，w_{ij} 值的大小反映了产业之前经济联系的紧密程度。

根据《中国投入产出表 2007》中各产品部门之间的直接消耗系数，本书确定了代表产品部门的节点之间的边权，即 w_{ij} 表示部门 j 对部门 i 的直接消耗系数。通过对 135 个产品部门之间投入产出关联进行统计和分析（网络指标数据详见附表1）。

ISN 网络中绝大部分的 w_{ij} 值较低，但少量 w_{ij} 值极高，说明大多数产品部门之间的经济联系维持在相对平均的水平，而个别产品部门特别依赖于某个特定的产品部门，即 ISN-CN07 网络中存在马太效应。ISN-CN07 网络的边权分布如图 3-7 所示，可以看出在双对数坐标下近似直线，线性拟合结果为斜率 Slope = –2.192，其判定系数 $R^2=0.959$，符合幂指数为 2.192 的 Pareto 分布，且呈现出较为明显的无标度特征。表 3-1 中列出了在权重矩阵当中 w_{ij} 值最大的前五位，

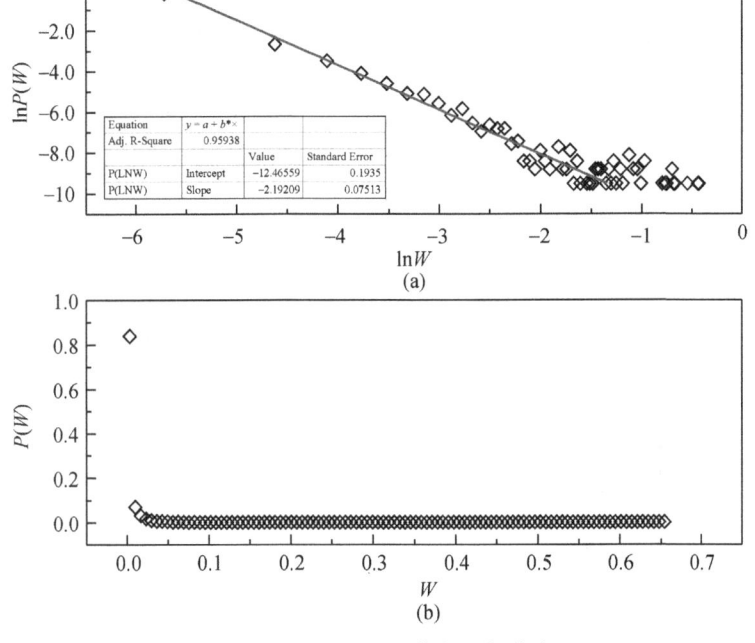

图 3-7 ISN-CN07 网络的边权分布

它们代表了 2007 年我国产业结构中依附最紧密的经济关系。可以看出，较强的投入产出关系反映的都是上游原材料产业对下游加工制造业较强的支撑作用。

表 3-1 ISN-CN07 网络的边权排名

序号	投入部门	产出部门	w_{ij}
1	石油和天然气开采业	石油加工、炼焦及核燃料加工业	0.657 292
2	农业	谷物磨制业	0.644 518
3	畜牧业	屠宰及肉类加工业	0.582 135
4	有色金属冶炼及合金制造业	有色金属压延加工业	0.512 166
5	石油和天然气开采业	燃气生产和供应业	0.500 088

对本书所构建的 ISN-BJ07 网络来说，入权表示某产品部门对其他部门的直接消耗比例的累计，用 $S^{IN}(i)$ 来表示，代表产品部门接受其他产品部门产品和服务的比例，该值最大为 1，但是去除了产品部门对于自身的投入之后，该值小于 1。出权表示该产品部门对其他产品部门的直接投入比例的累计，用 $S^{OUT}(i)$ 来表示，代表产品部门输出产品和服务给其他产品部门的能力，等于对每个产品部门的直接消耗系数之和，而点权则体现该产品部门与其他部门之间总体关联的强弱。

从 ISN-CN07 网络 $S^{IN}(i)$ 值、$S^{OUT}(i)$ 值和 $S(i)$ 值的分布统计来看，入权分布表现为权值较大的节点较多，权值较小的节点较少（图 3-8）。

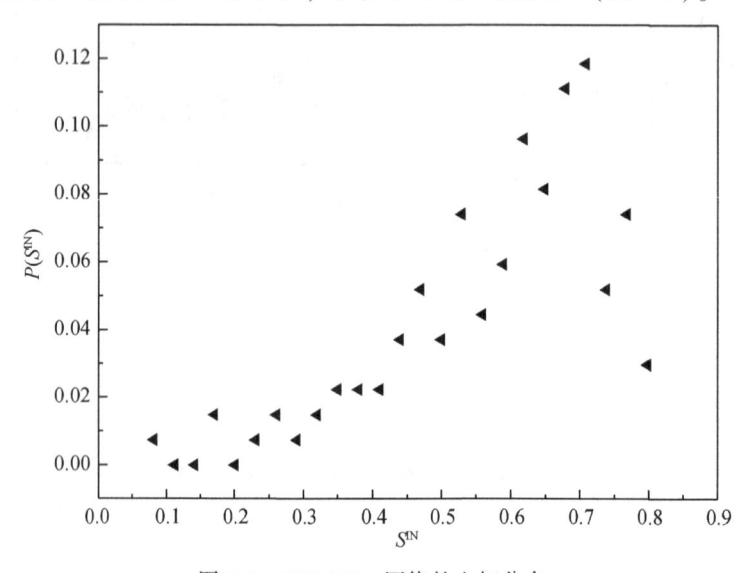

图 3-8 ISN-CN07 网络的入权分布

3 | 产业结构网络的路径搜索和聚类分析

出权分布在双对数坐标下近似直线,如图 3-9(a)所示。线性拟合结果为斜率 Slope=-1.199,其判定系数 $R^2=0.806$,基本符合幂指数为 1.199 的 Pareto 分布。

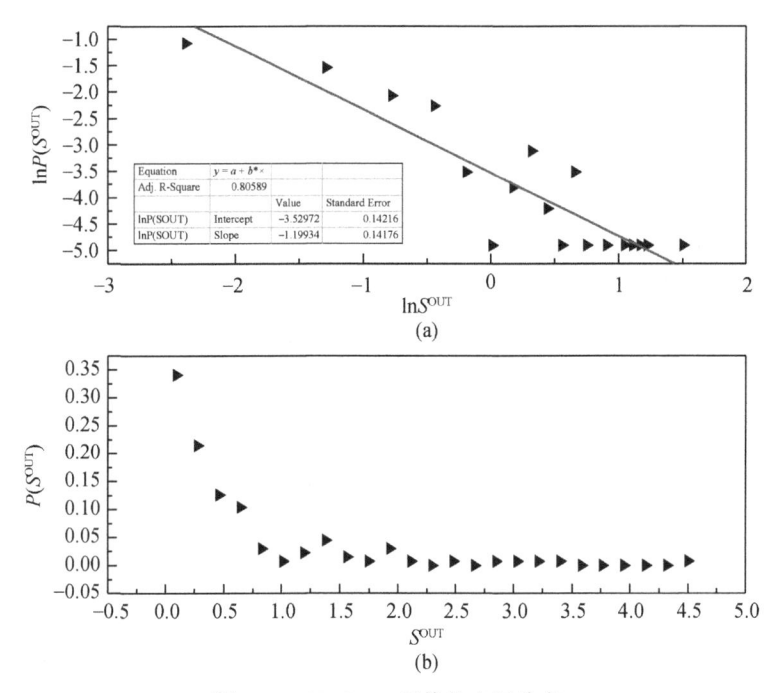

图 3-9 ISN-CN07 网络的出权分布

点权分布中绝大多数节点的权值较小,少数的节点权值很大,如图 3-10 所示。因此,ISN 网络中节点的 $S(i)$ 值受 $S^{OUT}(i)$ 值影响较大,表现为正相关关系,如图 3-11 所示。也就是说,产品部门对其他部门的影响越广、强度越大,那么它在国民经济体系中的经济地位就越重要。点权分布类似于钟形曲线,拟合结果为该分布遵循 $\mu=0.871$,$\sigma=0.246$ 的 Gaussian 分布,判定系数 $R^2=0.968$。

通过对入权、出权和点权的统计数据分析,可以得出以下结论:$S(i)$ 值较高的产品部门在国民经济体系中具有重要的关联协调作用,对于 ISN-CN07 网络来说,$S(i)$ 值超过 3.000 的 5 个部门分别是农业,石油及核燃料加工业,电力、热力的生产和供应业,钢压延加工业和电子元器件制造业,它们对于整个产业结构的稳定至关重要;对于资源能源产业和生产性服务业来说,它们的 S^{OUT} 值大于 S^{IN} 值,一方面说了资源和能源对其他产品部门的支撑作用,另一方面表现出生产性服务业对现代经济的促进作用;对于制造业部门来说,因为它们的产品多属

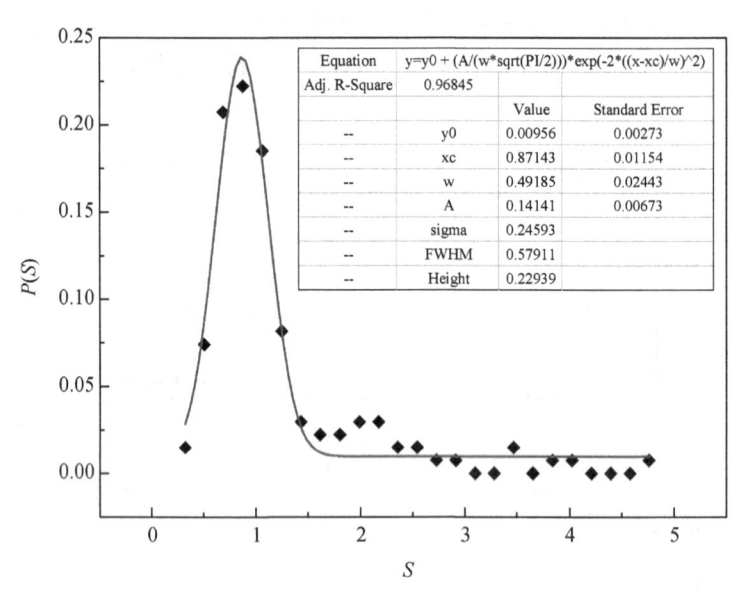

图 3-10 ISN-CN07 网络的点权分布

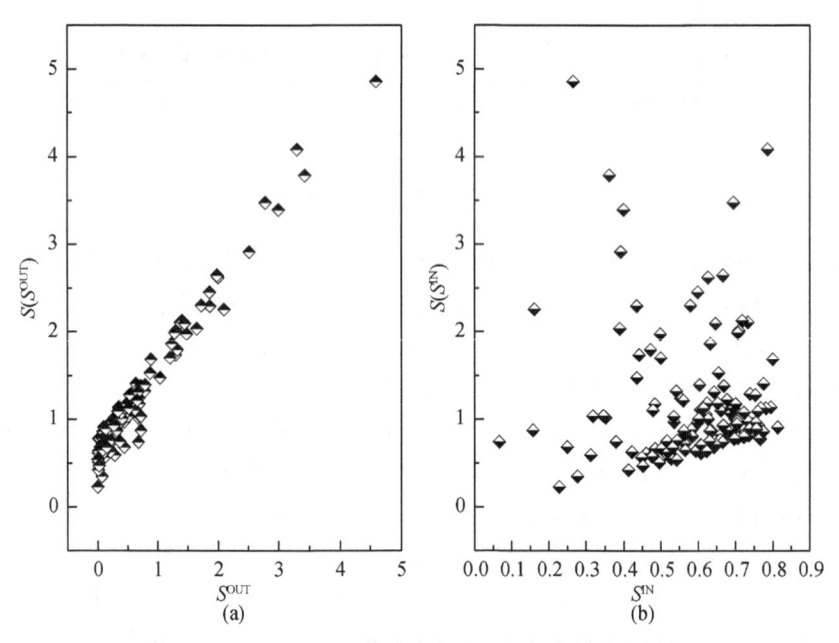

图 3-11 ISN-CN07 网络中出权和入权与点权的相关性

于整个产业链上的中间产品,所以 $S^{IN}(i)$ 值和 $S^{OUT}(i)$ 值大致相当;对于与民生相关的基础设施产业,它们的 $S^{IN}(i)$ 值往往大于 $S^{OUT}(i)$ 值,表明这类部门对其他部门具有外部属性。

3.2.3 ISN-CN 网络的集聚系数

ISN 网络中节点的集聚系数分为两类:一类是根据 BUN 网络性质计算得到的拓扑结构集聚系数,分别用 $C(i)$ 和 C 表示节点和整个网络的拓扑集聚系数;另一类是根据 WUN 网络性质,考虑网络中每条边上的边权而计算得到的加权集聚系数,分别用 $C^W(i)$ 和 C^W 表示节点和整个网络的加权集聚系数。前者是对产业网络结构集聚现象的定性描述,后者综合了更多的技术经济信息,更能反映现实经济运行中产品部门与其周边部门之间的紧密程度。

本书根据式 (2.9) 和式 (2.13) 计算了 ISN-CN07 网络中各个节点的 $C(i)$ 值和 $C^W(i)$ 值,并且据此得到了整个网络的 C 值和 C^W 值,分别为 0.956 404 和 0.001 802。所有 135 个产品部门的 $C(i)$ 值都大于 0.94,说明每个产品部门都与其周边产业紧密相连。表 3-2 中分别列出了 $C(i)$ 值和 $C^W(i)$ 值排名前 10 位的产品部门。

表 3-2　ISN-CN07 网络的集聚系数排名

排序	$C(i)$ 值排名前 10 位产品部门			$C^W(i)$ 值排名前 10 位产品部门		
	序号	产品部门	$C(i)$	序号	产品部门	$C^W(i)$
1	107	软件业	1.000 000	92	电力、热力的生产和供应业	0.005 330
2	83	雷达及广播设备制造业	0.996 337	108	批发零售业	0.005 154
3	129	社会福利业	0.995 820	37	石油及核燃料加工业	0.004 226
4	87	其他电子设备制造业	0.995 519	63	金属制品业	0.004 113
5	18	方便食品制造业	0.994 070	111	银行业、证券业和其他金融活动	0.003 957
6	12	饲料加工业	0.993 250	68	其他通用设备制造业	0.003 726
7	19	液体乳及乳制品制造业	0.992 770	115	商务服务业	0.003 407
8	123	公共设施管理业	0.992 609	97	道路运输业	0.003 406
9	133	体育	0.991 993	59	钢压延加工业	0.003 301
10	5	农、林、牧、渔、服务业	0.991 914	44	专用化学产品制造业	0.003 204

如图 3-12 所示,网络中 $C(i)$ 值较大的产品部门不一定同样具有较大的

$C^W(i)$ 值，因为这两类集聚系数所体现的是 ISN 网络在无权和加权两种状态下的拓扑特征。前者说明产品部门与其所关联的其他产品部门，构成顶点关联三角形的概率很大；后者说明在综合考虑经济联系强弱的情况下，哪些产品部门具有更加稳定和牢固的局部影响力。

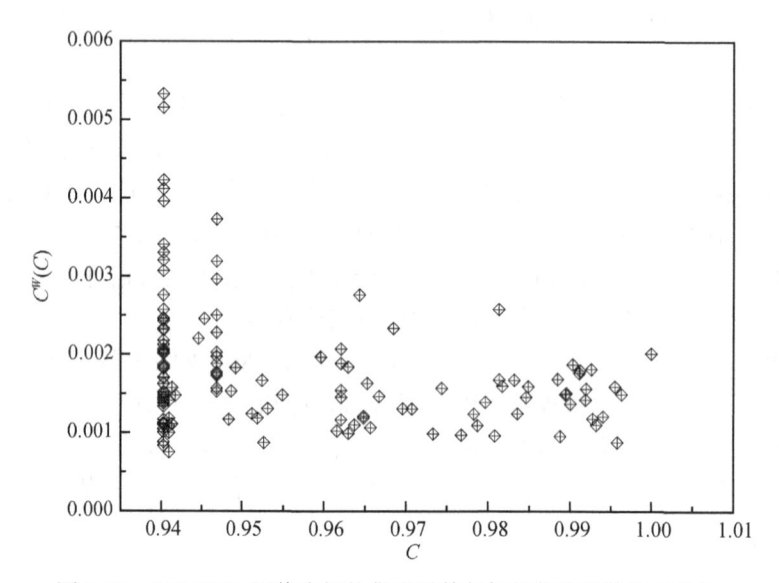

图 3-12　ISN-CN07 网络中拓扑集聚系数与加权集聚系数的相关性

如图 3-13 所示，ISN 网络中产品部门的 $C(i)$ 值与其 $K(i)$ 值成反比，$K(i)$ 值衡量的是产品部门在产业系统中影响的广度，而 $C(i)$ 值衡量的是在以其为核心的局部小范围内的关联紧密程度，所以 $K(i)$ 值较小的部门更有可能在稠密网络中获得更高的 $C(i)$ 值。

ISN 网络中产品部门的 $C^W(i)$ 值与其 $S(i)$ 值成正比。$S(i)$ 值衡量的是产品部门在产业系统中影响的强度，而 $C^W(i)$ 值则是综合了 $S(i)$ 值的基础——与之相关的 w_{ij} 值，所以影响力较强的部门在其周边局部也会得到体现。反过来看，如果 $C^W(i)$ 值较高的产品部门在 ISN 网络中的经济地位发生变化，不仅会强烈地影响到其周边部门，也会波及整个产业体系。

将 ISN 网络中产品部门的加权集聚系数 $C^W(i)$ 与投入产出分析中的感应度系数 $E(i)$ 和影响力系数 $F(i)$ 分别进行比较，可以发现 $C^W(i)$ 与 $E(i)$ 大致呈正比关系，而与 $F(i)$ 的关系不很明显，如图 3-14 所示。从概念上看，$E(i)$ 反映国民经济各部门均增加一个单位最终使用时某一部门因此而受到的需求感应程

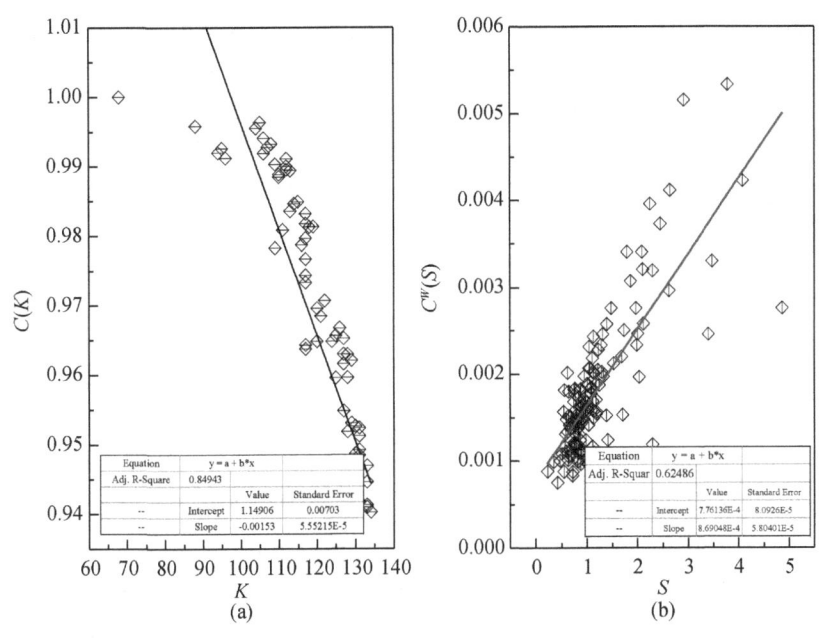

图 3-13　ISN-CN07 网络中度与集聚系数和点权与加权集聚系数的相关性

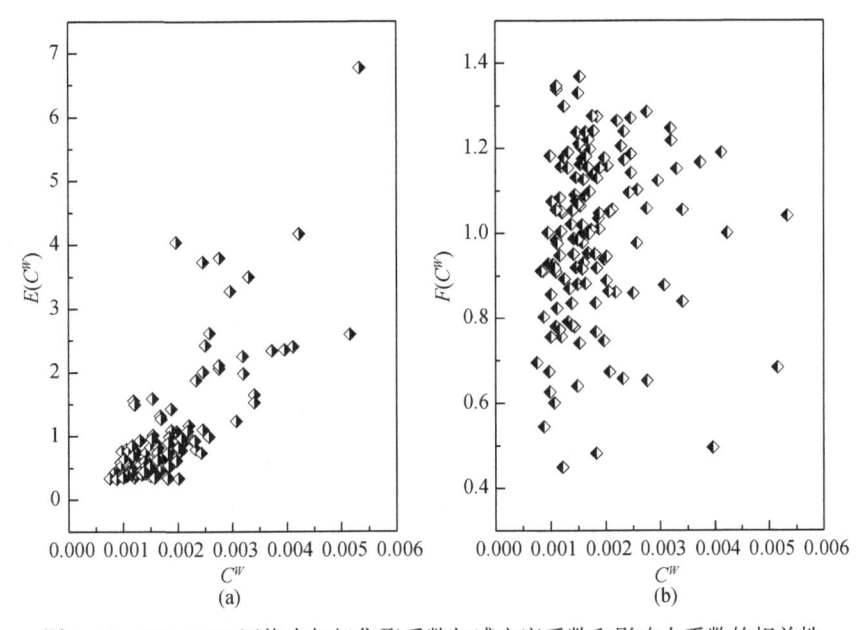

图 3-14　ISN-CN07 网络中加权集聚系数与感应度系数和影响力系数的相关性

度，$F(i)$ 反映国民经济某一部门增加一个单位最终使用时对国民经济各部门所产生的生产需求波及程度。前面提出 $C^W(i)$ 衡量的是产品部门在产业系统中的局部影响力，虽然从命名方式上与影响力系数相似，但是从内在逻辑关系角度考虑，它与 $E(i)$ 所要反映的经济内涵更为相近；$C^W(i)$ 值较大部门只有更好更快地发展，才能满足与其经济关联紧密部门对产品和服务日益增多的需求。

3.3 ISN 网络路径分析的理论探索

3.3.1 网络最短路径及其算法

对于加权网络，节点 v_i 与节点 v_j 之间路径上的边权之和称为该路径的路长，而路长达到最小的路径称为节点 v_i 与节点 v_j 之间的最短路径。在给定的加权网络中，求两个互异顶点间的最短路径，简称为最短路问题。

路径问题是网络研究中重要的最优化问题之一，一般归结为两类：一类是求从某个节点到其他节点的最短路径，另一类是求图中每一对节点间的最短路径。本书研究的对象是区域内的整个产业系统，要解决的是产业结构网络中每一对产品部门之间影响力传递的最优路径问题。因此，本书采用 Floyd 算法作为路径搜索工具，它利用了动态规划算法的基本思想，可由以下最优子结构表达

$$d_{ij}^{(k)} = \min_{i,j,k \in \{1,2,\cdots,N\}} \{d_{ij}^{(k-1)}, d_{ik}^{(k-1)} + d_{kj}^{(k-1)}\} \tag{3.1}$$

其中，$d_{ij}^{(k)}$ 是节点 v_i 到节点 v_j 的最短距离。对于任意 $v_k \in V$，v_i 到 v_j 的最短路径经过 v_k 或者不经过 v_k。比较 d_{ij} 与 $d_{ik}+d_{kj}$ 的值，若 $d_{ij}>d_{ik}+d_{kj}$，则令 $d_{ij}=d_{ik}+d_{kj}$，并保持 d_{ij} 是当前搜索的 v_i 到 v_j 的最短路径。重复这一过程，当经过 k 次重复搜索完所有 v_k 时，$d_{ij}^{(k)}$ 就是 v_i 到 v_j 的最短路径。

在计算 ISN 网络最短路径的过程中，需要先忽略网络的边权，只考虑网络拓扑结构的最短路径，即将邻接矩阵变为只表示关联关系和方向的布尔矩阵。本书编制了相关 Matlab 程序并计算得到了 ISN-CN07 网络的最短距离矩阵 $\boldsymbol{D}^{(N)}$ 和最短路径 $d_{ij}^{(N)}$，进而得出 ISN-CN07 网络的直径 $D=3$，平均路径 $APL=1.217$，说明 ISN 网络内部的联通程度非常高，产品部门之间最多相隔两个其他部门，而且都是以农、林、牧、渔专用机械制造业为起点的路径，整体平均相隔 0.2 个其他部门。因此，ISN-CN07 网络的无权有向图符合小世界网络的两大特征——具有较短的平均距离和较大的集聚系数（Watts and Strogatz, 1998）。

3.3.2 相似权与相异权网络中路径搜索的差异

在图论中边权分为两种类型，分别是相似权和相异权。所谓相似权，指的是权值越大表示两个节点之间的距离越小，关系越紧密，反之亦然；而相异权指的是权值越大表示两个节点之间的距离越大，关系越疏远。因此，采用 Floyd 算法搜索节点之间连通性最优的路径时，对于相似权网络来说依然是一个最小化问题，而对于相异权网络则是一个最大化问题。

在加权网络中没有明确的距离概念，每条边上的距离可以看作是边权的函数。当边权为相异权时，连接两个节点的距离为 $d_{ij}=w_{ij}$；当边权为相似权时，距离为 $d_{ij}=1/w_{ij}$。因此，当计算没有直接相连的节点之间距离时，经过边数最少的路径不一定是节点之间的距离最短或最长路径。假设节点 i 和节点 j 通过两条边权分别为 w_{ik} 和 w_{kj} 的边相连，对于相异权来说，节点之间的距离为 $d_{ij}=w_{ik}+w_{kj}$；而对于相似权来说，距离的计算要取其倒数之和的倒数，即

$$\tilde{d}_{ij} = \frac{1}{1/w_{ik}+1/w_{kj}} = \frac{w_{ik}w_{kj}}{w_{ik}+w_{kj}} \tag{3.2}$$

这种计算方式与调和平均值类似，但是相当于 n 个边权调和平均值的 $1/n$，因为如果取调和平均值的话其值会大于一部分经过路径上的边权大小。产品部门之间影响力传递会随着路径的增加而降低，因此本书采用针对相似权网络的 Floyd 改进算法来进行产品部门强关联程度的路径搜索（邢李志，2012）。

3.3.3 改进的 Floyd 算法

根据上一节提出的两类路径搜索思想，为了计算加权网络中节点之间的最短距离，可以对经典的 Floyd 算法进行改造。对于边权为相异权的网络，即边权越大表示节点之间的距离越大的网络，先令 $d_{ij}=w_{ij}$，然后反复使用迭代公式（3.1）计算得到每两个节点之间权重累计最小路径，汇总得到最短距离矩阵。与此类似，对于边权为相似权的网络，需令 $\tilde{d}_{ij}=w_{ik}w_{kj}/(w_{ik}+w_{kj})$，迭代公式相应地变为

$$\tilde{d}_{ij}^{(k)} = \max_{i,j,k\in\{1,2,\cdots,N\}} \left\{ \tilde{d}_{ij}^{(k-1)}, \frac{\tilde{d}_{ik}^{(k-1)}\tilde{d}_{kj}^{(k-1)}}{\tilde{d}_{ik}^{(k-1)}+\tilde{d}_{kj}^{(k-1)}} \right\} \tag{3.3}$$

式（3.3）将边权矩阵中 $w_{ij}=\infty$ 的权值都换为 $w_{ij}=0$，最终得到最长加权路径距离矩阵 $\tilde{D}^{(N)}$，记为

$$\widetilde{\boldsymbol{D}}^{(N)} = \begin{bmatrix} \widetilde{d}_{11}^{(N)} & \cdots & \widetilde{d}_{1N}^{(N)} \\ \widetilde{d}_{21}^{(N)} & \cdots & \widetilde{d}_{2N}^{(N)} \\ \vdots & & \vdots \\ \widetilde{d}_{N1}^{(N)} & \cdots & \widetilde{d}_{NN}^{(N)} \end{bmatrix} \tag{3.4}$$

式中，$\widetilde{d}_{ij}^{(N)}$为节点v_i到节点v_j的最长加权路径距离，$\widetilde{\boldsymbol{D}}^{(N)}$为最长加权路径距离矩阵，它衡量的是网络传递信息的能力，因此也可以称之为强关联矩阵，相应的最长加权路径距离称为产品部门之间的强关联系数。本书采用投入产出表的直接消耗系数构建了 WDN 网络 ISN-BJ07，该网络的边权属性为相似权，因此应当采用式 (3.4) 计算其强关联矩阵$\widetilde{\boldsymbol{D}}^{(N)}$，并以此为基础进行产业结构关联强度方面的分析。

3.3.4　网络强关联矩阵的特点

产业结构关联是指产业结构的前向联系与后向联系，除了直接的关联效应外，还存在着由于波及作用而产生的间接关联效应。本书提出的用于描述产业结构关联程度的强关联矩阵$\widetilde{\boldsymbol{D}}^{(N)}$具有以下四个特点。

第一，应用改良的针对相似权网络的 Floyd 改进算法来搜索强关联路径并得到强关联系数，由于数据特点（数值在 [0，1] 范围内）和算法特点（目标为解决最大化问题），得到的强关联系数既保证了节点之间信息传递的快速性，而且不存在重复经过某段路径的情况，说明计算结果具有收敛性。

第二，矩阵$\widetilde{\boldsymbol{D}}^{(N)}$自身不存在强关联矩阵，即矩阵$\widetilde{\boldsymbol{D}}^{(N)}$中元素表示的是两个产品部门之间的最强关联系数，说明计算结果具有唯一性。

第三，矩阵$\widetilde{\boldsymbol{D}}^{(N)}$中的非对角线元素均大于或等于直接消耗系数矩阵中对应位置元素，说明这种强关联关系要么经过了由若干中间部门的强化传递，要么直接体现在两个产品部门的投入产出直接消耗关系，进而说明计算结果是最大化和最优的。

第四，矩阵$\widetilde{\boldsymbol{D}}^{(N)}$中元素的数值$\widetilde{d}_{ij}^{(N)}$符合 Pareto 分布，具有无标度特性，说明这种特征度量网络反映出来的节点信息传递能力也是由极少数关系决定的。这一特点在下一节中详细解释。

3.3.5 强关联关系的分布研究

在实际的产业研究中往往更关注的是最强、最显著的影响路径，通过这种路径可以更高效、更直接地分析上下游产业之间的技术经济联系。因此，本书提出建立产业结构网络的最长距离矩阵 $\widetilde{D}^{(N)}$，通过改良的 Floyd 算法并将式（3.3）反复迭代，进而选取较大值作为影响路径的走向。强关联矩阵能够反映出产品部门 v_i 通过 n 个中间部门逐级的强相关经济联系，最终对产品部门 j 造成的最大化影响。

从表 3-3 的统计结果可以发现，矩阵 $\widetilde{D}^{(N)}$ 中数值大小前五位的 $\widetilde{d}_{ij}^{(N)}$ 出发点和目标点即为边权矩阵 W 中权重最大的前五条边的端点和终点。进一步比较发现，强关联矩阵和边权矩阵所表示的前 42 位的技术经济关系是一致的，也就是说最强的前 42 条强关联路径只经过了一步迭代便达到目标，表明它们的产业关联非常紧密，产业之间的影响也非常直接。

表 3-3 ISN-CN07 网络的强关联系数排名

序号	投入部门与产出部门	强关联系数	直接消耗系数
1	石油和天然气开采业与石油加工、炼焦及核燃料加工业	0.657 292	0.657 292
2	农业与谷物磨制业	0.644 518	0.644 518
3	畜牧业与屠宰及肉类加工业	0.582 135	0.582 135
4	有色金属冶炼及合金制造业与有色金属压延加工业	0.512 166	0.512 166
5	石油和天然气开采业与燃气生产和供应业	0.500 088	0.500 088
	……		
43	石油和天然气开采业与航空运输业	0.206 390	0.000 069
44	有色金属冶炼及合金制造业与电线、电缆、光缆及电工器材制造业	0.204 683	0.179 308
45	基础化学原料制造业与合成材料制造业	0.197 761	0.197 761
46	电力、热力的生产和供应业与水的生产和供应业	0.196 120	0.196 120
47	钢压延加工业与起重运输设备制造业	0.194 106	0.194 106

但是，从第 43 位开始这种一致性就发生了变化。矩阵 $\widetilde{D}^{(N)}$ 中的第 43 对强关联为石油和天然气开采业与航空运输业，但是从边权角度来看这两个产品部门之间的直接消耗系数仅为 0.000 069，显然是经过不止一步的迭代才达到目标产业。

紧随其后的第 44 位经过超过一步的迭代，第 45、46 和 47 位经过一步迭代达到目标，而随着排名的靠后迭代步骤也逐渐增多。在计算强关联系数 $\tilde{d}$ 的过程中，作为运算基础的边权采用的是投入产出表中的直接消耗指数，得出的结果要反映的是产品部门 i 通过更加"直接"的路径"间接"地影响到产品部门 j 的能力。因此，通过建立强关联矩阵的方法可以深入挖掘直接消耗系数和完全消耗系数所不能反映出来的产业关联关系。

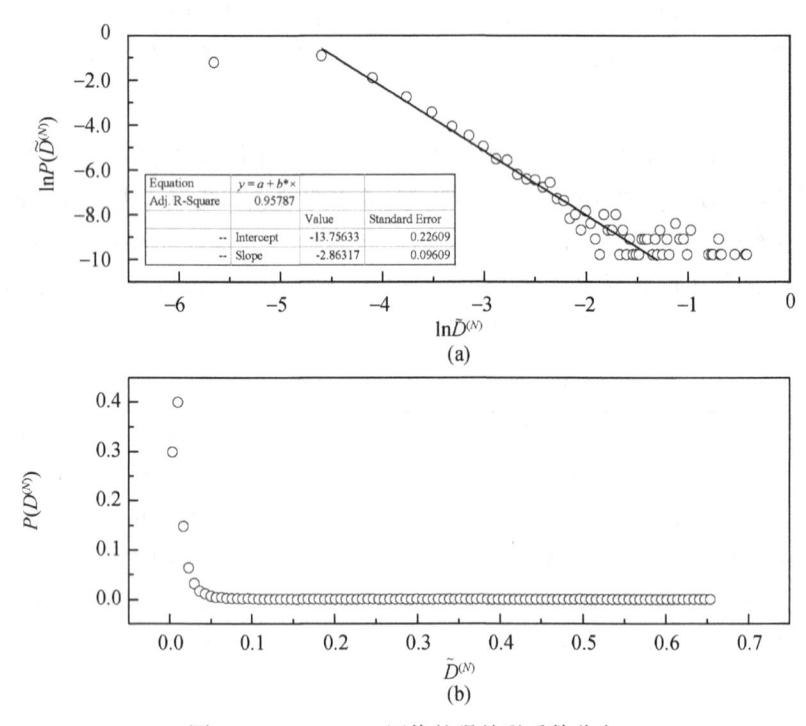

图 3-15 ISN-CN07 网络的强关联系数分布

强关联系数分布在双对数坐标下近似直线，线性拟合结果为斜率 Slope = -2.863，其判定系数 $R^2 = 0.958$，符合幂指数为 2.863 的 Pareto 分布，且呈现出较为明显的无标度特性，如图 3-15（a）所示。可见，产业结构网络虽然节点数量偏少，但是在 WDN 网络的基础上进行研究，已经可以发现较为明显的无标度特性。强关联网络的无标度特性可以解释为产业结构网络中少数很强的产业关联左右着整个产业系统的运行情况。政府必须通过宏观调控手段保障这些产品部门之间的相对稳定，而不能放任它们完全由市场经济决定。

3.4 ISN 网络模型强关联关系的聚类分析

聚类分析（cluster analysis）是对所研究的事物按一定标准进行分类的数学方法，也是多元统计中的一种分类方法。由于科学技术、经济管理中的分类界限往往不明，因此采用模糊聚类方法通常比较符合实际。一般来说，聚类分析需要首先构建数据矩阵，然后对其进行标准化，根据特定距离算法将其转化为模糊相似矩阵，再求得模糊等价矩阵并通过阈值变化形成动态聚类图。

3.4.1 聚类分析的理论基础

产业结构网络强关联矩阵 $\widetilde{\boldsymbol{D}}^{(N)}$ 的上三角阵元素代表产品部门 i 对产品部门 j 的强关联大小，下三角阵元素代表产品部门 j 对产品部门 i 的强关联大小，对角线元素为 0。强关联系数 $\tilde{d}_{ij}$ 的数值在 [0, 1] 区间上，$\tilde{d}_{ij}$ 接近于 1 表示产品部门之间的强关联程度很高，$\tilde{d}_{ij}$ 接近于 0 表示产品部门之间的强关联程度很低。

从本质上讲，矩阵 $\widetilde{\boldsymbol{D}}^{(N)}$ 与模糊相似矩阵 $\boldsymbol{R}$ 有类似之处。$\boldsymbol{R}$ 中的元素表示对象之间的相似程度，程度强弱通过反映对象特征的数量指标来衡量，通常聚类分析的原始数据经过标准化后的数值在 [0, 1] 区间上，称之为相似系数 r_{ij}。$r_{ij}=1$ 表示元素 i 与元素 j 完全相关，$r_{ij}=0$ 则表示元素 i 与元素 j 完全不相关（张国立等，2011）。

因此，本书采用模糊聚类算法来描述产品部门强关联程度蕴涵的产业集聚效应。首先，需要将矩阵 $\widetilde{\boldsymbol{D}}^{(N)}$ 改造为具有自反性和对称性的模糊相似矩阵 $\boldsymbol{R}$。为了均衡彼此之间的强关联系数，取 $\tilde{d}_{ij}$ 和 $\tilde{d}_{ji}$ 的平均值作为 $\boldsymbol{R}$ 的元素 r_{ij} $(i \neq j)$[①]，对角线元素规定为 1，公式如下所示

$$r_{ij} = \begin{cases} \dfrac{\tilde{d}_{ij}^{(N)} + \tilde{d}_{ji}^{(N)}}{2}, & i \neq j, \\ 1, & i = j \end{cases} \quad (3.5)$$

至此，衡量产品部门之间强关联程度的模糊相似矩阵 $\boldsymbol{R}=(r_{ij})_{N \times N}$ 构建完毕。

[①] 实际上，这个过程是将加权有向图转化为加权无向图的过程。首先，是把有向图转化为无向图，界定节点 A 和节点 B 是否有无向边，取决于既有从 A 指向 B 且从 B 指向 A 的有向边，也可以是两种情况之中存在一种即可。其次，确定每一条无向边的权值，常见的方式是取有向图中 A 和 B 之间有向边的权值之和或平均值，也可以是权值的最大值或最小值。具体的转化方式可以根据研究意图来确定。

然后，为了使 R 具有传递性，还需要将其改造成模糊等价矩阵 R^*。设 $R \in \mu_{N \times N}$ 是模糊相似矩阵，则存在一个最小自然数 i ($i \leq n$)，使得传递闭包 $t(R) = R^i$，对于一切大于 i 的自然数 l 恒有 $R^l = R^i$。此时，$t(R)$ 为模糊等价矩阵。根据以上定理，可用二次方法求 R 的传递闭包 $t(R)$，$t(R)$ 就是所求的模糊等价矩阵 R^*，即 $t(R) = R^*$。

最后，通过阈值 λ 的变化得到与之对应的 λ-截矩阵，该矩阵也是一类布尔矩阵，由此可得描述产品部门强关联紧密程度的动态聚类图（谢季坚和刘承平，2006）。

3.4.2 产品部门模糊聚类的结果分析

为了便于聚类分析，本书采用 2007 年中国投入产出简表数据构建了 ISN-CN07S 网络，该网络由 42 个产品部门及其对应的投入产出关系构成。然后，本书根据阈值 λ 从大到小过程中截矩阵的变化，形成了产品部门之间强关联的动态聚类图（图3-16），并将分类阈值 λ 设定为 0.060，得到了产品部门强关联的 19 组分类（图3-16）。

从 2007 年我国产业结构关系的模糊聚类结果来看，产品部门被划分为四个主要聚类和 15 个单独部门。第一类以制造业及其相关的矿产开采业为主，第二类以农业和轻工业为主，第三类以石化行业为主，第四类以电子信息行业为主，其他产品部门则没有形成较为明显的产业强关联聚类关系（表3-4）。

表3-4 阈值 λ 为 0.060 时产品部门强关联聚类结果

模糊聚类	产品部门
第一类	煤炭开采和洗选业，金属矿采选业，金属冶炼及压延加工业，金属制品业，电气机械及器材制造业，通用、专用设备制造业，电力、热力的生产和供应业，水的生产和供应业，非金属矿物制品业，建筑业，交通运输设备制造业
第二类	农、林、牧、渔业，食品制造及烟草加工业，住宿和餐饮业，纺织业，纺织服装、鞋、帽、皮革、羽绒及其制品业，木材加工及家具制造业，造纸、印刷及文教体育用品制造业，化学工业，卫生、社会保障和社会福利业，非金属矿及其他矿采选业
第三类	石油和天然气开采业，石油加工、炼焦及核燃料加工业，燃气生产和供应业，交通运输及仓储业
第四类	通信设备、计算机及其他电子设备制造业，仪器仪表及文化办公用机械制造业
其他单类	工艺品及其他制造业，批发和零售业，租赁和商务服务业，居民服务和其他服务业，研究与试验发展业，邮政业，文化、体育和娱乐业，金融业，信息传输、计算机服务和软件业，公共管理和社会组织，废品废料，水利、环境和公共设施管理业，综合技术服务业，房地产业，教育

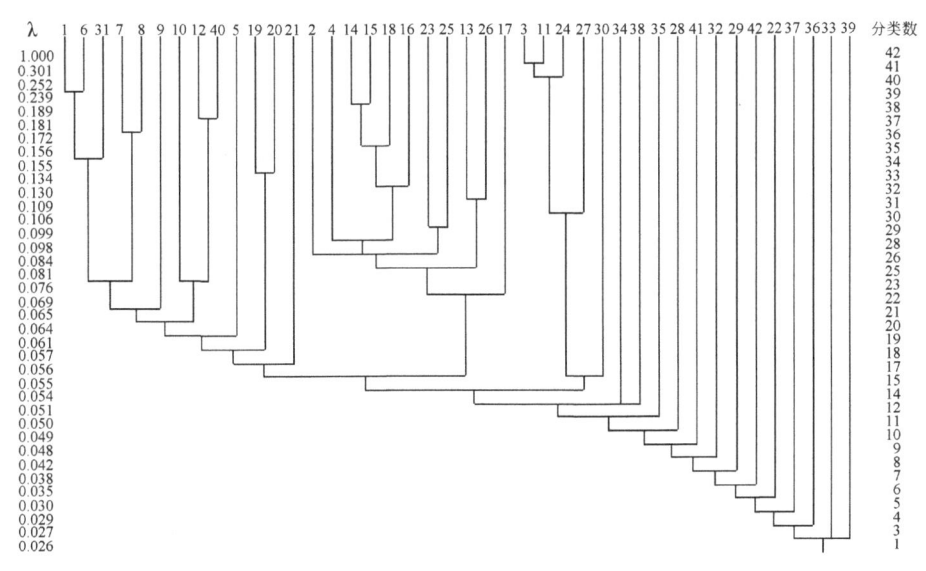

图 3-16 ISN-CN07S 网络产品部门强关联聚类图

3.4.3 ISN-BJ 网络的时序聚类分析

为了观察本书提出的聚类分析方法采用时序数据时的应用效果，本书以2002年、2005年、2007年和2010年北京投入产出表直接消耗数据为基础，计算得到了这四个年份产品部门之间的强关联关系模糊聚类，如图3-17~图3-20所示。

从2002~2010年北京市产业结构关系的模糊聚类来看，最为明显的是在相同阈值条件下分类数目逐年减少（图3-21）。从2002年的12类下降到2010年的两类，游离于产业体系边缘的产品部门逐渐融入整个产业环境当中，这意味着北京市产业结构近年来变得更为紧密。这种变化不仅反映了经济格局的变化，也说明了政府产业政策起到积极的宏观调控作用。从2007年起，废品废料和水利、环境及公共设施管理业与制造业的关系得到了加强，反映了北京市政府在工业可持续发展方面做出的努力；另一方面，综合技术服务业的融入说明北京市生产性服务业近年来得到了高速发展，同时也印证了一则国际经验——当制造业发展到一定阶段后便会经历瓶颈，这时其附加值和市场竞争力的提升开始转向于依赖服务业的支撑。

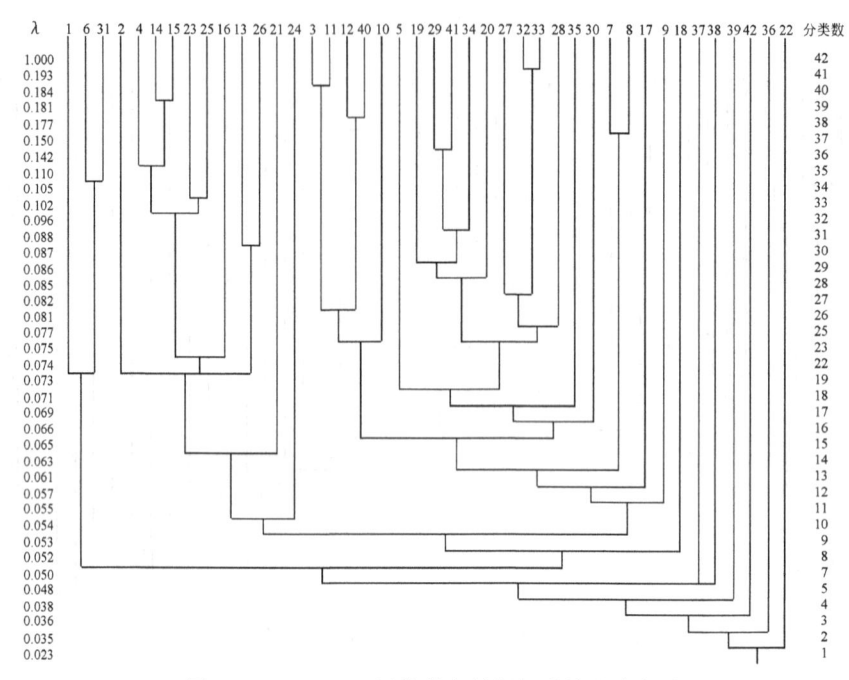

图 3-17 ISN-BJ02 网络的产品部门强关联聚类图

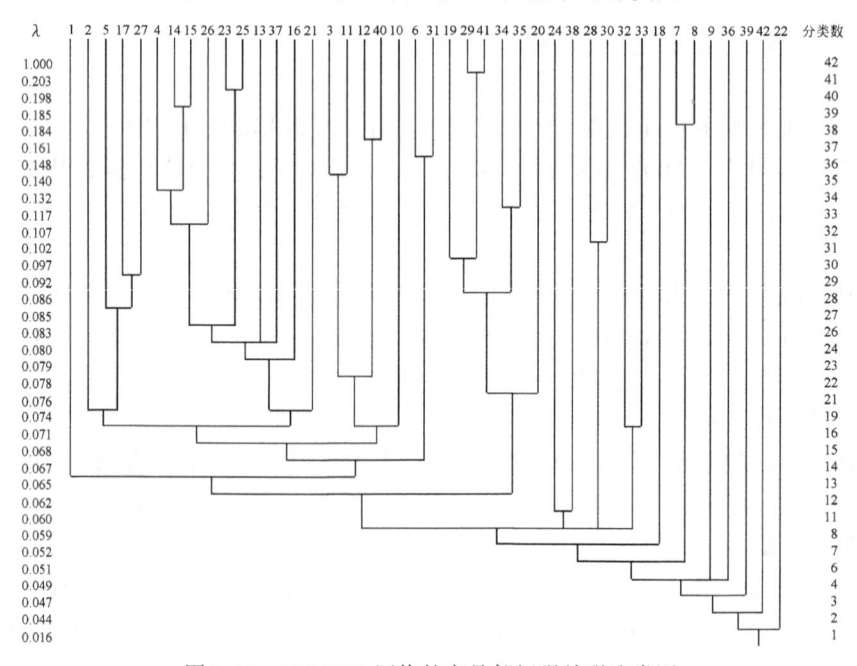

图 3-18 ISN-BJ05 网络的产品部门强关联聚类图

3 产业结构网络的路径搜索和聚类分析

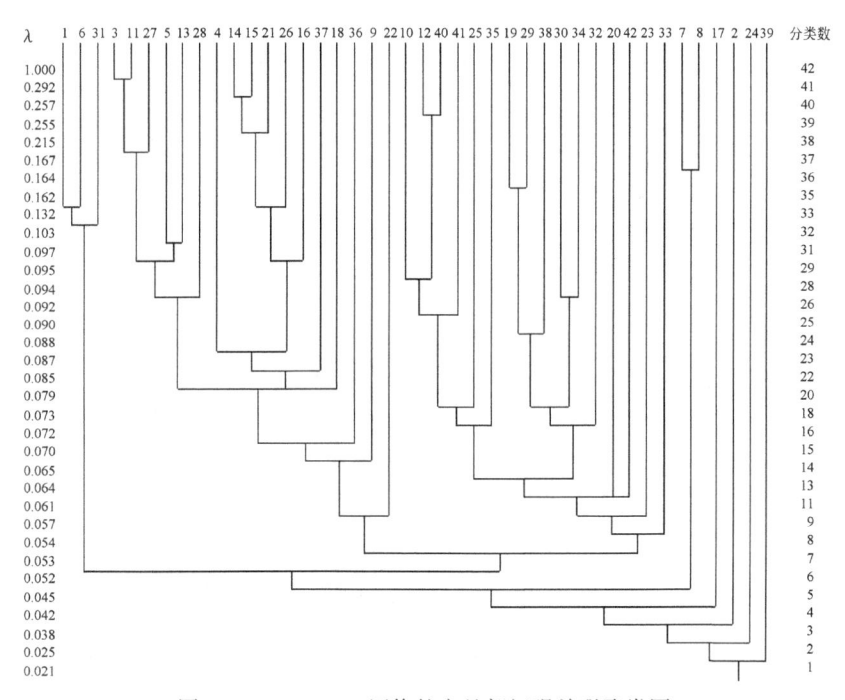

图 3-19 ISN-BJ07 网络的产品部门强关联聚类图

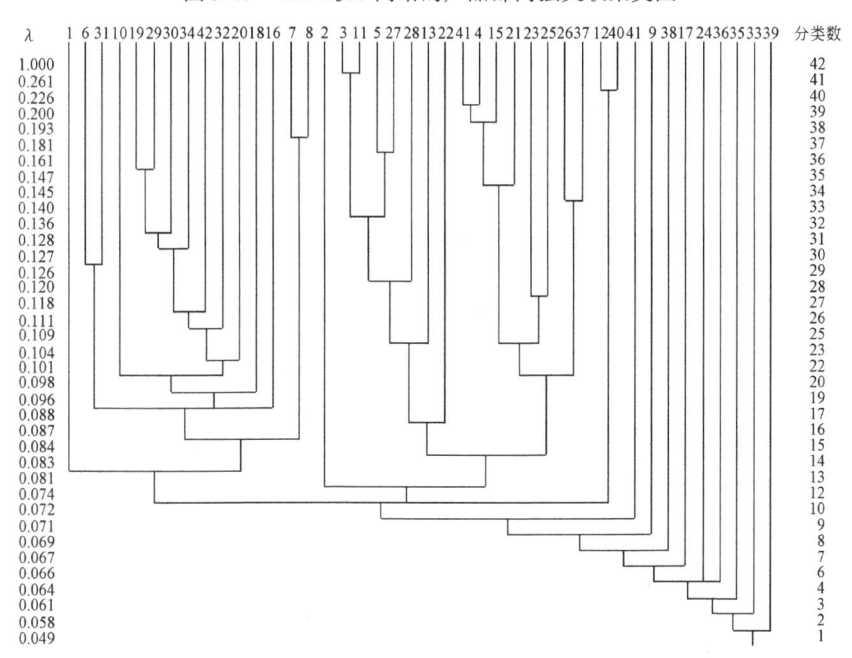

图 3-20 ISN-BJ10 网络的产品部门强关联聚类图

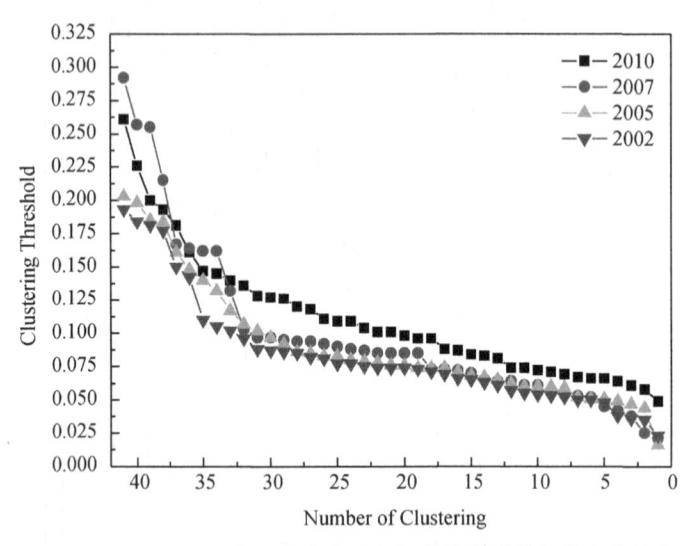

图 3-21　2002~2010 年北京市产品部门模糊聚类的阈值变化趋势

随着动态阈值 λ 变动较早形成聚类关系的产品部门，实际上对应了强关联系数分布图中出现频率极小而数值很大的产品部门强关联。例如，从模糊聚类图判断，2007 年北京市 42 个产品部门中石油和天然气开采业和石油加工、炼焦及核燃料加工业的关联最为紧密，其次为金属冶炼及压延加工业和金属制品业、化学工业和卫生、社会保障和社会福利业，同时这三对产品部门之间的强关联系数在统计中占据了前三位。以上例子说明产品部门的强关联模糊聚类结构很大程度上受到极少数非常强的产业关联的影响。此外，绝大多数差异不大的强关联关系决定了模糊聚类的结构，这时聚类关系更多地平衡了某个产品部门与其他所有产品部门的关联。

2007 年北京市产业强关联的模糊聚类动态阈值 λ 在聚类前期明显高于 2005 年和 2002 年，比较典型的是石油和天然气开采业与石油加工、炼焦及核燃料加工业、金属冶炼及压延加工业与金属制品业，说明具有较强关联水平的工业部门变得比以往联系更为紧密，即北京市已经提高了传统石化产业和钢铁产业的资源转换能力，产业结构的聚合质量有所提高。

2010 年和 2007 年相比，前 15 位的分类动态阈值有所下降，之后的阈值明显高于历年水平且下降较为平稳。通过对比分析发现：一方面，北京市工业部门的竞争能力近年来有所下降，第三产业的蓬勃发展成为促进产业结构紧密化的主要动力；另一方面，北京市整体的产业集群效应较过去日益明显（邢李志和关峻，2013）。

3.5 本章小结

本书根据我国近年来的投入产出数据，结合图论建模理论构建了产业结构网络模型，重新定义了网络中重要特征度量的技术经济意义，并在此基础上对经典的 Floyd 路径搜索算法进行了改进，开发出一种用来衡量产品部门之间强关联程度的特征度量矩阵。通过以上研究，本书得到几点理论和应用上的结论。

（1）以往对于产业结构网络的相似研究中，较多描述了产业之间是否存在关系，形成的网络模型基本上都是 BUN 网络，分析过程能够挖掘的产业技术经济信息非常有限。本书在构建产业结构网络模型时，完整地保留了原始数据的加权有向的特点，为准确地和科学地进行网络范式研究奠定了基础。

（2）经典的 Floyd 算法可以解决网络最短路径的搜索问题，但是无法寻找不重复的、唯一的和最长的网络加权路径。本书在此基础上对搜索算法进行改进，使之能够通过反复选取最大调和平均路径的方式标定网络任意两个节点之间的最长路径，进而形成了描述产品部门之间强关联程度的系数矩阵。

（3）考虑到产品部门强关联矩阵和模糊相似矩阵的相同点和不同点，本书将前者作为进行产业集群分析的基础，将其改造成为具有自反性和可逆性的模糊相似矩阵，并通过二次传递闭包法构建描述产业集群效应的模糊等价矩阵，并绘制了 2007 年中国产品部门强关联动态聚类图，为研究产业集群效应提供了一种新思路和新方法。

4 产业关联网络的抗毁性分析和中间人属性

产业关联的众多研究手段基本上可以说是对投入产出矩阵形成的整体网中各个节点的宏观描述，如果将研究范围缩小到局域网甚至个体网，运用复杂网络和社会网络思想开发出在微观层面上对产业关联机制的研究手段，那么必将有利于宏观产业经济研究与产业复杂网络研究的进一步融合。因此，本书构建了衍生于 ISN 网络的产业关联网络模型，重点从微观层面来研究产品部门之间的关联作用，并继续利用《中国 2007 年投入产出表》的数据对这类网络进行实证分析。

4.1 产业关联网络模型

在实际的产业研究中往往更关注的是最强、最显著的影响路径，通过这种路径可以更高效、更直接地分析上下游产业之间的技术经济联系。因此，本书提出建立产业结构网络的最长距离矩阵 $\tilde{D}^{(N)}$，通过改良的 Floyd 算法并将式（3.3）反复迭代，进而选取较大值作为影响路径的走向。

$$\tilde{d}_{ij}^{(k)} = \max_{i,\,j,\,k \in \{1,2,\cdots,N\}} \left\{ \tilde{d}_{ij}^{(k-1)},\ \frac{\tilde{d}_{ik}^{(k-1)} \tilde{d}_{kj}^{(k-1)}}{\tilde{d}_{ik}^{(k-1)} + \tilde{d}_{kj}^{(k-1)}} \right\} \tag{4.1}$$

公式中将边权矩阵中 $w_{ij} = \infty$ 的权值都换为 $w_{ij} = 0$，最终得到最长加权路径距离矩阵 $\tilde{D}^{(N)}$，记为

$$\tilde{D}^{(N)} = \begin{bmatrix} \tilde{d}_{11}^{(N)} & \cdots & \tilde{d}_{1N}^{(N)} \\ \tilde{d}_{21}^{(N)} & \cdots & \tilde{d}_{2N}^{(N)} \\ \vdots & & \vdots \\ \tilde{d}_{N1}^{(N)} & \cdots & \tilde{d}_{NN}^{(N)} \end{bmatrix} \tag{4.2}$$

式中，$\tilde{d}_{ij}^{(N)}$ 为节点 v_i 到节点 v_j 的最长加权路径距离，$\tilde{D}^{(N)}$ 为最长加权路径距离矩阵，它衡量的是网络传递信息的能力，因此也可以称之为强关联矩阵，相应的最长加权路径距离称为产品部门之间的强关联系数。

强关联矩阵 $\tilde{D}^{(N)}$ 能够反映出产品部门 i 通过 n 个中间部门逐级的强相关经济联系，最终对产品部门 j 造成的最大化影响。通过矩阵 $\tilde{D}^{(N)}$ 和邻接矩阵 A 相比较，可以发现两个矩阵中对应位置处有部分元素的数值相等，即最大不完全消耗系数与直接消耗系数相等，表明这些产业之间的具有最为直接的产业关联关系和最为快速的产业带动效应。因此，本书将矩阵 $\tilde{D}^{(N)}$ 和矩阵 A 的重合元素按照原有位置构成矩阵 $\tilde{A} = \{\tilde{a}_{ij}\}$，公式为

$$\tilde{a}_{ij} = \begin{cases} a_{ij}, & \tilde{d}_{ij}^{(N)} = a_{ij}, \quad i \neq j \\ 0, & \text{其他} \end{cases} \tag{4.3}$$

以矩阵 $\tilde{A}$ 为邻接矩阵，本书构建了产业间最强关联网络（industrial strongest relevant networks，ISRN），也可以称之为产业关联网络。该网络实际上是 ISN 网络演化形成的子网络，体现的是原网络中具有最快反应速度的投入产出关系。

ISRN-CN07 网络的多维量表如图 4-1 所示，权重三维曲面图如图 4-2 所示。废品废料，铁合金冶炼业，管道运输业，城市公共交通业，社会福利业，针织品、编织品及其制品制造业和渔业等产品部门与其他部门构成的产业强关联集团距离较远，说明它们在产业体系的重要支撑性部门当中发挥的作用有限。

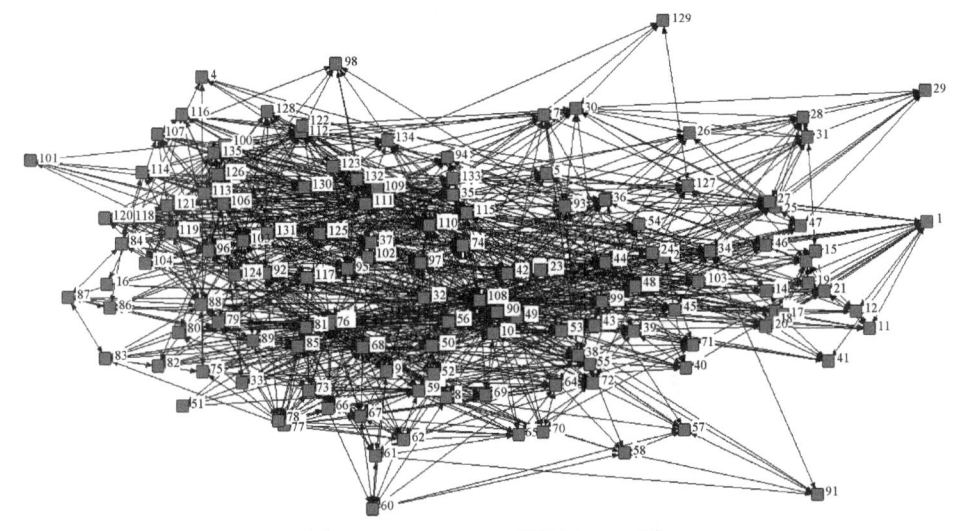

图 4-1　ISRN-CN07 网络的 MDS 图

与 ISN-CN07 网络相比，ISRN 网络的节点数量虽然一致，但是边的数量大大减少，邻接矩阵 $\tilde{A}$ 中只保留了邻接矩阵 A 中不到 10% 的矩阵元素（图 4-3），说

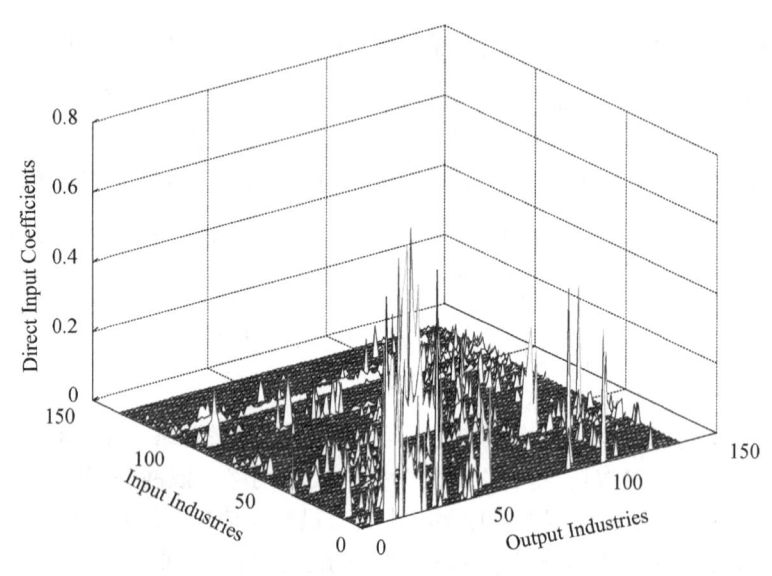

图 4-2 ISRN-CN07 网络的权重三维曲面图

明产业结构网络中只有较少的一部分边承载产业间最显著的影响力。

从图4-3（b）中可以看出矩阵 $\tilde{A}$ 的一些特点：矩阵元素大多集中在矩阵的

(a)ISN-CN07网络邻接矩阵分布   (b)ISRN-CN07网络邻接矩阵分布

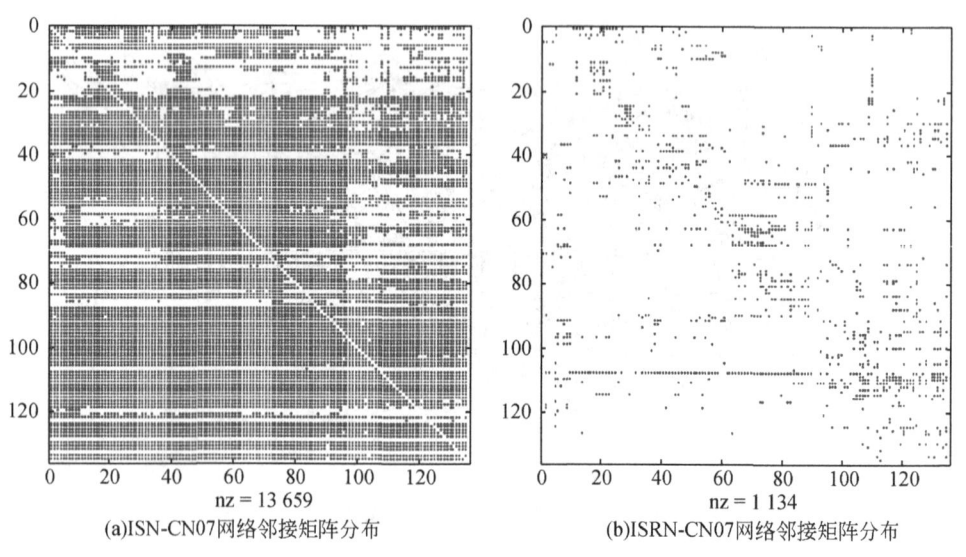

图 4-3 ISN-CN07 网络与 ISRN-CN07 网络在规模上的区别

对角线附近，说明产品部门 i 与产品部门 $i+1$ 在界定上往往具有很强的关联性，这是因为投入产出表编制的规则造成的。例如，水泥、石灰和石膏制造业的下一个部门即为水泥及石膏制品制造业，从部门 25 到部门 29 依次为棉、化纤纺织及印染精加工业，毛纺织和染整精加工业，麻纺织、丝绢纺织及精加工业，纺织制成品制造业和针织品、编织品及其制品制造业，根据中国 2007 年投入产出表部门分类解释及代码，这 5 个 II 级部门都从属于 II 级部门分类中的纺织业（邢李志和关峻，2012）。

4.2 产业关联网络的特征度量分析

ISRN 网络作为 ISN 网络子网络，两者网络节点特征度量的含义基本相同。不同的是，因为网络变得较为稀疏，特征度量侧重衡量具有较强关联水平的网络结构和节点属性，而且特征度量分布也有所变化。

4.2.1 ISRN-CN 网络的度分布

通过对 ISRN-CN07 网络 $K^{IN}(i)$ 值的统计，商务服务业和住宿业的 $K^{IN}(i)$ 值最高，两者均为 18，表明其他部门与这两个部门存在的经济强关联最多，表 4-1 中列出 ISRN-CN07 网络中 $K^{IN}(i)$ 值排名前五的产品部门。从部门性质来看，商业服务业作为中介产业，包括了企业管理服务、法律服务、咨询与调查、广告业、知识产权服务、职业中介服务、市场管理和其他商务服务等行业细分领域，起到了对其他产业运行提供专业性服务的功能，因此得到了这些产业重点的投入；住宿业中的具体企业主要为旅游饭店和一般旅馆，这类企业对烟酒糖茶等副食品、棉纺织物等日用品和水电燃气等基础设施的需求很大，因此涉及的产业投入部门也比较多。废品废料的 $K^{IN}(i)$ 值最低，仅为 1。

表 4-1　ISRN-CN07 网络的入度和出度排名

排序	序号	产品部门	$K^{IN}(i)$	序号	产品部门	$K^{OUT}(i)$
1	109	住宿业	18	108	批发零售业	94
2	115	商务服务业	18	63	金属制品业	37
3	132	文化艺术业	16	110	餐饮业	32
4	135	公共管理和社会组织	16	111	银行业、证券业和其他金融活动	31
5	106	计算机服务业	15	49	塑料制品业	28

对 ISRN-CN07 网络入度分布表现出中间高两端低的特点，分布大致对称于均值轴线（图 4-4）。因此，本书采用 Poisson 分布函数对入度分布进行拟合，拟合结果为该分布服遵循 $\mu = 7.543$，$\sigma = 4.265$ 的 Gaussian 分布，判定系数 $R^2 = 0.855$。

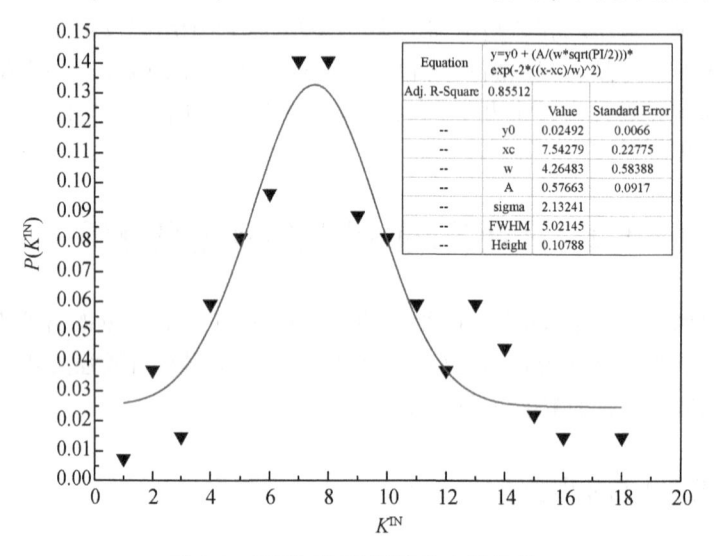

图 4-4　ISRN-CN07 网络的入度分布

ISRN 网络中 $K^{OUT}(i)$ 值最高的产业为批发零售业，高达 94。也就是说，批发零售业与其他 134 个产品部门的投入产出关系中，70% 的关系是最为迅速和直接的，即该产品部门的经济波动会立即影响到其他 94 个产业的生产活动，这一点也可以从其繁杂的产业分类上得到佐证，表 4-1 中列出了 ISRN-CN07 网络中 $K^{OUT}(i)$ 值排名前五的产品部门。金属制品业和银行业、证券业和其他金融活动起到的作用与批发零售业类似，不同之处在于前者是为其他产品部门提供初级金属加工制品，而后者提供的则是用于商业运作的金融资本。

ISRN-CN07 网络的出度分布如图 4-5 所示，可以看出产品部门 $K^{OUT}(i)$ 值的差异较大，且绝大部分的 $K^{OUT}(i)$ 值偏低。在双对数坐标下出度分布曲线类似弧形，在半对数坐标下类似直线，线性拟合结果为斜率 Slope = -0.081，判定系数 $R^2 = 0.761$。因此，出度分布基本符合 Boltzmann-Gibbs 分布。

根据入度分布和出度分布，可以得出网络的度分布情况。网络中 $K(i)$ 值最大的前五个产品部门依次为批发零售业、餐饮业、金属制品业、其他通用设备制造业和商务服务业。除了批发零售业的 $K(i)$ 值高达 100 之外，其他产品部门的 $K(i)$ 值大多集中在 10~40。ISRN-CN07 网络的度累计分布如图 4-6 所示，在双

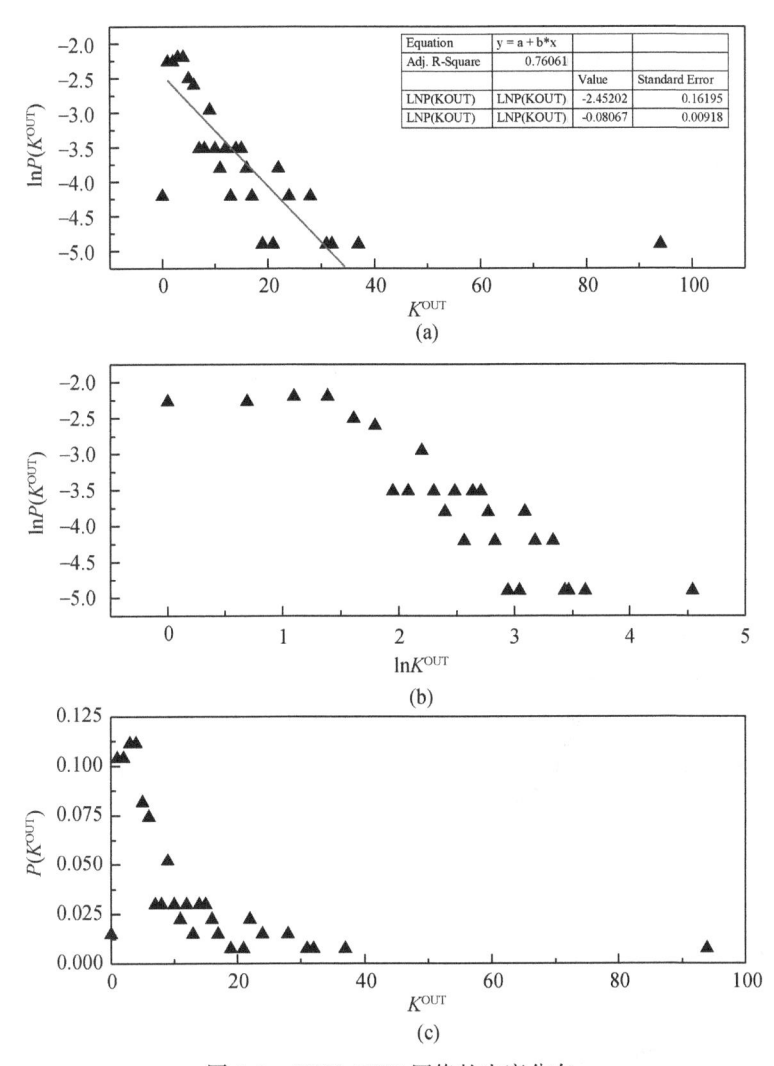

图 4-5　ISRN-CN07 网络的出度分布

对数坐标下度累计分布曲线类似直线，线性拟合结果为斜率 Slope = −1.979，判定系数 $R^2 = 0.847$，说明度分布基本符合幂指数为 0.979 的 Pareto 分布；在半对数坐标下度累计分布也类似直线，线性拟合结果为斜率 Slope = −0.126，判定系数 $R^2 = 0.990$，说明度分布更加符合 Boltzmann-Gibbs 分布。

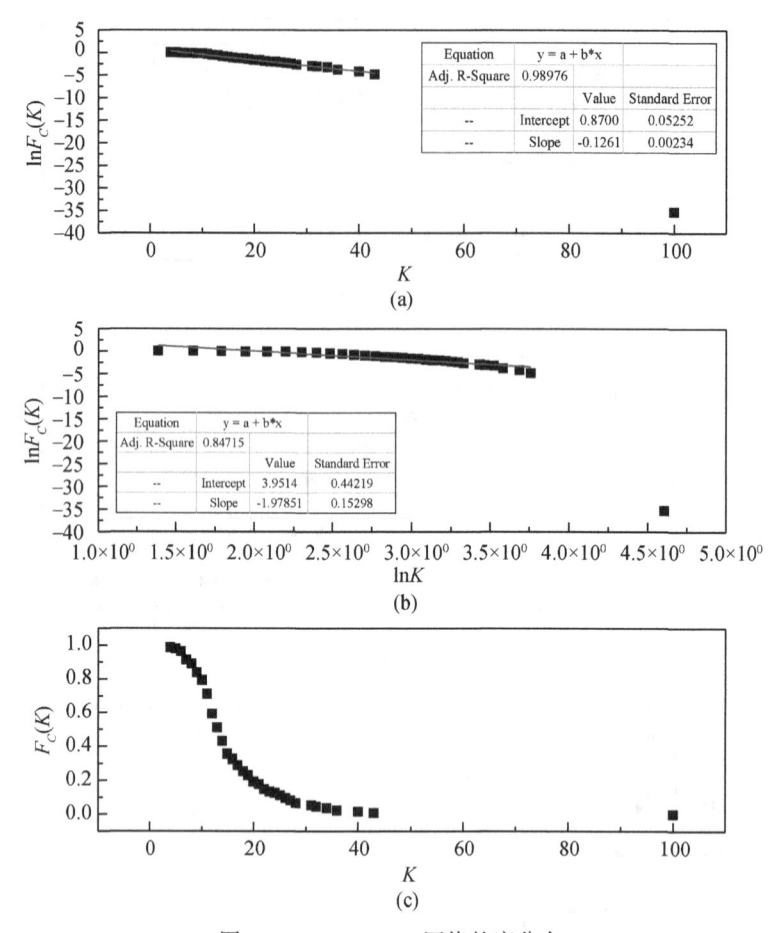

图 4-6 ISRN-CN07 网络的度分布

4.2.2 ISRN-CN 网络的权分布

因为剔除了 ISN-CN07 网络中大多数代表较弱经济关联的边，ISRN-CN07 网络的边权差异缩小了 2 个数量级。从边权分布曲线的形态来看，双对数坐标系下线性拟合结果为斜率 Slope = −1.337，判定系数 R^2 = 0.778，基本符合幂指数为 1.337 的 Pareto 分布。此外，在半对数坐标系下边权分布曲线上的左侧节点大多数位于一条直线上，线性拟合结果为斜率 Slope = −31.901，判定系数 R^2 = 0.912，说明一部分数值较低的 w_{ij} 遵循 Boltzmann-Gibbs 分布。

4 | 产业关联网络的抗毁性分析和中间人属性

鉴于 ISRN 网络中边权分布在尾端（$W\to\infty$）趋近于 Pareto 分布，而在头端（$W\to 0$）偏离幂率且趋向于 Boltzmann-Gibbs 分布的性质，说明其比较符合 Stable 分布的特点，即边权的大小趋近于 0 时，边权的概率不会很快趋近于无穷大，并且存在一个边权值可以划分指数分布和幂率分布的趋势范围，如图 4-7 所示。从产业关联角度来看，这种现象反映出极少的产品部门间投入产出关系决定了产业结构的紧密关联程度，而大多数的投入产出关系相对来说较为微弱。

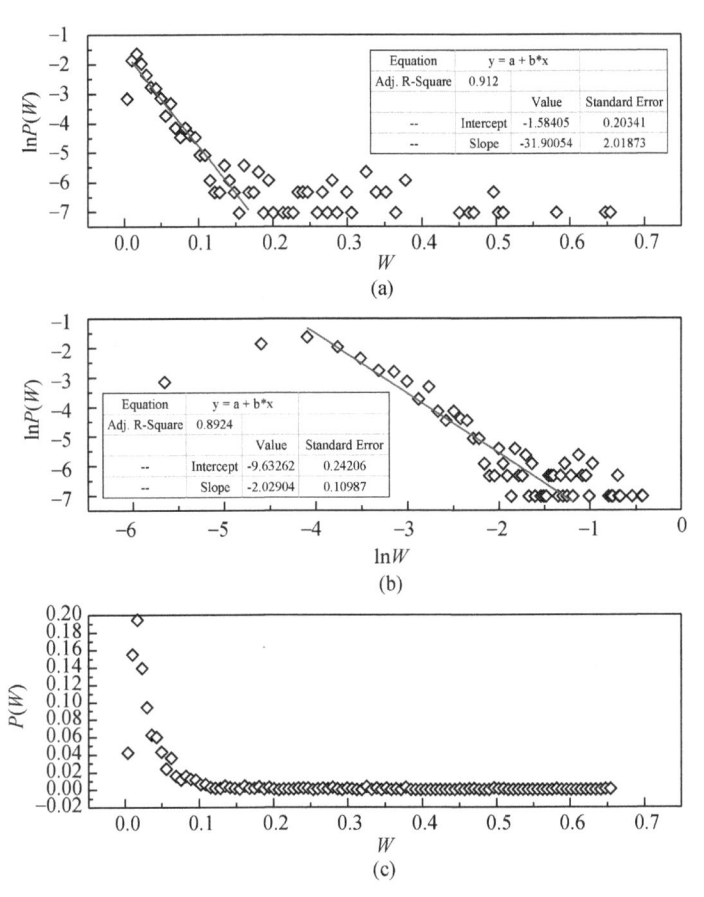

图 4-7 ISRN-CN07 网络的边权分布

从 ISRN-CN07 网络 $S^{IN}(i)$ 值、$S^{OUT}(i)$ 值和 $S(i)$ 值的分布统计来看，与稠密的 ISN-CN07 网络非常相似。入权分布类似于钟形曲线，如图 4-8 所示。拟合结果为该分布遵循 $\mu = 0.402$，$\sigma = 0.260$ 的 Gaussian 分布，判定系数 $R^2 = 0.722$。

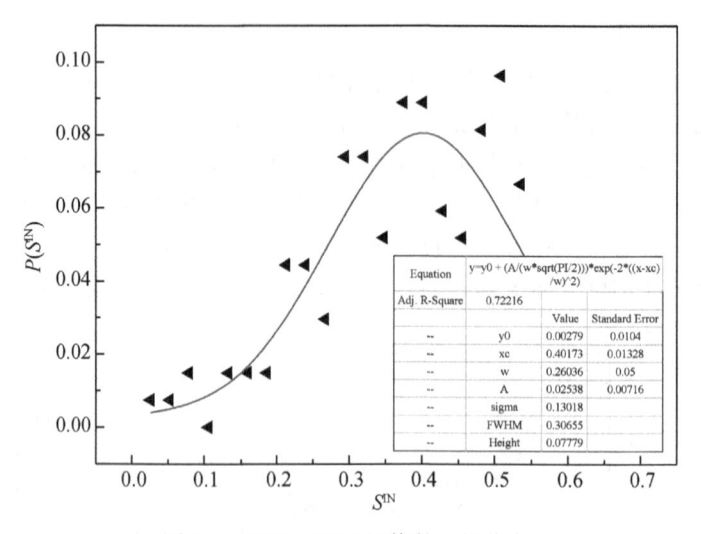

图 4-8　ISRN-CN07 网络的入权分布

出权分布在双对数坐标下近似直线，如图 4-9（a）所示。线性拟合结果为斜率 Slope = -1.237，其判定系数 R^2 = 0.888，符合幂指数为 1.237 的 Pareto 分布。

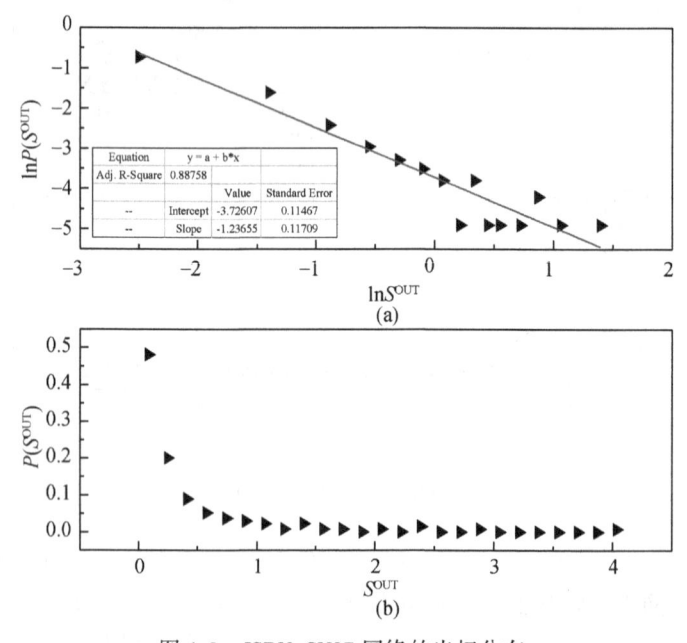

图 4-9　ISRN-CN07 网络的出权分布

4 | 产业关联网络的抗毁性分析和中间人属性

点权分布仍然主要受到出权分布影响，在双对数坐标下右侧大部分节点分布近似直线，如图 4-10（b）所示，线性拟合结果为斜率 Slope = −2.380，其判定系数 R^2 = 0.956，符合幂指数为 2.380 的 Pareto 分布，且呈现出较为明显的无标度特性。在半对数坐标下左侧大部分节点分布近似直线，如图 4-10（a）所示，线性拟合结果为斜率 Slope = −2.160，其判定系数 R^2 = 0.901，符合 Boltzmann-Gibbs 分布，呈现出较为明显的单尺度无标度特性。

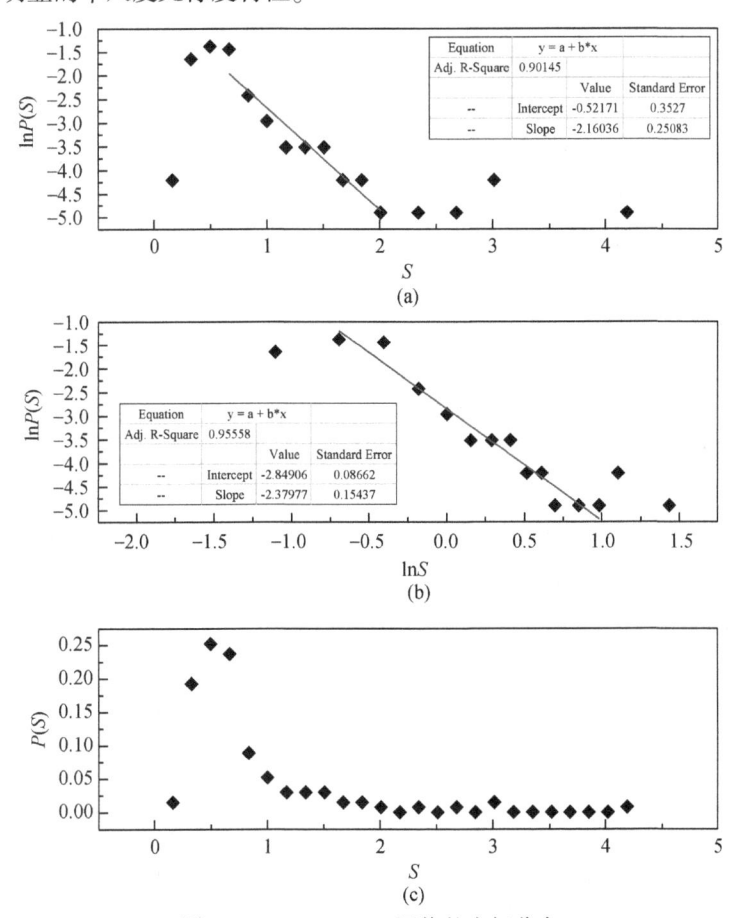

图 4-10 ISRN-CN07 网络的出权分布

鉴于 ISRN 网络中点权分布在尾端（$S \to \infty$）趋近于 Pareto 分布，而在头端（$S \to 0$）偏离幂率且趋向于 Boltzmann-Gibbs 分布的性质，也说明其比较符合 Stable 分布的特点。总而言之，ISRN 网络中的点权分布体现了极少的产品部门占据了产业结构中最重要的经济地位。

4.2.3 ISRN-CN 网络与加权局域世界网络模型的关系

虽然 ISRN 网络的 $P(K)$、$P(S)$ 和 $P(W)$ 分布没有同时具有无标度特性，但是根据 BBV 模型的演化特点，$P(S)$ 如果满足幂指数在 [2, 3] 范围内的条件，那么这个加权网络也可以看成是无标度网络。但是，如果从分布曲线拟合的特点来看，ISRN 网络更倾向于符合 Levy Stable 分布，也就是说，用 GLW 模型来解释 ISRN 网络的演化机制更为合适。

在远古时期，人类刚刚从猿进化的过程，他们从事生产劳动的物质成果多用于自给自足。随着制造生产工具技术的成熟，人类的生产力得到了提升，开始有了多余的生产资料用于交换，慢慢地形成了以农业为核心的商业雏形。经过了漫长的旧石器时代、新石器时代和青铜时代，人类社会终于进入了铁器时代，在这个过程中工业开始崛起，从依附于农业生产演变到为各行各业提供生产资料和生产工具。值得注意的是，每一个新的产品部门都不是凭空出现的，它们是随着社会进步而衍生于某个已有的产品部门；同时，对于国民经济越重要的产品部门就会有越多新的产品部门出现为其提供服务，可以说这是社会发展和时代变迁的必然要求。工业革命之后，结合了新兴技术的工业和现代商业开始加速发展，产业门类和种类日益细化。特别是 20 世纪，在生物医药业、计算机业、航空业等高科技产业的带动下，人类的经济社会和产业结构达到了前所未有的复杂程度。如果将几万年间人类经济活动形成的产业结构按照 GLW 模型的思想进行分析，可以认为产品部门的涌现具备两个特点：更为复杂的增长性和局域化的择优连接性。

产业网络作为一种社会网络，它与物理网络的本质区别在于，其更加注重节点之间关系量化程度的解释。新兴产业的出现，必然与若干传统产业之间存在一定的技术经济联系，这种联系在 ISRN 网络中以加权边的形式来表示。因此，新的产品部门节点出现时，它的增长性不能用 BA 模型来解释，而是需要用 BBV 模型边权值的动态演化来解释，即认为新加入的边只会局部地引发连接节点 i 与它的邻居节点 $j \in \Gamma(i)$ 边的权值的重新调整。

产品部门衍生于另一个产品部门的可能性与该产业的重要性相关联，也可以称之为择优衍生。当社会经济发展的一定程度，产品部门的择优衍生变得更为复杂。一方面，新的产品部门会受到产业系统中一些联系最为广泛、经济地位极为重要的核心部门的影响，另一方面，它也必须依附于那些与之关联非常密切、功能作用相辅相成的传统部门。综合产业宏观背景下的发展形势和产业集聚效应的作用机理，新兴产业的出现才显得合情合理。

毫无疑问，即使将 ISN 网络根据影响力传递的直接程度进行简化，所形成的 ISRN 网络中的产业关系仍然差别巨大，虽然具有较弱投入产出关系的部门占据大部分的网络空间，但是那些较强的产品部门之间相互依存和相互制约的关系，说明了关联产业唇齿相依的重要性。重视区域规划过程中的产业关联，特别是较强的产业关联，对于形成科学合理的产业集群至关重要。本书在下一步研究中将针对具体产业讨论以其为中心构建产业集群网络的可行性。

4.2.4 ISRN-CN 网络的集聚系数

ISRN-CN07 网络的 C 值和 C^W 值分别为 0.348 474 和 0.007 032，与 ISN-CN07 网络相比，C 值下降了 63%，而 C^W 却变为原来的 4 倍。由此可见，虽然网络的无权有向图拓扑结构的紧密程度降低了许多，但是这类子网络保留的是更直接、更快速投入产出影响路径，这些强相关的经济关系是维持 ISN-CN07 网络稳定性的关键，也是维持国民经济秩序正常运行的基础。表 4-2 中分别列出了 $C(i)$ 值和 $C^W(i)$ 值排名前 10 位的产品部门。

表 4-2 ISRN-CN07 网络的集聚系数排名

排序	序号	产品部门	$C(i)$	序号	产品部门	$C^W(i)$
1	11	谷物磨制业	0.714 286	92	电力、热力的生产和供应业	0.005 330
2	29	针织品、编织品及其制品制造业	0.714 286	108	批发零售业	0.005 154
3	51	水泥及石膏制品制造业	0.700 000	37	石油及核燃料加工业	0.004 226
4	16	水产品加工业	0.666 667	63	金属制品业	0.004 113
5	62	有色金属压延加工业	0.641 026	111	银行业、证券业和其他金融活动	0.003 957
6	66	起重运输设备制造业	0.636 364	68	其他通用设备制造业	0.003 726
7	41	农药制造业	0.619 048	115	商务服务业	0.003 407
8	70	化工、木材、非金属加工专用设备制造业	0.577 778	97	道路运输业	0.003 406
9	17	其他食品加工业	0.576 923	59	钢压延加工业	0.003 301
10	65	金属加工机械制造业	0.576 923	44	专用化学产品制造业	0.003 204

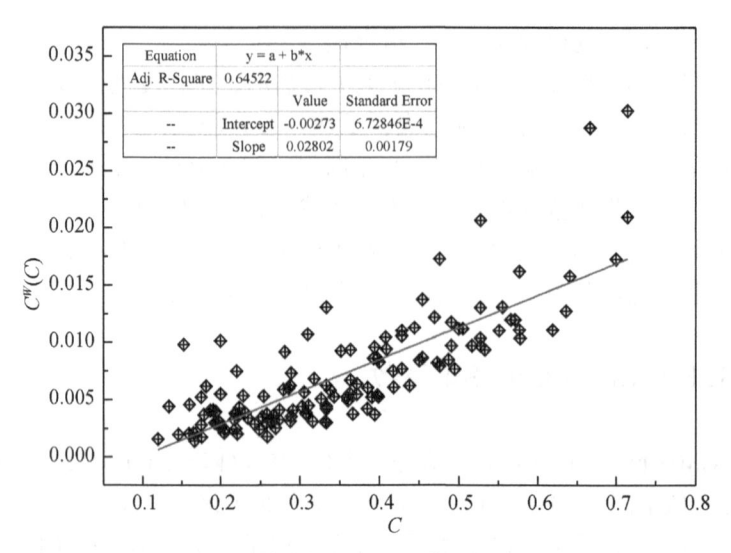

图 4-11 ISRN-CN07 网络中拓扑集聚系数与加权集聚系数的相关性

从表 4-2 中 ISRN-CN07 网络的两类集聚系数对比来看，排名靠前的产品部门基本大致相同，这一点也被图 4-11 中两者的正相关关系所验证，这主要是因为

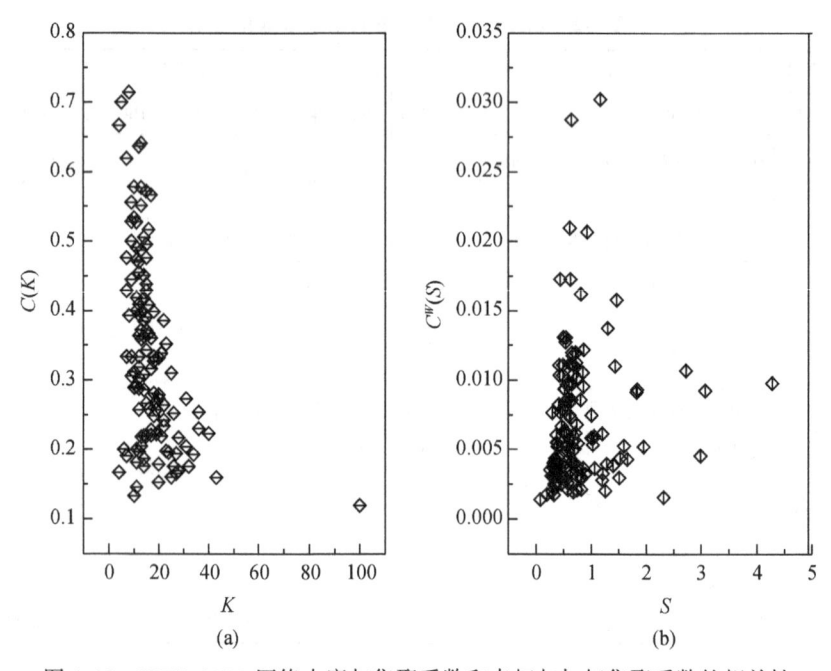

图 4-12 ISRN-CN07 网络中度与集聚系数和点权与加权集聚系数的相关性

ISRN-CN07 网络保留边的 w_{ij} 值差异显著缩小。ISRN 网络中 $C(i)$ 值和 $C^W(i)$ 值较高的产品部门，大多是各自 I 级分类中处于上游的原材料生产和加工部门，说明这类部门为维持其所在的产业链乃至整个 ISN-CN07 网络的稳定性发挥了重要作用。

ISN 网络中产品部门的 $C(i)$ 值与其 $K(i)$ 值成反比，而 $C^W(i)$ 值与其 $S(i)$ 值成正比（图 4-12）。但是，在作为子网络的 ISRN 网络中，虽然 $C(i)$ 值与 $K(i)$ 值仍然大致保持着反比的关系，但是 $C^W(i)$ 值与 $S(i)$ 值的正比关系不再明显。造成这种现象的原因包括以下两个方面。

（1）ISRN 网络的较 ISN 网络稀疏，所以与某个节点相邻的两个节点之间也存在关联的可能性就大大降低，使得网络的层次性变得模糊。

（2）ISRN 网络保留了节点之间重要的关联，即邻接矩阵中较大的 w_{ij} 值，同时较弱的关联被删除，因此在计算 $C^W(i)$ 的过程中的有一部分 w_{ijk} 变小，进而 $C^W(i)$ 值与 $S(i)$ 值呈现出负相关的概率增加。

4.2.5 ISRN-CN 网络的拓扑最短路径

ISRN 网络已经凸出了 ISN 网络的主要经济联系，邻接矩阵中的元素体现的是较为直观的产业影响力。所以本书在分析网络最短路径问题时，将邻接矩阵简化为 0-1 型矩阵，即将子图简化为 $G = (V, E)$，将网络视为无权有向图进行研究。

本书计算得到了 ISRN-CN07 网络无权有向图的最短距离矩阵 $D^{(N)}$ 和最短路径 $d_{ij}^{(N)}$，进而得出 ISRN-CN07 网络的直径 $D = 6$，平均路径 APL = 2.823，说明 ISRN 网络的无权有向图较 ISN 网络内部联通程度下降，产品部门之间最多相隔五个其他部门，分别是以有色金属矿采选业和炼铁业为起点的路径和以废品废料为终点的路径，整体平均相隔两个其他部门。

4.3 产业关联网络的介数分析

从网络的拓扑结构角度来说，一个节点的介数越大，它所承载的信息量就越大，负载就越重。从产业经济角度来说，ISN 网络的介数衡量了一个产业的中介性能力，这类产业占据了产业结构中的重要位置，承担了其他产业之间联系沟通的桥梁作用。一个产品部门的介数越高，说明中介性越高，越多的产业联系要通过它的传导。

4.3.1 ISRN-CN 网络的介数

当网络具有多个分离的组件时，网络间就会出现结构洞（structural holes）。所谓结构洞，即社会网络中的某个体（ego）和其他一些个体（alters）发生直接联系，但这些个体互相之间不发生直接联系。这些个体无直接联系或关系间断的现象，从网络整体看好像网络结构中出现了洞穴。美国社会学家 Burt 认为，根据结构洞理论，介数高的的个体拥有信息优势和控制优势，进而可以控制其连接的其他个体并获得中介利益（罗纳德·伯特，2008）。因此，研究 ISRN 网络的介数，可以挖掘网络拓扑结构中这类中介性产品部门的特殊作用。本书运用 Matlab 软件模块计算了网络的介数。表 4-3 列出了 ISRN-CN07 网络 $C_B(i)$ 值最大的前 10 位产品部门（网络指标数据详见附表 2）。

表 4-3　ISRN-CN07 网络的介数排名

排序	序号	产品部门	$C_B(i)$
1	108	批发零售业	3 968.911
2	115	商务服务业	1 855.236
3	110	餐饮业	1 785.450
4	113	房地产业	875.653
5	44	专用化学产品制造业	857.594
6	109	住宿业	659.664
7	34	造纸及纸制品业	657.342
8	125	其他服务业	654.600
9	59	钢压延加工业	654.197
10	112	保险业	638.188

通过与度分布统计的对比可以发现，介数大小的排名与度数大小的排名有很强的关联，这一点在图 4-13 中有所体现，如批发零售业和商务服务业都具有较高的 $K(i)$ 值和 $C_B(i)$ 值，但是绝不是一一对应的关系，一方面是因为度分布统计的是与产业节点直接相连的边的数量，而介数分布统计的范围扩展到了整个网络；另一方面产业最强关联网络是个有向网络，每条路径都加上了方向属性，所以经过一个节点的路径数量的变化性更大。

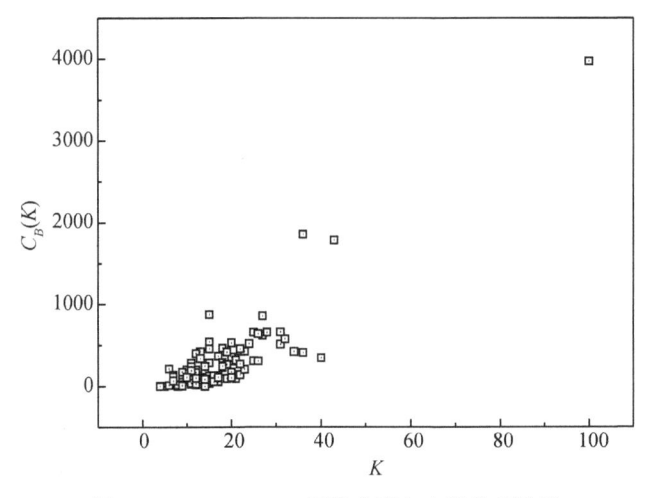

图 4-13 ISRN-CN07 网络中度与介数的相关性

4.3.2 ISRN-CN 网络的流介数

介数是节点是否具有中心性的度量指标之一。在某种程度上，介数也是节点对于信息在网络上传递的影响的度量指标。传统的介数计算方法仅考虑节点间的拓扑结构的最短距离，因此仅针对信息流通过最短路径进行传播的情况。但是在实际应用中，信息流也有可能通过其他非最短路径来传播，因此计算边的所有节点流介数 $C_F(i)$ 也具有重要的意义。

本书讨论的 ISRN 网络是一类加权有向复杂网络，边上的边权实际已经从物质流抽象成为一种信息流，传递的是产品部门间的相互影响。在此情况下，本书根据 $C_F(i)$ 的算法和公式，计算了 ISRN-CN07 网络的 $C_F(i)$ 见表 4-4（网络指标数据详见附表 2）。

表 4-4 ISRN-CN07 网络的流介数排名

排序	序号	产品部门	$C_F(i)$
1	108	批发零售业	4 895.39
2	61	有色金属冶炼及合金制造业	3 944.184
3	113	房地产业	904.702
4	110	餐饮业	496.749

续表

排序	序号	产品部门	$C_F(i)$
5	59	钢压延加工业	475.565
6	7	石油和天然气开采业	474.704
7	101	管道运输业	465.549
8	12	饲料加工业	399.137
9	106	计算机服务业	373.134
10	115	商务服务业	362.229

ISRN-CN07 网络的构建过程已经突出了 ISN-CN07 网络中的强关联经济联系，此基础上如果要深入研究技术经济影响的传递速度，就必须明确信息流沿着哪些最小阻抗路径进行传递。因此，对于具体产品部门来说，汇集这些高速传递着经济技术影响力的路径的能力，就是网络中对应节点的 $C_F(i)$ 值的大小。可以说，$C_F(i)$ 值较大的产品部门是保障整个网络对信息扰动迅速反应能力的关键。这类产品部门不仅拥有较大的 $K(i)$ 值，而且与之相连的边的 w 值也较大。如果将 k 值的大小看成节点作为交通枢纽所连接道路的数量，则 w 值大小可以看成是每条道路的宽度，将两者相结合进行考虑才能得出节点的交通疏导能力，这种能力对于信息传递亦是如此。

4.4 产业关联网络的稳健性与脆弱性

ISRN-CN07 网络的拓扑结构互联通性可以用直径 D 和平均最长路径 APL 来描述。经过测算，ISRN-CN07 网络虽然具有 135 个节点，却具有比较小的直径 6 和平均路径 2.8228，即部门 i 最多通过 5 个和平均通过 3 个中间部门即可间接影响到部门 j。为了证实 ISRN-CN07 网络作为无标度网络所具有的抗毁性（invulnerability），本书将移除一部分节点来体现介数所代表的联通作用，从而对比观测随机失效和蓄意攻击两种方式下网络所呈现出的稳健性和脆弱性。

4.4.1 ISRN-CN 网络的介数攻击

为了说明网络的抗毁性，需要研究一部分节点移除之后网络直径的变化情况。节点的缺失一般情况会增加剩余节点之间的距离，因为其会消除一些有利于系统内部互连的路径。但是如果当网络规模随着这个过程缩减到一定程度，删除的节点就有可能是最末端分布的节点，或者网络的最大簇过快变小，从而造成最长路径变短。在无标度网络中，即使高达 5% 的节点随机失效，网络中剩余节点之间的通信仍然不受任何影响。无标度网络的这种稳健性来源于其极端异构的连通分布特性，占整体比例大多数的节点移除后不会明显改变剩余节点的路径结构，对整个网络的拓扑结构没有显著影响。

本书对 ISRN-CN07 网络的节点进行随机失效，并描绘了节点移除比例与网络直径 D 变化的函数图像，如图 4-14 所示。节点的随机失效过程中，移除比例高达 20% 时 D 值仍然没有发生变化；达到 40% 时 D 值才开始急剧上升，一直到变为初始值的 2 倍；达到 50% 时 D 值开始缓慢下降，表明网络最大簇规模变小和末端节点消失的共同作用开始发挥；从 80% 开始 D 值急剧下降，直到节点全部移除。

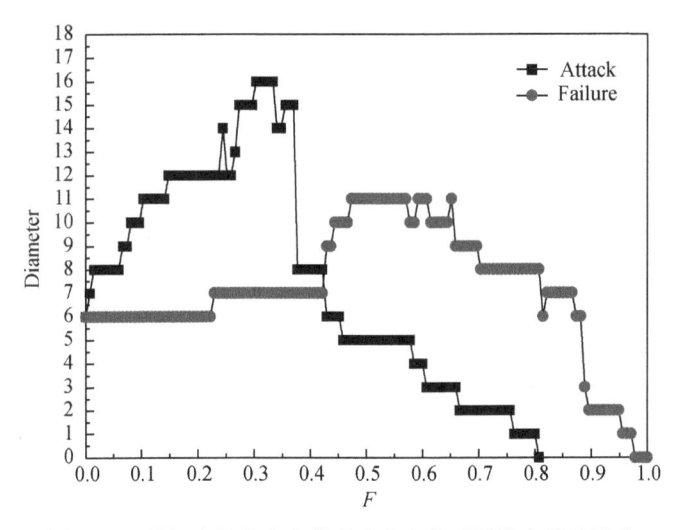

图 4-14　随机失效节点和蓄意攻击介数对网络直径的影响

为了说明介数较高产品部门在整个网络中作为中心节点的重要性，本书模拟针对节点的蓄意攻击，首先移除具有最大 $C_B(i)$ 值的节点，然后再继续选择和移除 $C_B(i)$ 值递减的节点，得到的函数图像如图 4-15 所示。测量蓄意攻击条件下的网络直径，可以发现：当 $C_B(i)$ 值最大的节点移除时，D 值迅速上升；移除比例达到 20% 时，D 值达到初始直径的 2 倍，到 40% 时又升至 2.5 倍；随后 D 值急剧下降，说明网络中 $C_B(i)$ 值处于后 70% 的节点多为末端节点。由此得到一个结论：ISRN-CN07 网络中只有 30% 左右的产品部门是支撑整个国民经济体系正常运转的重要部门。

为了证明这个结论，需要排除最大簇（the largest cluster）规模对网络直径造成了显著影响的可能性，因为在无标度网络中中心节点的移除往往会使网络的最大簇规模快速缩小。本书绘制了蓄意攻击较大 $C_B(i)$ 值节点过程中网络最大簇规模 S 的变化函数图像，S 定义为在最大簇中包含节点所占的比例，当移除比例 $F=0$ 时，规模 $S=1$。从图 4-15 可以看出，F 与 S 基本符合线性递减关系，证实了网络直径的迅速上升主要是由蓄意攻击的节点造成的。

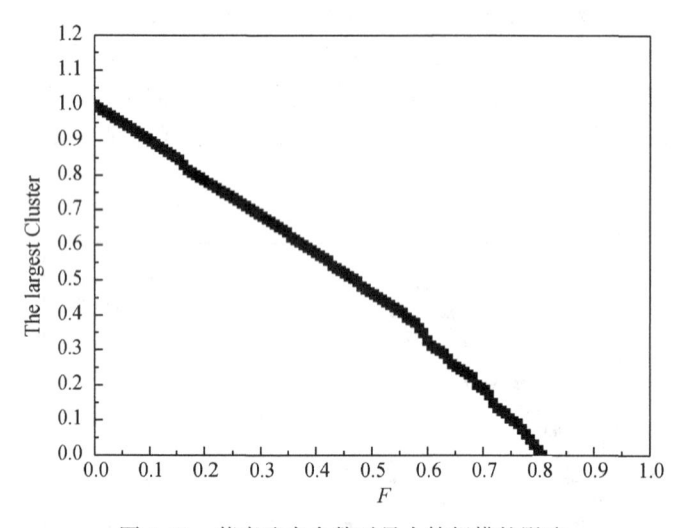

图 4-15 蓄意攻击介数对最大簇规模的影响

以上通过对节点的随机失效和对介数的蓄意攻击说明了 ISN 网络的脆弱性和稳健性。接下来，本书继续从这两种设定出发研究其对网络平均路径的影响。从图 4-16 描绘的两组数据拟合结果来看，随机失效没有明显地改变网络的平均路径 APL，移除比例达到 30% 时 APL 值基本维持小幅波动；而蓄意攻击则使得 APL 值快速上升，说明 C_B 值较大节点的移除显著地影响了整个网络的连通性。

以上分析说明，ISRN-CN07 网络的稳健性表现为随机失效对于整个网络的影响只在移除比例加大时才能够显现出来，这时承载产品部门间关联关系的路径增长，即部门 i 要通过更多的中间部门才能影响到部门 j。这主要是因为投入产出数据及在其基础上变换得到的矩阵数据，作为产业网络的邻接矩阵，必然会出现这样一种现象：产品部门之间的路径中不仅存在许多回路（circuit），也必然存在许多圈（circle）。这些冗余的边代表了产业系统错综复杂的技术经济联系，它们增强了网络的稳健性。

但是，当针对特定的中心节点进行蓄意攻击时，网络的脆弱性就开始显现出来，产品部门间的路径从攻击开始迅速增长，网络的连通性也快速下降，说明国民经济体系中少数的关键产业决定了整体的资本流通和经济运行能力。

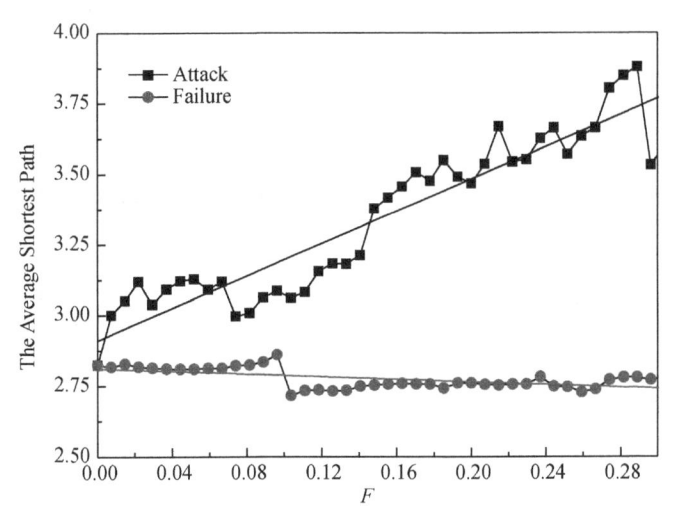

图 4-16　随机失效节点和蓄意攻击介数对平均最短路径的影响

4.4.2　ISRN-CN 网络的流介数攻击

本书前面已经讨论过针对介数的蓄意攻击会对网络拓扑结构造成何种影响，下面本书将研究针对流介数的蓄意攻击会对网络的加权路径和信息传递能力造成的影响，如图 4-17 所示。当网络节点随机失效时，衡量网络传播信息能力的加权直径（即最大的强关联系数）$\tilde{D}$ 的大小没有马上受到影响，当超过 20% 的比例时才发生第一次下降，接近 60% 时发生第二次下降。而对流介数进行蓄意攻击时，移除不到 4% 比例的节点就发生了直径 $\tilde{D}$ 下降的情况，在 8% 时再次下降，之后每次下降也都领先于随机失效的参照组。但是，从 50% 比例左右之后这种情况发生了变化，两组图像开始交替领先，这是因为加权网络从节点移除 50% 左右时发生了崩溃，网络的加权直径受网络簇规模变化影响开始不规则下降。

实际上，观测流介数蓄意攻击对加权网络的平均最长路径 $AP\tilde{L}$ 值的影响，更能反映出加权网络的抗毁性。从图 4-18 可以看出，流介数蓄意攻击情况相对于节点随机失效情况，$AP\tilde{L}$ 值的下降速度明显更加迅速，而且在移除比例达到 100% 之前，前者的 $AP\tilde{L}$ 值一直都小于后者。

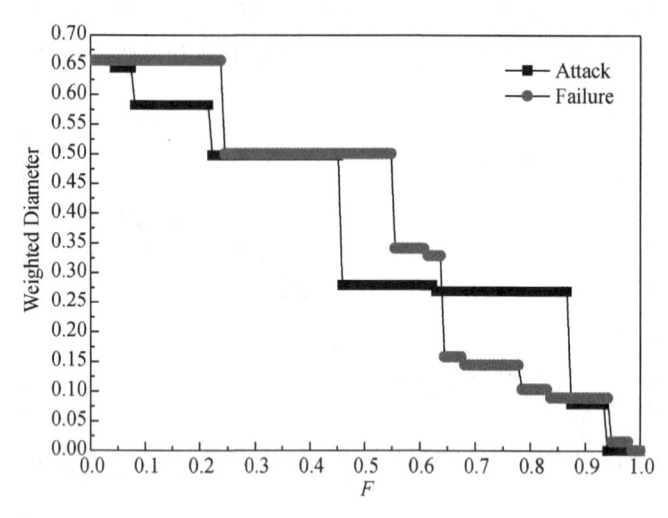

图 4-17　随机失效节点和蓄意攻击流介数对加权直径的影响

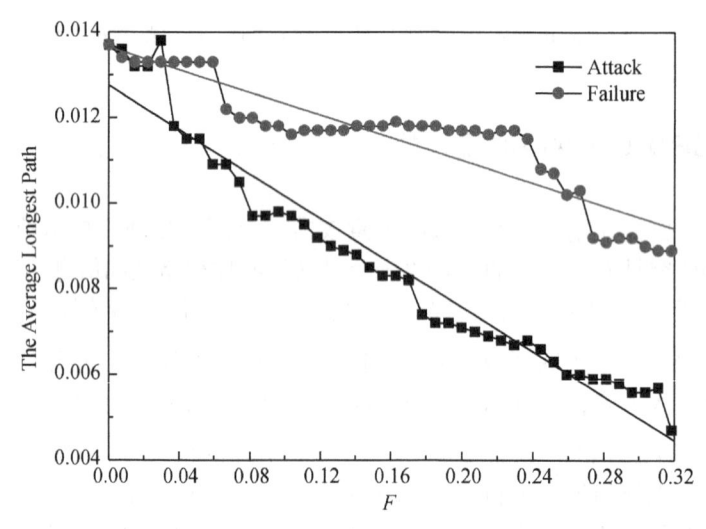

图 4-18　随机失效节点和蓄意攻击介数对加权平均最长路径的影响

分析表明，$C_F(i)$ 值较大的产品部门是整个 ISN 网络技术经济信息传递的枢纽，对于这类有向加权复杂网络的抗毁性起到关键作用。在宏观区域产业布局规划中，如果缺乏对这类产品部门稳定发展的政策保障和监督引导，那么就可能会滞后其他产品部门的相互协调发展。

蓄意攻击策略中节点介数优先攻击是为了最大限度地提高攻击的有效性，目的是尽快使网络不再畅通，这种攻击策略相比随机攻击对网络能造成更为明显的毁伤，只需较少的攻击次数就能使得网络结构的连通性大幅降低（邢李志和关峻，2012）。

4.5 产业关联网络的中间人属性研究

社会网络研究的内容包括三个层次，分别为个体网（ego networks）、局域网（partial networks）和整体网（whole networks），三者之间的关系，如图 4-19 所示。

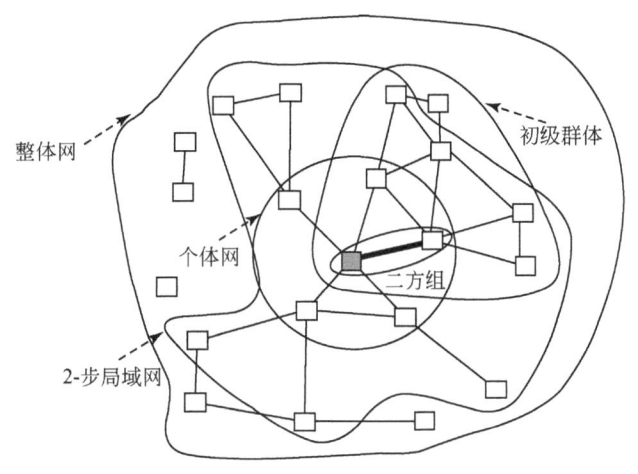

图 4-19 社会网络的分析层次

第一个层次为个体网，个体及与之直接相连的个体构成的网络。第二个层次为局域网，个体网加上与个体网络成员有关联的其他点构成局域网，可以将局域网分为 2-步局域网或 3-步局域网等。第三个层次为整体网，由一个群体内部所有成员之间的关系构成的网络。

4.5.1 个体网的重要特征

结构洞和中间人属性（brokerage roles）是个体网分析中常用的两个重要概念。为了研究产品部门在微观个体网层面上的相互作用关系，本书在本小节根据中间人属性的研究思路，结合条件概率计算方法将其扩展到整体网的研究当中。

4.5.2 中间人属性的界定

Burt 提出中间人的概念,并将其定义为向一个位置发送资源同时从另一个位置获得资源的行动者,它们在社会网络中具有一定的竞争优势。Gould 和 Fernandez 认为中间人可以分为五类,分别为协调者(coordinator)、中介者(broker)、守门人(gatekeeper)、发言人(representative)和联络官(liaison)(Roger et al.,1989),它们与所连接节点的关系如图 4-20 所示。在社会网络分析中,可以根据统计数据来判断一个行动者的中介行为是源于交换关系的随机分布,还是来源于一种内在的趋势。

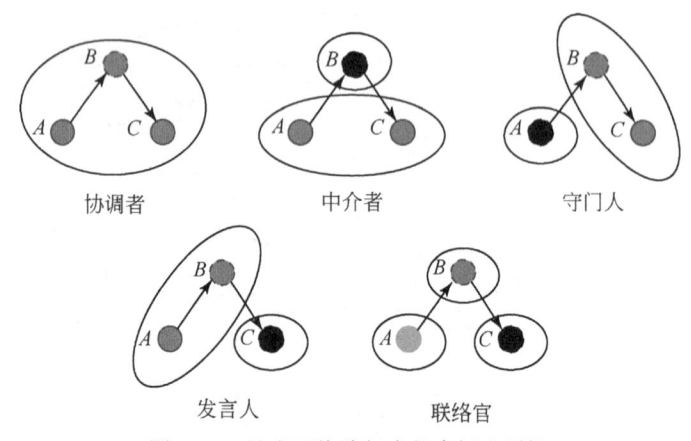

图 4-20 社会网络分析中的中间人属性

如果 B 是一个中间人,并且 A、B、C 属于同一群体之中,那么称 B 为协调者,它在一个群体内部发挥中介作用,可以获得信息流通及控制双方的便利;如果 A、C 处于同一个群体之中,B 处于另外一个群体,这时称 B 为中介者,相对协调者来说行动的自由度要高些;如果 B、C 处于同一个群体之中,而 A 处于另外一个群体,则称 B 为守门人,它是群体与外界联系的重要渠道,控制了该群体的对外信息;如果 A、B 处于同一个群体之中,而 C 处于另外一个群体,则称 B 为发言人,它控制了对外协调的门槛;如果 A 所在的群体既不同于 B 所在的群体,也不同于 C 所在的群体,也就是三者分别隶属于三个群体,则称 B 为联络官,因其其不为任何一个群体所规范,所以自由度很高。

4.5.3 产品部门的中间人属性分析

投入产出表一般分为全表和简表两种，并且同时进行编制。例如，2007年中国投入产出数据包含42个Ⅰ级分类和135个Ⅱ级产业、2002年为42个Ⅰ级分类和122个Ⅱ级产业，1997年为40个Ⅰ级分类和124个Ⅱ级产业。投入产出表中的Ⅰ级分类包括若干个Ⅱ级产业，如农、林、牧、渔业大类下实际涵盖了农业、林业、畜牧业、渔业和农、林、牧、渔服务业，金属矿采选业涵盖了黑色金属矿采选业和有色金属矿采选业。当然，有些Ⅰ级分类下只有一个Ⅱ级产业，如邮政业。

本书根据社会网络个体网分析中的五类中间人属性，界定了ISRN网络中产品部门的中间人属性，分别为协调属性、中介属性、内联属性、外联属性和产业联络属性，以此作为分析产业复杂网络关联程度的基础。

(1) 产业协调属性。具有协调属性的部门其作用是为同属于Ⅰ级分类的Ⅱ级部门提供信息传递或中间产品加工等服务，如在纺织业内部，棉、化纤纺织及印染精加工业为纺织制成品制造业提供加工原料，然后又将棉和化纤制成品提供给针织品、编织品及其制品制造业，这个过程中纺织制成品制造业起到了Ⅰ级分类内部的协调者的作用。也正是因为协调者与所联系的上下游产业同处于相同的产业环境中，国家政策的调整和国际经济形势的变化可能会对这三者同时造成影响。

(2) 产业中介属性。与协调属性相比，中介属性部门具有更稳定的中间人服务提供能力。因为该部门属于另外的Ⅰ级分类，即产业环境变化的关联性减少，上下游产业发生较大的经济变化时，对中间人产业的干扰降低。这类产业一般指的是专业性较强的中介机构，具体部门单位多为科研院所和专业的咨询机构。

(3) 产业内联属性。内联属性部门是某个Ⅰ级分类与外界联系的重要沟通渠道，多为一些从上游产业接受初级原材料的精加工部门，如棉、化纤纺织及印染精加工业从农业和化学纤维制造业接收棉麻作物和合成纤维，经过再次加工后提供给纺织业内的其他产品部门。

(4) 产业外联属性。与内联属性部门的作用相反，外联属性部门往往是某个Ⅰ级分类内具有营销性质的单位，主要作用是将产品和服务提供给其他Ⅰ级分类的产品部门。例如炼钢业为钢压延加工业提供粗钢，然后钢压延加工业经过热轧、冷加工、锻压和挤压等塑性加工工序，为汽车制造业供应各种型号的钢材产品。

(5) 产业联络属性。联络属性部门与中介属性部门类似，只是上下游产业不同属于同一个 I 级分类,而且所联系的具体部门在国民经济体系中的跨度更大,如屠宰及肉类加工业对牧业和餐饮业起到的作用。

总而言之,这五类属性涵盖了所有产品部门在 ISRN 网络中作为中间人所起到的作用,而且一个产品部门往往同时具有多种属性。但是,根据 ISRN 网络邻接矩阵提供的数据信息难以确定每个产品部门的中间人属性,对每个以具体部门为核心的个体网逐个进行分析也是不现实的。

4.5.3.1 ISRN 个体网的中间人属性

为了将社会网络研究中的中间人属性分析从结构简单的个体网扩展到相互重叠的个体网,甚至整体网,本书提出了统计产品部门与其上下游产品部门同属于某个 I 级分类的概率,并根据条件概率来划分它们中间人属性的方法,进而可以得到产业复杂网络个体网和整体网的五类中间人属性,推导过程如下所示。

步骤一:已知所有的 I 级分类目录构成一个全集,记为 $\{X_1, X_2, \cdots, X_t\}$,$X_1, X_2, \cdots, X_t$ 为 I 级目录的一个分割。

步骤二:记上游的 II 级产业集合为 $\{x_1, x_2, \cdots, x_{a_1}\}$,下游的 II 级产业集合为 $\{y_1, y_2, \cdots, y_{b_t}\}$,所有选取的中游 II 级产业集合则记为 $\{z_1, z_2, \cdots, z_m\}$,于是上游的 II 级产业集合的元素与全集的分割 $X_1, X_2, \cdots, X_t$ 的关系可以表示为

$$\{x_1, x_2, \cdots, x_{a_1}\} \subseteq X_1$$
$$\{x_{a_1+1}, x_{a_1+2}, \cdots, x_{a_2}\} \subseteq X_2$$
$$\cdots$$
$$\{x_{a_{i-1}+1}, x_{a_{i-1}+2}, \cdots, x_{a_i}\} \subseteq X_i$$
$$\cdots$$
$$\{x_{a_{t-1}+1}, x_{a_{t-1}+2}, \cdots, x_{a_t}\} \subseteq X_t$$

同理,下游的 II 级产业集合的元素与全集的分割 $X_1, X_2, \cdots, X_t$ 的关系可以表示为

$$\{y_1, y_2, \cdots, y_{b_1}\} \subseteq X_1$$
$$\{y_{b_1+1}, y_{b_1+2}, \cdots, y_{b_2}\} \subseteq X_2$$
$$\cdots$$
$$\{y_{b_{i-1}+1}, y_{b_{i-1}+2}, \cdots, y_{b_i}\} \subseteq X_i$$
$$\cdots$$
$$\{y_{b_{t-1}+1}, y_{b_{t-1}+2}, \cdots, y_{b_t}\} \subseteq X_t$$

步骤三：选取 $\forall z_k \in X_i$，定义 $a_0 = b_0 = 0$，并分别定义事件 A_i 和事件 B_i 为取上游、下游产业集合中的任一元素，其属于一级分类下 X_i，则有

$$P(A_i) = \frac{a_i - a_{i-1}}{a_t}, \quad P(B_i) = \frac{b_i - b_{i-1}}{b_t}$$

步骤四：显然，事件 A_i 和事件 B_i 相互独立。基于以上假设，可得出以下结论

$$P(z_k^C) = P(A_i \cap B_i) = P(A_i)P(B_i) = \frac{a_i - a_{i-1}}{a_t}\frac{b_i - b_{i-1}}{b_t}$$

$$P(z_k^B) = \sum_{j=1, j \neq i}^{t} P(A_j \cap B_j) = \sum_{j=1, j \neq i}^{t} \frac{a_j - a_{j-1}}{a_t}\frac{b_j - b_{j-1}}{b_t}$$

$$P(z_k^G) = [1 - P(A_i)]P(B_i) = \left(1 - \frac{a_i - a_{i-1}}{a_t}\right)\frac{b_i - b_{i-1}}{b_t}$$

$$P(z_k^R) = P(A_i)[1 - P(B_i)] = \left(1 - \frac{b_i - b_{i-1}}{b_t}\right)\frac{a_i - a_{i-1}}{a_t}$$

$$P(z_k^L) = \sum_{j=1, j \neq i}^{t} P(A_j)[1 - P(B_i) - P(B_j)]$$

$$= \sum_{j=1, j \neq i}^{t} \frac{a_j - a_{j-1}}{a_t}\left[1 - \frac{b_i - b_{i-1}}{b_t} - \frac{b_j - b_{j-1}}{b_t}\right]$$

其中，$P(z_k^C)$ 为产品部门具有协调属性的概率，$P(z_k^B)$ 为中介属性的概率，$P(z_k^G)$ 为内联属性的概率，$P(z_k^R)$ 为外联属性的概率，$P(z_k^L)$ 为联络属性的概率。

实际上，ISRN 网络中产品部门的协调属性、内联属性和外联属性表明的是，该部门为具有相近产品和服务的其他部门中转信息的作用；而中介属性和联络属性则表明的是，该部门为产品和服务性质相差较大的其他部门中转信息的作用。前三者共同体现了经济体系中产业链的内向型程度，后两者则共同体现了产业链的外向型程度，同时外向型程度也可用来解释产业系统内部结构相互关联的紧密程度。

4.5.3.2 重点产品部门的中间人属性

本书对 ISRN-CN07 网络中产品部门的中间人属性进行了计算，属性分布情况如图 4-21 所示。大部分产品部门的主要中间人属性为联络属性，说明我国产业体系中部门之间的较强关联倾向存在于差异较大的部门。内联属性、外联属性和协调属性作为产品部门主要属性的概率依次降低，而中介属性不作为任何产品部门的主要属性（网络指标详见附录3）。

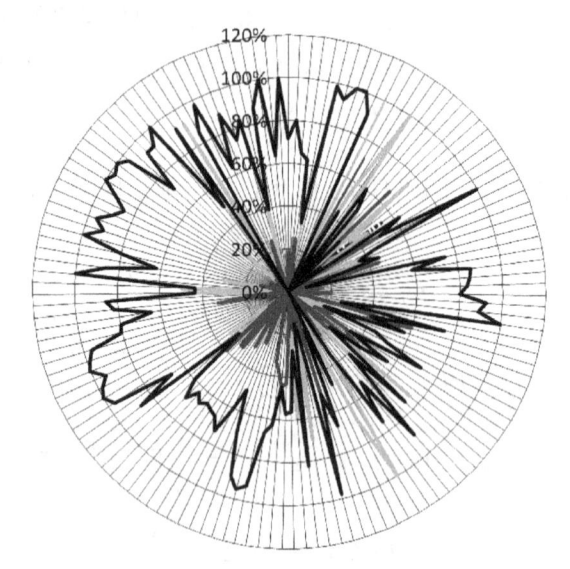

······协调属性 —— 中介属性 —— 内联属性 —— 外联属性 —— 联络属性

图 4-21 ISRN-CN07 网络中产品部门的中间人属性

以 ISRN-CN07 网络中的一条从农业出发至餐饮业结束的产业链为例,产品部门作为中间人的作用如下所示:农业(起点)—谷物磨制业(内联属性)—饲料加工业(外联属性)—畜牧业(中介属性)—屠宰及肉类(内联属性)—方便食品制造业(外联属性)—餐饮业(终点)。由此可见,与传统第一产业相关的产品部门,即劳动密集型产业,其中间人属性一般以内联属性和外联属性为主,作用主要是为所在 I 级分类的其他部门提供产品和服务。

如果观察工业化程度较高的石化工业和制造业部门产业链特点,就会发现产品和服务更多地在内部结构差异较大的部门之间流动。例如,以煤炭开采和洗选业为起点,以建筑业为终点的产业链:煤炭开采和洗选业(起点)—炼焦业(联络属性)—专用化学产品制造业(内联属性)—塑料制品业(外联属性)—汽车制造业(联络属性)—起重运输设备制造业(联络属性)—装卸搬运和其他运输服务业(联络属性)—建筑业(终点)。呈现出联络属性的这些产品部门多属于资本密集型产业,作用主要是为不同 I 级分类的其他部门提供半成品加工服务和最终产品。

对于近几十年来新兴的电子信息产业来说,其内部产业链连接较为紧密,这一点从具有协调属性的产品部门的相关直接消耗系数便可看出。而且这些部门的外联属性较为明显,通过高科技产品的输出促进了我国产业结构的技术升级。例如：电子元器件制造业（起点）—通信设备制造业（协调属性）—雷达及广播设备制造业（外联属性）—船舶及浮动装置制造业（终点），电子元器件制造业（起点）—电子计算机制造业（外联属性）—计算机服务业（终点）。

如果说社会网络分析中结构洞理论衡量的是节点在网络中的非冗余联系，那么中间人理论就是要确定具体联系在网络局部所起的作用。本书测算了 ISRN-CN07 网络节点的流介数，作为衡量产业复杂网络结构洞的指标。分析表明，流介数值较大的产品部门是整个 ISRN 网络技术经济信息传递的枢纽，对于这类有向加权复杂网络的抗毁性起到关键作用。在宏观区域产业布局规划中，如果缺乏对这类产品部门稳定发展的政策保障和监督引导，那么就可能会滞后其他部门的相互协调发展。本书统计了 ISRN-CN07 网络中流介数排名前五位的产品部门，如表 4-5 所示。我国产业体系中批发零售业、有色金属冶炼及合金制造业、房地产业、餐饮业和钢压延加工业是承载网络全局经济信息传递的重要节点，也是网络局部重要的中间人部门，而且它们都显示出了较为明显的联络属性。

表 4-5 ISRN-CN07 网络中流介数较高产品部门的中间人属性

排名	产品部门	协调属性	中介属性	内联属性	外联属性	联络属性
1	批发零售业	0.00	0.93	0.00	0.00	99.07
2	有色金属冶炼及合金制造业	0.00	0.00	33.33	0.00	66.67
3	房地产业	0.00	8.33	0.00	0.00	91.67
4	餐饮业	0.00	0.78	3.13	0.00	96.09
5	钢压延加工业	2.27	0.00	2.27	47.73	47.73

4.5.3.3　ISRN 整体网的中间人属性

为了衡量整个 ISRN 网络的中间人属性，可以将所有产品部门的属性进行加总平均，公式为

$$P = \frac{1}{N}\sum_{k=1}^{N} z_k \tag{4.4}$$

应用以上公式可以计算出具体的属性指标，如 $P(C)$ 为产业结构网络的协调属性，其他以此类推。但是，对于中介属性 $P(B)$ 和联络属性 $P(L)$ 需要进行修正，因为国民经济行业分类中的很多 I 级分类下面只包含了一个 II 级产业，所以 $P(B)$ 和 $P(L)$ 计算结果会受到这种影响而在比例上占优。本书设定以上这种情况的概率为 $P(\text{I}=\text{II})$，排除影响后中介属性和联络属性的计算公式为

$$P' = P(1 - P(\text{I} = \text{II}))\tag{4.5}$$

其他三种属性计算公式不变，最后归一化得到修正后的属性分布。

本书根据 1997~2007 年中国投入产出表的直接消耗系数数据分别构建了 ISRN-CN97 网络、ISRN-CN02 网络和 ISRN-CN07 网络，并且分别计算了三个网络的中间人属性，结果采用雷达分布图的形式来进行描述，分别如图 4-22~图 4-24 所示。

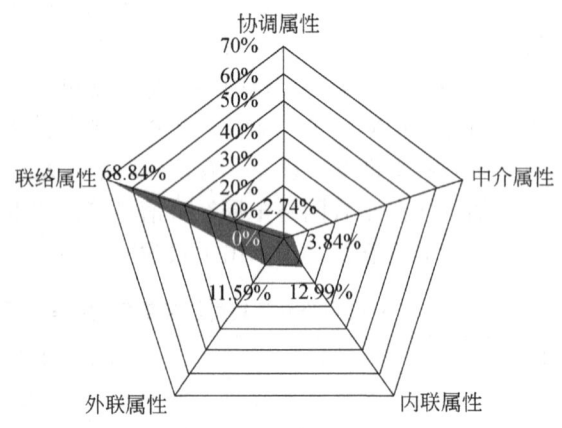

图 4-22 ISRN-CN97 网络的中间人属性

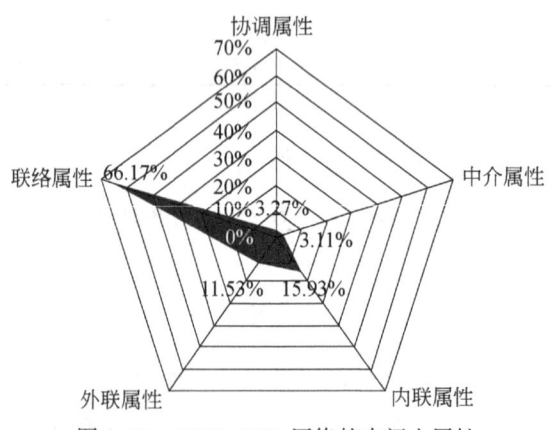

图 4-23 ISRN-CN02 网络的中间人属性

从 ISRN-CN 网络中间人属性的计算结果来看，我国的产业结构在 1997~2007 年 10 年间一直呈现出较高的联络属性，即各类产品部门在产业体系中发挥的主要经济流通作用是联接了差异较大的其他部门。形成这种现象的一部分原因

4 | 产业关联网络的抗毁性分析和中间人属性

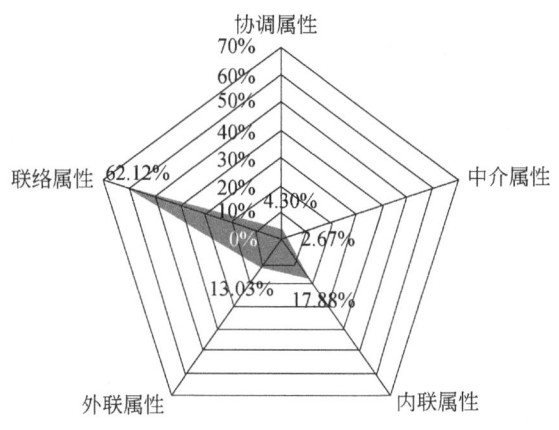

图 4-24 ISRN-CN07 网络的中间人属性

可以归结为目前产业分类的局限性，但是也体现出了我国产业链的实际状况：随着产业结构的不断升级，产业分工的日益深化使得产业链上下游部门的内部结构和运营机制截然不同。因此，针对社会经济系统的宏观调控的实施，必须综合考虑产业系统中多维度产业链的复杂性。

本书将三个年份 ISRN-CN 网络中间人属性的变化趋势进行了比较，如图 4-25 所示。不难看出，一个明显的趋势是网络的外联属性较快上升，另一个是联络属性较快下降。这种产业结构强关联的变化说明，宏观产业链上产品部门对于中间产品的加工力度加大，反映了近年来我国内需不断扩大的实际情况。

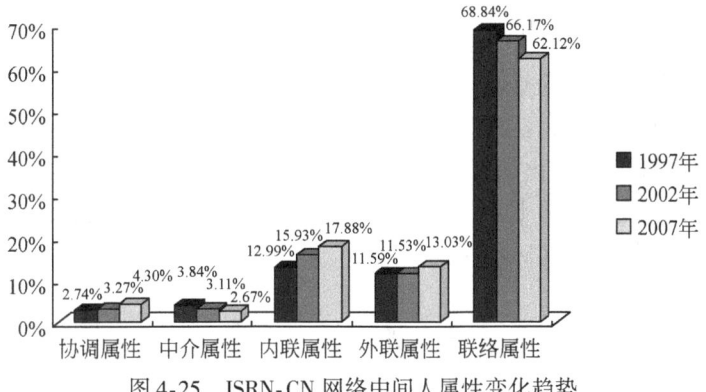

图 4-25 ISRN-CN 网络中间人属性变化趋势

4.5.4 ISRN 网络中间人属性的经济含义

从系统学角度来看，产业系统作为一个远离平衡态的开放性、非线性系统，必须建立能够科学地反映这个系统某方面特征的模型才能进一步研究。本书根据北京市近年来的投入产出数据，结合图论建模理论构建了产业结构网络模型，通过对经典的 Floyd 路径搜索算法进行改进，得到了衡量产品部门之间强关联程度的网络模型，称之为产业间最强关联网络。在此基础上，本书结合社会网络分析范式，对产品部门的中间人属性进行了研究，得到以下三点结论。

(1) 产品部门的协调属性、内联属性和外联属性表明的是，该部门为具有相近产品和服务的其他部门中转信息的作用；而中介属性和联络属性则表明的是，该部门为产品和服务性质相差较大的其他部门中转信息的作用。前三者共同体现了经济体系中产业链的内向型程度，后两者则共同体现了产业链的外向型程度，同时外向型程度也可用来解释产业系统内部结构相互关联的紧密程度。

(2) 大部分产品部门的主要中间人属性为联络属性，说明我国产业体系中部门之间的较强关联倾向存在于差异较大的部门。内联属性、外联属性和协调属性作为产品部门主要属性的概率依次降低，而中介属性不作为任何产品部门的主要属性。通过对具体产业链的分析发现，劳动密集型产业倾向于具有内联属性和外联属性，资本密集型产业倾向于具有外联属性和联络属性，技术密集型产业倾向于具有协调属性和外联属性。另外，作为产业系统技术经济信息传递的枢纽，流介数值较大的产品部门都显示出了较为明显的联络属性。

(3) 我国的产业结构呈现出较高的联络属性，各类产品部门在产业体系中发挥的主要经济流通作用是联接了差异较大的其他部门，体现出随着产业结构的不断升级，产业分工的日益深化使得产业链上下游部门的内部结构和运营机制截然不同。从 10 年间的变化趋势来看，网络的外联属性较快上升，而联络属性较快下降。说明宏观产业链上产品部门对于中间产品的加工力度加大，反映了近年来我国内需不断扩大的实际情况。

4.6 本章小结

根据改进的 Folyd 算法得到的强关联矩阵 $\tilde{\boldsymbol{D}}^{(N)}$，不仅能够反映出产品部门 v_i 通过 n 个中间部门逐级的强相关经济联系，而且通过矩阵 $\tilde{\boldsymbol{D}}^{(N)}$ 和邻接矩阵 $\boldsymbol{A}$ 相比，可以发现两个矩阵中对应位置处有部分元素的数值相等，即存在最大不完全消耗系数与直接消耗系数相等的情况，表明这些产业之间的具有最为直接的产业关联关系和最为快速的产业带动效应。以此为基础，本书构建了产业间最强关联网络，该网络实际上是 ISN 网络演化形成的子网络，体现的是原网络中具有最快反应速度的投入产出关系。

ISRN 网络的稳健性表现为随机失效对于整个网络的影响只在移除比例加大时才能够显现出来，这时承载产业部门间关联关系的路径增长，即部门 i 要通过更多的中间部门才能影响到部门 j。但是，当针对特定的中心节点进行蓄意攻击时，网络的脆弱性就开始显现出来，产业部门间的路径从攻击开始迅速增长，网络的连通性也快速下降，说明国民经济体系中少数的关键产业决定了区域整体的资本流通和经济运行能力。分析表明，$C_F(i)$ 值较大的产品部门是整个 ISN 网络技术经济信息传递的枢纽，对于这类有向加权复杂网络的抗毁性起到关键作用。在宏观区域产业布局规划中，如果缺乏对这类产品部门稳定发展的政策保障和监督引导，那么就可能会滞后其他产品部门的相互协调发展。

此外，本书结合社会网络分析范式，对产品部门的中间人属性进行了研究。根据社会网络个体网分析中的五类中间人属性，界定了 ISRN 网络中产品部门的中间人属性，分别为协调属性、中介属性、内联属性、外联属性和产业联络属性，以此作为分析产业复杂网络关联程度的基础。ISRN 网络中产品部门的协调属性、内联属性和外联属性表明的是，该部门为具有相近产品和服务的其他部门中转信息的作用；而中介属性和联络属性则表明的是，该部门为产品和服务性质相差较大的其他部门中转信息的作用。

5 产业集群网络的关联性分析

主导产业是区域产业结构的核心，它依靠区域经济发展的自然优势和社会经济条件，具有广泛的前向关联与后向拉动作用，并且在未来较长时期内可以保持高速增长和持续稳定发展。区域主导产业具有较大的关联效应，构成了整个地区经济发展的支柱和核心。区域产业结构的合理化演变过程是重点发展和协调发展相互交融的辩证发展过程。相对于各产业同步发展的平推式发展模式和突出强调重点的倾斜式发展模式而言，协调-倾斜式发展模式是更加适合我国国情的区域产业发展模式。协调-倾斜式发展模式的大体思路就是：依靠支柱产业，发展主导产业，扶持先导产业，是区域开发的一般原则。大力发展主导产业，配套发展相关产业，优先发展基础产业，是各国政府在区域开发过程中的一般做法。

通过本书之前的研究发现，投入产出理论可以全面深入地对国民经济体系产品部门之间的技术经济关联进行描述。因此，在本章中本书将要构建能够反映协调—倾斜式发展模式的网络模型，即以主导产业为核心，以关联产业和基础产业为周边的一类局域网络，利用投入产出数据确定网络节点之间的技术经济关联，并通过研究该网络的一系列指标来揭示产业集群过程中各部门之间的产业联动关系，进而达到促进区域产业规划高度化和合理化的目的。

5.1 产业集群网络模型

根据国家发展和改革委员会最新颁布的《中华人民共和国国民经济和社会发展第十二个五年规划纲要》，装备制造行业、船舶行业、汽车行业、冶金和建材行业、石化行业、包装行业、电子信息行业、建筑业八大类别行业，将成为我国"十二五"时期推进重点产业结构调整的领域。

结合上文中对ISRN网络的相关研究，假定某个区域在制定"十二五"时期产业规划时，计划将汽车行业作为主导产业，那么可以将网络进一步简化为以汽车制造业为核心的子网络，只保留与该产品部门在规定半径内的其他产品部门以及它们之间的强关联关系。这样可以更加直观地认识到需要引导区域内那些产业的发展，最终达到充实和完善有针对性的区域产业集群的目的。在此思想上构建起来的网络命名为产业集群网络（industrial cluster development networks，ICDN），并根据网络的核心产业添加后缀说明。

对 ICDN 网络的研究要达到两个目的：一方面，通过研究 ICDN 网络本身的指标，揭示区域产业规划的合理化要求；另一方面，通过与发达国家和地区 ICDN 网络的对比，提出产业结构演变的高度化目标。总而言之，在产业结构优化的全过程中，必须把合理化与高度化有机地结合起来，以合理化促进高度化，以高度化带动合理化，最终实现产业结构优化。

5.1.1　ICDN 网络的研究范畴

如果只保留与主导产业直接相连的其他产品部门，那么这个 ISRN 网络的子网络为个体网，用 ICDN1 来表示；如果保留与该产品部门间接相连的其他产品部门，如距离为 2 或 3 的节点，那么该子网络为局域网，即分别为核心部门的 2-步局域网和 3-步局域网，用 ICDN2 和 ICDN3 来表示。实际上，ICDN1 网络与其说是个体网，不如说是局域网的一个特例。这是因为，ICDN1 网络中的产业部门之间也存在强关联关系，由于有向网络的关系，有可能从投入的角度来看距离为 1，但从消耗的角度来看距离为 2。

如图 5-1 所示，图 5-1（a）中从节点 A 出发到节点 B 和节点 C 的距离均为 1，图 5-1（b）中从节点 A 出发到节点 B 的距离为 1，从节点 A 出发到节点 C 的距离为 2。在 ICDN 网络的研究中，不论是从投入角度还是从消耗角度来看，距离为 1 的产品部门都视为与核心部门直接相连。但是，如果考虑到投入产出关系的方向性，那么将 ICDN1 网络与 ICDN2 网络和 ICDN3 网络一并视为局域网的研究范畴是恰当的。

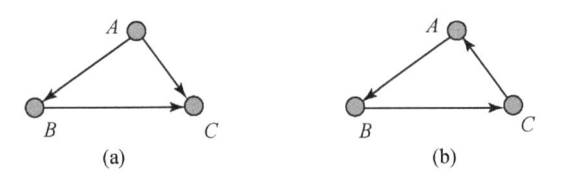

图 5-1　有向网络的方向性对于节点间距离的影响

5.1.2　ICDN 网络的重要特征

ICDN 网络作为 ISRN 网络的子网络，同时也属于局域网的研究范畴，其包含的节点数目相对较少,而且研究中的重点在于如何揭示周边产业对于核心产业的影响,所以网络拓扑结构方面的一些指标不适用于对 ICDN 网络的深入研究。

本书选取加权集聚系数 $C^W(i)$、点权 $S(i)$ 和流介数 $C_F(i)$ 来衡量产品部门对核心部门及整个 ICDN 网络的影响。在前面的研究中已经提到:$C^W(i)$ 值说明在综合考虑经济联系强弱的情况下,哪些产品部门具有更加稳定和牢固的局部影响力;$S(i)$ 值较高的产品部门在网络中具有重要的关联协调作用;$C_F(i)$ 值衡量的是产品部门保障整个网络对信息扰动迅速反应的能力。因此,本书围绕着这三个网络指标从局部影响力、关联协调性和信息中转能力三个方面对 ICDN 网络进行分析。

5.2 以汽车行业为主导产业的 ICDN1-AU 网络模型

汽车行业主要是指汽车制造业,它涵盖汽车整车制造、改装汽车制造、电车制造、汽车车身、挂车制造、汽车零部件及配件制造和汽车修理。本书构建了以汽车制造业为核心、以拓扑距离 1 为半径的产业集群网络,简称 ICDN1-AU 网络(图 5-2),其中包含了 24 个产品部门。

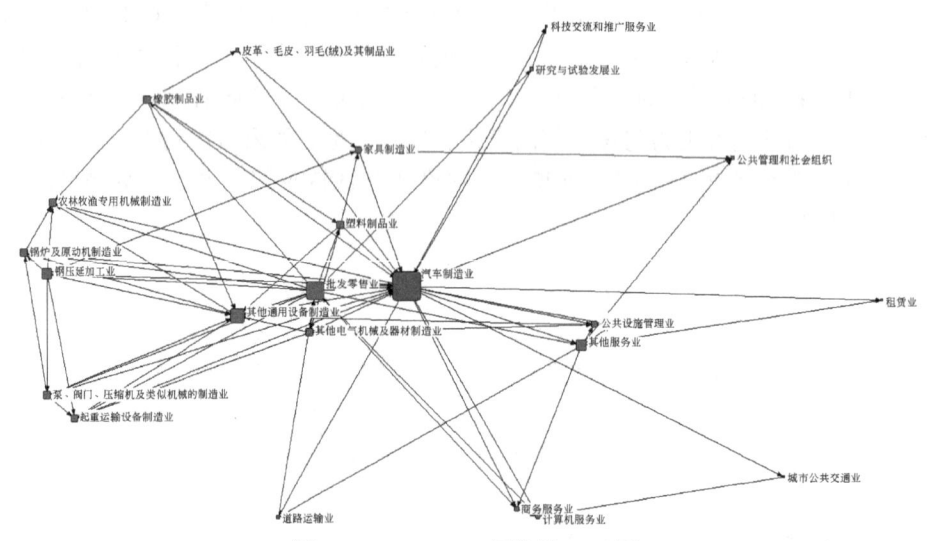

图 5-2 ICDN1-AU 网络的 MDS 图
注:节点的大小代表了其度值的相对大小

ICDN1-AU 网络拓扑结构的平均路径为 1.480，直径为 5；拓扑集聚系数 C 为 0.720 347，加权集聚系数 C^W 为 0.011 472。

5.2.1　ICDN1-AU 网络的节点类型

ICDN1-AU 网络作为 ISRN-CN07 网络的子网络，其有向边的连接可分为三类。

第一类，网络中以汽车制造业为产出部门，以其他部门为投入部门的投入产出关系，说明了扶持重点产业发展所必须营造的产业环境，这些支撑性产品部门包括皮革、毛皮、羽毛（绒）及其制品业，家具制造业，橡胶制品业，塑料制品业，钢压延加工业，锅炉及原动机制造业，泵、阀门、压缩机及类似机械的制造业，其他通用设备制造业，其他电气机械及器材制造业，批发零售业，研究与试验发展业 11 个投入部门。

第二类，网络中以汽车制造业为投入部门，以其他部门为产出部门的投入产出关系，表现出重点产业对于区域发展的产业带动效应，这些受到影响的产品部门包括起重运输设备制造业，农、林、牧、渔专用机械制造业，道路运输业，城市公共交通业，计算机服务业，租赁业，商务服务业，科技交流和推广服务业，环境管理业，公共设施管理业，其他服务业，公共管理和社会组织 12 个产出部门。

第三类，与汽车制造业存在投入产出关系的产品部门之间也有资本的流动，如钢压延加工业与起重运输设备制造业，其他通用设备制造业与锅炉及原动机制造业等，这类产业关联共有 53 对。

实际中，区域产业的规划不仅要考虑产业配套的平衡性，还必须兼顾产业集群的必要性，这种必要性在网络模型中可以用边权来进行衡量。网络中边权的赋值 w 来自投入产出表的直接消耗系数，如果 w 值较小，说明产业之间的经济技术联系不是非常紧密。虽然产业集群网络是 ISRN-CN07 网络的子网络，呈现的产业关联已经是较为快速和直接的，但是仍然有许多较弱的关联对于整个网络来说可以忽略。因此，如果给网络的边权设定阈值，从而突出对于集群化发展更为重要的产品部门，那么对于区域产业规划来说是非常必要的。

5.2.2　ICDN1-AU 网络局部影响力分析

本书采用加权集聚系数 $C^W(i)$ 来反映现实经济运行中产品部门与其周边部门

之间的紧密程度。在 ICDN 网络中，这种技术经济关系的紧密程度也反映了产品部门对于周边部门的局部影响力。如果 $C^W(i)$ 值较大的产品部门出现变化，那么对于与其投入产出关系紧密的部门乃至整个产业局域网络都会产生较大的影响，表现为产业链条上下游的剧烈波动。因此，ICDN 网络节点的 $C^W(i)$ 值可以用来衡量以特定主导产业为核心的产业链上的支柱产品部门。

本书将 ICDN1-AU 网络的 w 阈值①设定为 0.02②，剔除较弱产业关联关系后的网络如图 5-3 所示。新网络拓扑结构的平均路径为 0.496，直径为 4，网络的连通性得到了提高（网络指标数据详见附表 4）。

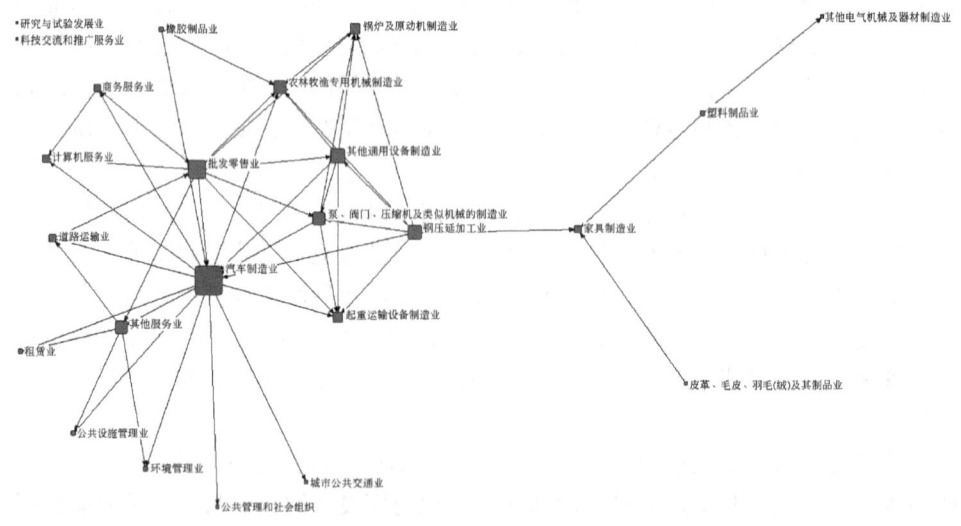

图 5-3 ICDN1-AU 网络的 MDS 图（w 阈值为 0.02）

新网络的拓扑集聚系数 C 为 0.494 611，加权集聚系数 C^W 为 0.012 939，这是因为阈值关系造成两个产品部门脱离了网络，从而降低了网络的 C 值；同时，更加紧密的产品部门经济技术关系又提升了 C^W 值。新的 ICDN1-AU 网络中，只

---

① 对加权图进行阈值化处理可以得到无权图，具体做法是：设定一个阈值 r 网络中权值小于或者等于 r 的边全部去掉，权值大于 r 的边全部保留下来并且权值都重新设置为 1。本书借鉴了阈值化处理的思想，剔除产业复杂网络中的一些边，但保留的有向边仍然具有权值，以此来简化分析过程和明晰研究对象。

② 设定阈值为 0.02，表示的是产品部门之间存在 2% 的投入产出关系。在点权最大为 1 的前提条件下，对于一个具有 135 个节点的网络来说，平均分配的点权大约为 0.7%，而且还是忽略了产品部门对于自身往往有较高的产品和服务投入。因此，本书选取了 0.02 作为产品部门之间经济技术关系的强关联（strong tie）和弱关联（weak tie）的分界线。

有前16位的产品部门具有非零的 $C^W(i)$ 值,如表5-1所示,主要原因是其他部门都处于网络的端点位置。

表5-1　ICDN1-AU 网络的加权集聚系数排名（w 阈值为 0.02）

排序	序号	产品部门	$C^W(i)$
1	59	钢压延加工业	0.029 757
2	64	锅炉及原动机制造业	0.024 721
3	66	起重运输设备制造业	0.024 043
4	68	其他通用设备制造业	0.022 233
5	114	租赁业	0.019 699
6	97	道路运输业	0.019 591
7	115	商务服务业	0.019 357
8	48	橡胶制品业	0.019 090
9	122	环境管理业	0.018 778
10	123	公共设施管理业	0.018 184
11	67	泵、阀门、压缩机及类似机械的制造业	0.017 606
12	71	农、林、牧、渔专用机械制造业	0.016 943
13	106	计算机服务业	0.016 023
14	125	其他服务业	0.007 412
15	108	批发零售业	0.006 151
16	74	汽车制造业	0.005 064

汽车行业为主导部门的产业集聚,指的是整车企业,零部件企业及其他相关企业构成的、合作和竞争并存、具有产业链组织关系的区域集中化发展模式。汽车产业链的上游产业包括石油、钢铁、橡胶、仪器仪表等工业部门,下游产业涉及金融、物流、交通运输等多个部门。汽车产业链上游众多原材料企业生产并向汽车零部件生产企业与整车组装企业供应原材料,其发展水平直接决定了汽车产业链系统资源输入水平。下游汽车销售环节的设施及服务,以及与汽车研发、生产制造等环节相关的生产性服务业的发展水平也对汽车产业发展产生推动或限制的作用,进而推动或限制汽车产业链的演化（綦良群和胡乃祥,2012）。

从 ICDN1-AU 网络 $C^W(i)$ 值统计来看,我国汽车行业集聚发展的产业环境主要包括关联产业、生产性服务业等。关联产业发展水平由钢铁、机械制造业、橡胶等行业的企业构成,生产性服务业则包括租赁、商务服务、计算机服务等行业。研究与试验发展业和科技交流和推广服务业两个部门的 $C^w(i)$ 值为 0，说明我国虽然已经成为世界汽车产销大国，但是汽车产业专业化分工不足，整合和优化汽车产业链成为我国汽车产业发展的当务之急。

5.2.3 ICDN1-AU 网络关联协调性分析

主导产业部门应该与其他产业部门具有广泛而密切的关联，通过这种关联带动或推动周围一系列产业部门进一步发展，并且使这些部门派生出对其他部门的促进作用，产生广泛而深入的连锁反应，一层一层地推动经济的发展。这是主导产业在整个产业结构中处于核心地位，发挥巨大作用的原因。如果产业部门的关联很小，其发展便难以带动其他产业部门的发展，就不可能发挥主导作用。

从阈值设定前后的两个网络对比来看，后者中一些产品部门不再与作为核心产业的汽车制造业有明显的产业关联，但是彼此之间还存在着相互支撑的关系。此时根据网络节点的 $S(i)$ 值就可以判断哪些产品部门对于形成产业集群更为重要，而次要的产品部门可以视区域产业的承载能力进行取舍。同样，如果一个区域内已经聚集了大部分 $S(i)$ 值较高的周边产品部门，那么也说明这个区域适合发展以某个产业为主导的产业集群。表 5-2 中列出了 ICDN1-AU 网络的 $S(i)$ 值排名情况。

表 5-2 ICDN1-AU 网络的点权排名（w 阈值为 0.02）

排序	序号	产品部门	$S(i)$
1	59	钢压延加工业	0.722 818
2	74	汽车制造业（核心产业）	0.671 324
3	68	其他通用设备制造业	0.474 942
4	66	起重运输设备制造业	0.364 021
5	71	农、林、牧、渔专用机械制造业	0.340 851
6	64	锅炉及原动机制造业	0.340 094
7	108	批发零售业	0.312 538
8	67	泵、阀门、压缩机及类似机械的制造业	0.235 545
9	125	其他服务业	0.186 190
10	115	商务服务业	0.152 793
11	97	道路运输业	0.137 055
12	33	家具制造业	0.118 041
13	106	计算机服务业	0.078 618

5 | 产业集群网络的关联性分析

续表

排序	序号	产品部门	$S(i)$
14	98	城市公共交通业	0.068 311
15	48	橡胶制品业	0.064 885
16	114	租赁业	0.061 672
17	49	塑料制品业	0.058 493
18	122	环境管理业	0.058 052
19	123	公共设施管理业	0.054 648
20	31	皮革、毛皮、羽毛（绒）及其制品业	0.042 063
21	81	其他电气机械及器材制造业	0.034 097
22	135	公共管理和社会组织	0.020 271

更为重要的一点，网络的变化显现出了我国产业结构的不合理之处。研究与试验发展业与汽车制造业之间的 w 值为 0.007 333，在新的网络中这条边被剔除，而实际上这两个产业之间的投入产出应该非常紧密。参照汽车制造业最为发达的日本同时期的投入产出表，就会发现日本的研究部门对乘用车部门的直接消耗系数为 0.039 011，是我国的 5.3 倍。

与汽车制造业密切相关的研究与试验发展业主要指的是汽车研发设计服务业。我国整车开发的关键技术研究有较好的积累，但是由于处于产业发展初期，缺乏整合资源的集成创新机制，缺少数据库和经验积累，汽车研发主要靠逆向、模仿，汽车性能核心环节的流程、标准、技术、信息比较薄弱，极大地影响了汽车设计与研发整体水平的提升，设计出的产品实际需求和应用差距较大。在汽车设计产业链下游，处于前端的设计公司和龙头整车厂商尚未形成战略联盟的关系，或仅仅停留在形式联盟的阶段。在汽车设计产业链上游，汽车制造业较为集中在区域周边的小型模具制造，样件试制企业较少，需要跨区域寻求支撑。因此，样件生产周期、运输成本、性能参数等各方面条件都受到制约，更不要说部分需要手工打磨制作的关键部件，基本要在全国范围内寻觅才可能找到合适的企业进行生产和加工。这种地理范围上的产业链脱节，极大地影响设计公司的产品研发和项目进度，甚至可能由于某个部件的缺货导致整个项目的失败。因此，"十二五"时期汽车制造业发展的关键，不仅是完善配套周边产业，更是要加大对汽车研发设计服务业的资金投入和政策扶持。

5.2.4 ICDN1-AU 网络信息中转能力分析

在研究 ISN 网络和 ISRN 网络时已经提到，$C_F(i)$ 值较大的产品部门是网络技术经济信息传递的枢纽，对于网络的抗毁性起到关键作用。在宏观区域产业布局规划中，如果缺乏对这类产品部门稳定发展的政策保障和监督引导，那么就可能会滞后其他产品部门的相互协调发展。特别是在局域网中，它们是保障整个网络对信息扰动迅速反应能力的关键。这类产品部门不仅拥有较大的 $K(i)$ 值，而且与之相连的边的 w_{ij} 值也较大。因此，对于 ICDN 网络来说，流介数的大小指出了这种局域网所代表的区域产业集群中的核心产业。在 ICDN1-AU 网络中，只有六个产品部门具有流介数，其他部门则没有发挥流通作用，如表 5-3 所示。但是，并不能简单地说其他部门位于局域网络的边缘，它们只是相当于处在简化的产业链树状图的末端。

表 5-3 ISN-CN07 网络的流介数排名（w 阈值为 0.02）

排序	序号	产品部门	$C_F(i)$
1	108	批发零售业	61.833
2	74	汽车制造业	53.500
3	97	道路运输业	11.833
4	125	其他服务业	2.000
5	68	其他通用设备制造业	1.000
6	115	商务服务业	0.833

流介数值较高的产品部门掌控了区域产业集群的技术经济流动，可以说它们是促进商业流通的关键。作为网络核心的汽车制造业具有很高的 $C_F(i)$ 值，体现出它对周边产业强大的经济控制作用。此外，批发零售业、其他服务业和商务服务业等服务业部门对汽车产业链上的经济流通起到了巨大的中转作用。

5.3 以现代服务业为主导产业的 ICDN1 网络模型

21 世纪初至今，在经济全球化浪潮的推动之下，许多国家正在经历工业经济向服务经济转变的过程，这使得现代服务业近年来一直处于蓬勃发展阶段。现代服务业以高效率、高质量和高效益的特点凸现自己的价值，不仅使其的增长速度超过了其他产业的平均水平,而且在第三产业中的比重日趋上升,起到了优化服务业内部结构的作用(李京文,2008)。

根据 2012 年 2 月 22 日,科学技术部发布的第 70 号文件,现代服务业是指以现代科学技术特别是信息网络技术为主要支撑,建立在新的商业模式、服务方式和管理方法基础上的服务产业。它既包括随着技术发展而产生的新兴服务业态,也包括运用现代技术对传统服务业的改造和提升。具体包括两类:一类是直接因信息产业和信息化的发展而产生的新兴服务业形态,如计算机和软件服务、移动通信服务、信息咨询服务等;另一类是通过应用信息技术,从传统服务业改造和衍生而来的服务业形态,如金融、房地产、电子商务等。

为了对应《2007 年中国投入产出表》中关于产品部门的划分,本书选取电信和其他信息传输服务业、计算机服务业、软件业、研究与试验发展业、专业技术服务业、科技交流和推广服务业等部门代表第一类新兴服务业,选取银行业、证券业和其他金融活动、保险业、房地产业、租赁业、商务服务业等部门代表第二类衍生部门。

在此分类基础上,本书构建了以现代服务业为核心、以拓扑距离 1 为半径的产业集群网络,简称 ICDN1-MS 网络,如图 5-4 所示。ICDN1-MS 网络包括 64 个节点,拓扑结构的平均路径为 2.669,直径为 8;拓扑集聚系数 C 为 0.390 256,加权集聚系数 C^W 为 0.005 365。

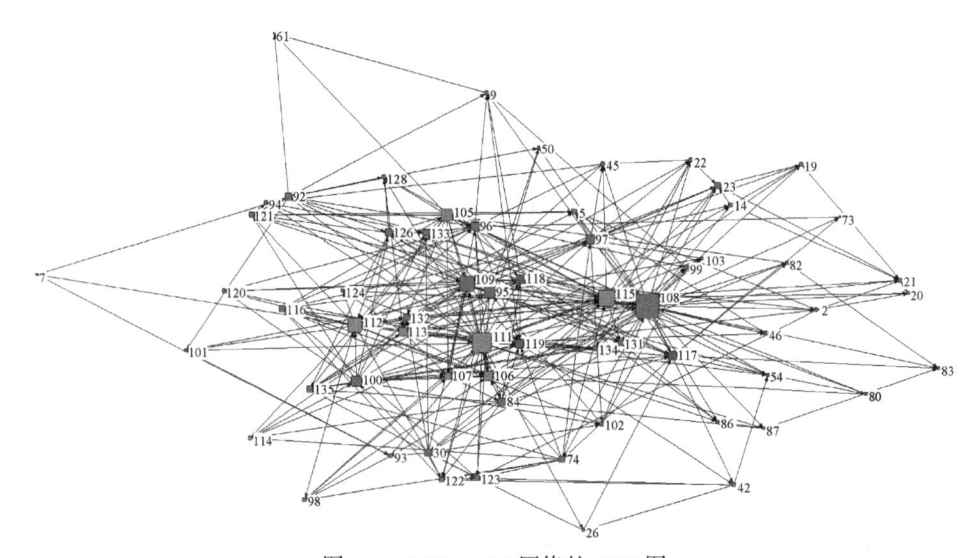

图 5-4 ICDN1-MS 网络的 MDS 图

此外，还可进一步划分 ICDN1-MS 网络的子网络：将电信和其他信息传输服务业、计算机服务业、软件业统称为现代信息服务业（modern information services），对应子网络简称 ICDN1-MIS；将研究与试验发展业、专业技术服务业、科技交流和推广服务业统称为现代科技服务业（modern technology services），对应子网络简称 ICDN1-MTS；将银行业、证券业和其他金融活动、保险业、房地产业、租赁业、商务服务业统称为现代商务服务业（modern business services），对应子网络简称 ICDN1-MBS，如图 5-5 所示。

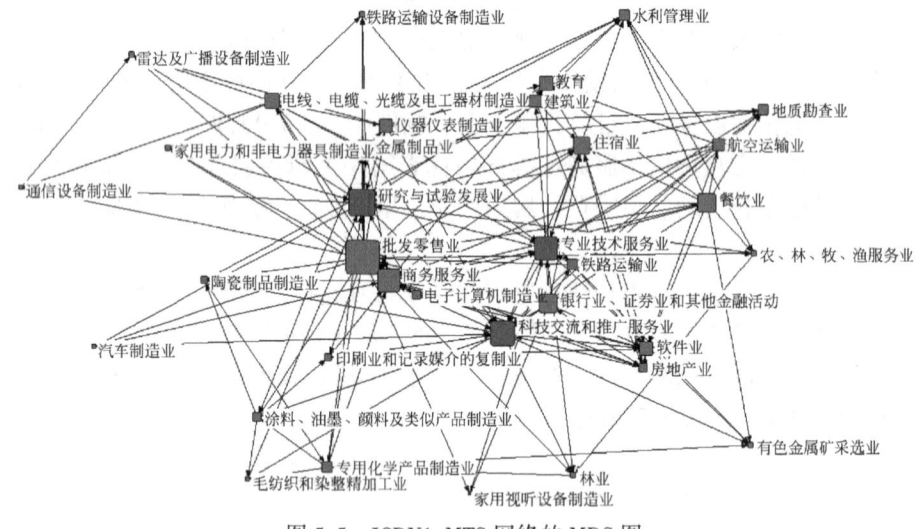

图 5-5 ICDN1-MTS 网络的 MDS 图

本书选取现代科技服务业作为 ICDN1 网络模型的研究对象，构建了以研究与试验发展业、专业技术服务业、科技交流和推广服务业为核心，包括 34 个节点的 ICDN1-MTS 网络。网络拓扑结构的平均路径为 2.265，直径为 7；拓扑集聚系数 C 为 0.475 560，加权集聚系数 C^W 为 0.005 828。

5.3.1 ICDN1-MS 网络的节点类型

科技服务业是一个以现代技术和现代经济管理体系为依托，进行科学研究与试验发展，为国民经济发展提供专业技术服务（包括地质勘测），为科技创新、交流、推广提供社会化与专业化服务的知识密集型产业，是生产性服务业重要构成要素，同时也是国家和区域创新体系的重要组成部分（杨龙塾，2010）。

国务院最新发布的《产业结构调整指导目录（2011）》将科技服务业新添入鼓励类产业中作为一种分类，主要包括：工业设计、生物、气象、环保、新材料、新能源、节能、测绘、海洋9大专业科技服务，再加上商品质量认证和质量检测服务、科技普及一共11项。

按照服务功能，我国的科技服务机构又可划分为以下五类。

（1）致力于促进科技资源有效流动及合理配置的科技服务机构。例如，科学研究和技术开发类机构、与国家级科研院所共建开放式研发机构、科技成果推广机构、国家级工程（技术）研究中心、工程中心、国家认定的企业技术中心、重点实验室、技术中介机构、技术交易机构、技术市场平台、对外科技交流中心、产权代理、人才流动市场、科技条件市场等。

（2）服务于现有中小企业的技术创新综合服务机构。例如，生产力促进中心、新产品开发设计中心、高新技术创业服务中心、实验基地建设、科研中试基地、科学普及、技术推广、技术咨询、科技交流、知识产权及气象、环保、测绘、地震、海洋、技术监督机构等。

（3）针对于中小企业的创业活动提供发展空间及其他培育、扶持服务的科技企业孵化器机构。科技企业孵化器包括科技创业服务中心、专业技术型孵化器、高校科技园、软件科技园、留学人员创业园等。

（4）为科技服务企业、机构提供交流、培训等服务，促使科技服务规范化、标准化的各类行业协会和产业技术联盟等。行业协会和产业技术联盟的成立适应首都发展需要，适应科技服务业发展需要，有助于加快首都科技资源整合，有利于首都科技服务业从业机构的团结和科技服务业的行业自律。

（5）借助于科技文献、科技咨询和科技管理等资源保证需求供给对接的机构和平台。例如，各级、各类科技信息网络中心，科技评估中心，科技招投标机构及各类科技咨询机构，知识产权保护等法律服务中心，项目融资服务，政策与管理机构等。

5.3.2 ICDN1-MTS 网络局部影响力分析

经过阈值处理之后，新的 ICDN1-MTS 网络如图 5-6 所示。阈值的设定使得水利管理业脱离了局域网络，网络拓扑结构的平均路径为 0.782，直径为 6，网络的连通性同样得到了提高（网络指标数据详见附表5）。

新网络的拓扑集聚系数 C 为 0.271 128，加权集聚系数 C^W 为 0.005 044。从表 5-4 中各个产品部门的 $C^W(i)$ 值统计来看，汽车制造业、房地产业、住宿业、

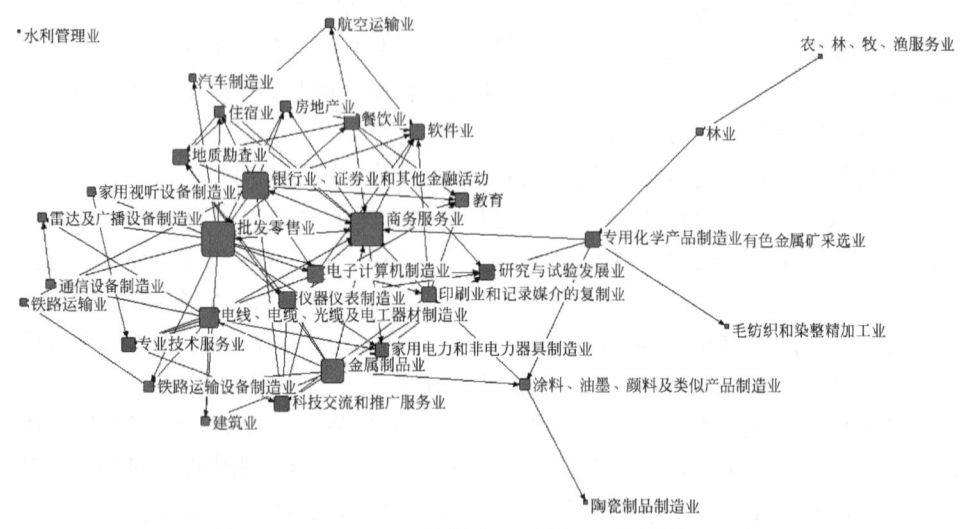

图 5-6 ICDN1-MTS 网络的 MDS 图（w 阈值为 0.02）

通信设备制造业、雷达及广播设备制造业和软件业六个部门在 ICDN1-MS 网络中具有最显著的局部影响力。但是，这六个部门都没有与三个科技服务业部门有直接的投入产出关系，而是通过商务服务业、批发零售业和电线、电缆、光缆及电工器材制造业才与网络的核心部门建立起联系。如果没有商务服务业等部门的中介作用，这些部门与科技服务业的技术经济联系只能在 ICDN2 网路的层次上得以体现。

表 5-4 ICDN1-MTS 网络的加权集聚系数排名（w 阈值为 0.02）

排序	序号	产品部门	$C^W(i)$
1	74	汽车制造业	0.023 310
2	113	房地产业	0.014 055
3	109	住宿业	0.011 488
4	82	通信设备制造业	0.010 875
5	83	雷达及广播设备制造业	0.010 875
6	107	软件业	0.010 439
7	80	家用电力和非电力器具制造业	0.010 304
8	84	电子计算机制造业	0.007 812
9	95	建筑业	0.005 518

续表

排序	序号	产品部门	$C^W(i)$
10	86	家用视听设备制造业	0.005 364
11	115	商务服务业	0.005 203
12	111	银行业、证券业和其他金融活动	0.004 918
13	119	科技交流和推广服务业	0.004 641
14	100	航空运输业	0.004 567
15	126	教育	0.004 509
16	35	印刷业和记录媒介的复制业	0.004 401
17	79	电线、电缆、光缆及电工器材制造业	0.003 876
18	88	仪器仪表制造业	0.003 719
19	63	金属制品业	0.003 680
20	118	专业技术服务业	0.003 587
21	120	地质勘查业	0.003 386
22	110	餐饮业	0.002 911
23	108	批发零售业	0.002 464
24	73	铁路运输设备制造业	0.002 366
25	117	研究与试验发展业	0.002 189

相比而言，我国的科技服务业对于周边产业的经济带动作用还非常有限。不仅在ICDN1-MTS网络中研究与试验发展业、专业技术服务业、科技交流和推广服务业的$C^W(i)$值排名较为落后，而且在ISRN-CN07网络中三者也均排在110名之后。在我国科技服务业快速发展的同时，还应看到其缺乏核心创新能力的事实。本书总结出我国科技服务业发展中存在的问题和不利因素包括以下几点。

（1）体制机制改革滞后，市场运作效率较低。高校和科研机构等事业性单位在研发服务业中占据相当大的比重，但是这类单位的体制改革相对滞后，院所转制企业仍然拥有大量的非经营性资产，导致它们的资产运作效率相对较低。与此同时，众多高等院校、科研院所、国有高新技术企业等机构的隶属关系复杂、条块分割限制严重，它们大多情况下以个人或小团体的身份来承接小规模的研发服务业务，由此产生优势无法互补、技术难以集成的不良现象。

（2）科技研发投入不足，成果交易体系不健全。第一，在大多数高校在科研活动中，基础研究受到普遍青睐；第二，企业和转制院所对物力、财力、人力的投入方向比较单一，大多数局限于推广现有技术或者做大做强产业；第三，研发工作过分追求短期利益,因此造成了在支撑工程服务的核心技术攻关、原始创新技术研发这两个方面的投入出现短缺。

(3) 研发服务粗放经营,业态融合水平较低。研发服务业联盟是研究与试验发展业整合资源的一种重要形式,但是由于条块分割的多头管理的体制缺陷存在,满足研发产业发展要求的市场环境也不容易获得,加上没有充足的相关商贸人才资源和先进的经营机制,造成一些大中型企业研发服务能力较低,没能充分发挥公共服务性,而且大多数联盟呈现出"联而不盟"、粗放经营、量大质差的状况;加上政府没有足够重视对研发服务业市场实施宏观调控,使之呈现较低的业态融合和管理水平(韩鲁南等,2013)。

5.3.3 ICDN1-MTS 网络关联协调性分析

改革开放以来,我国国民经济增速平稳、较快,但国民经济质量和产业结构却饱受诟病,出现了经济结构单一,速度与效益不成正比,同质化低水平重复建设,无序竞争等问题。这些问题根源在于产业的知识和科技含量较低,创新性不足。科技服务业与其他产业关联度较强,特别科技服务业的发展不仅对服务业本身,而且对提升第一产业和第二产业的竞争力,改善我国投资环境都将发挥重要的推动作用,最重要的是可以提高我国服务业的知识和技术含量,优化产业结构。因此,发展科技服务业是我国走新型工业化道路,实现从投资驱动的经济,甚至要素驱动的经济向创新驱动的经济发展,实施可持续发展战略,改进国民经济发展质量的需要。

从表 5-5 中 ICDN1-MTS 网络的点权分布来看,商务服务业、批发零售业以及银行业、证券业和其他金融活动三个产品部门对于科技服务业产业环境的经济支撑作用最为明显。

表5-5 ICDN1-MTS 网络的点权排名 (w 阈值为 0.02)

排序	序号	产品部门	$S(i)$
1	115	商务服务业	0.660 278
2	108	批发零售业	0.486 15
3	111	银行业、证券业和其他金融活动	0.410 425
4	63	金属制品业	0.375 292
5	107	软件业	0.314 463
6	79	电线、电缆、光缆及电工器材制造业	0.306 97

| 5 | 产业集群网络的关联性分析

续表

排序	序号	产品部门	$S(i)$
7	84	电子计算机制造业	0.295 081
8	44	专用化学产品制造业	0.240 866
9	88	仪器仪表制造业	0.228 238
10	119	科技交流和推广服务业	0.208 834
11	35	印刷业和记录媒介的复制业	0.208 416
12	120	地质勘查业	0.202 614
13	42	涂料、油墨、颜料及类似产品制造业	0.195 628
14	117	研究与试验发展业	0.195 022
15	80	家用电力和非电力器具制造业	0.193 927
16	118	专业技术服务业	0.185 767
17	110	餐饮业	0.152 024
18	126	教育	0.125 931
19	73	铁路运输设备制造业	0.125 734
20	82	通信设备制造业	0.119 883
21	113	房地产业	0.110 767
22	109	住宿业	0.108 471
23	96	铁路运输业	0.102 973
24	95	建筑业	0.088 808
25	86	家用视听设备制造业	0.086 101
26	100	航空运输业	0.085 686
27	83	雷达及广播设备制造业	0.084 398
28	74	汽车制造业	0.071 094
29	2	林业	0.050 905
30	54	陶瓷制品制造业	0.049 071
31	5	农、林、牧、渔服务业	0.030 712
32	26	毛纺织和染整精加工业	0.026 69
33	9	有色金属矿采选业	0.025 961

首先,按照《国民经济行业代码(GB/T 4754—2002)》的行业划分,商务服务业包括:企业管理服务、咨询与调查、法律服务、知识产权服务、广告业、

职业中介服务、市场管理、旅行社、其他商务服务（包括会展、包装、保安、办公等）。不难看出，科技服务业与商务服务业在行业划分中有许多相同之处。在国际和国外的行业划分中，科技服务业和商务服务业通常统称为专业、科学和技术活动，两者在经济系统中的相互促进，共同推动了我国现代服务业的良性增长和发展。

其次，科技服务业与批发零售业相关的技术经济关系主要体现在流通服务业的发展壮大。针对流通服务业需要运用现代信息技术、创新营销模式及金融服务配套等手段，提升流通业的现代化水平；加快交通枢纽、大型物流节点和流通网络的建设，强化批发业和物流业的营运控制功能；鼓励商业流通企业发展连锁经营和电子商务等现代流通方式，培育专业化、规模化的贸易企业和品牌代理商。可以看到，要想提升流通业现代化水平，离不开科技服务业对其的技术服务支撑。在《产业结构调整指导目录（2011年本）》中"鼓励类"现代物流业中提到了电子数据交换技术、自动识别和标识技术、货物跟踪和快速分拣技术、可视化技术、移动物流信息服务技术、地理信息系统、全球定位系统、道路交通信息通信系统、物流信息系统安全技术、智能交通系统及立体仓库技术等多种技术的研发与应用。这些技术的成功研发将为流通服务业与国际先进水平接轨奠定坚实的基础，而技术研发属于科技服务业的重要范畴。可以说科技服务业与流通服务业联系极为密切，任何一项与流通服务业相关的重大技术的突破都很可能带来流通服务业的强力增长，进而间接地改变批发零售业的运行模式。

此外，科技服务业与金融服务业相互促进，已经成为一种最佳的发展模式。科技金融是以金融投入为主体，财政科技投入为引导，通过制度创新和机制创新来整合科技、金融、企业和社会资源，服务于科技成果转化和高新技术产业发展的多元化科技投融资体系。在科技服务产业化的发展过程中，以传统的展览、论坛、展示、推介、对接等方式进行的技术开发、技术咨询、技术转让、技术服务，只是科技服务业的第一个层面。它是科技服务产业中最普遍，也是目前应用最为广泛的形式，其不足之处表现在科技支撑性作用和较低的科技成果转化率。科技对接产业、资本是科技服务业的第二个层面，是社会和经济发展层次上的对接科技。第二个层面的关键是把产业资本，尤其是央企、上市公司、投资公司、高校院所，甚至文化创意企业的资本统一整合在一起。第三个层面是直接从事科技服务业的投融资业务和科技投资银行业务，这是科技服务产业化的最理想层次。任何产业的发展都离不开金融的支持，没有充裕的现金流和完备的资金链作保障，任何产业都不可能发展壮大起来。拓宽科技服务业企业的融资渠道，建设科技服务业担保体系，打造科技服务业投融资平台，这些措施必将有利于科技服务业的迅速发展，可以说金融服务业对科技服务业发展起着重要支撑作用。另一方面，知识产权代理、登记、转让、检索、咨询、鉴定、评估、认证和相关投融资服务，尤其金融监管技术开发与应用更是离不开科技服务业的支持。服务业的一种新业态——科技金融服务业已经初露端倪。

5.3.4　ICDN1-MTS 网络信息中转能力分析

从表 5-6 中 ICDN1-MTS 网络的 $C_F(i)$ 值统计来看，商务服务业和批发零售业依然是区域经济系统内维持和促进科技服务业发展的重要部门。发达的现代服务业既是新技术产业发展的创业氛围，也是现代制造业发展的支撑和引擎。现代服务业与现代制造业形成互动的机制，是未来我国社会经济可持续发展的重要保证之一。特别是在北京、上海和广州等国际大都市，现代服务业对于经济发展的拉动作用更为突显。

表 5-6　ICDN1-MTS 网络的流介数排名（w 阈值为 0.02）

排序	序号	产品部门	$C_F(i)$
1	28	商务服务业	188.167
2	23	批发零售业	127.667
3	7	专用化学产品制造业	56.000
4	1	林业	29.000
5	5	印刷业和记录媒介的复制业	14.000
6	25	餐饮业	9.000
7	6	涂料、油墨、颜料及类似产品制造业	2.000
8	27	房地产业	0.917
9	26	银行业、证券业和其他金融活动	0.333
10	16	电子计算机制造业	0.250

5.4　以石化行业为主导产业的 ICDN1-PE 网络模型

石化行业的产业链条长、产业关联度高、产业附加值高，是各个国家重要的基础型重化工业。我国正处于重化工业阶段，成品油及石化产品消费量大幅增长，石化行业在国民经济中的地位日益突出。石化行业涵盖三个 I 级产品部门分类，分别是石油和天然气开采业、石油加工、炼焦及核燃料加工业和化学工业，其中化学工业又包括从 39~49 这 11 个 Ⅱ 级产品部门。本书构建了以石化行业为核心、以拓扑距离 1 为半径的产业集群网络，简称 ICDN1-PE 网络，如图 5-7 所示。ICDN1-PE 网络为 ISRN-CN07 网络的局域网络。

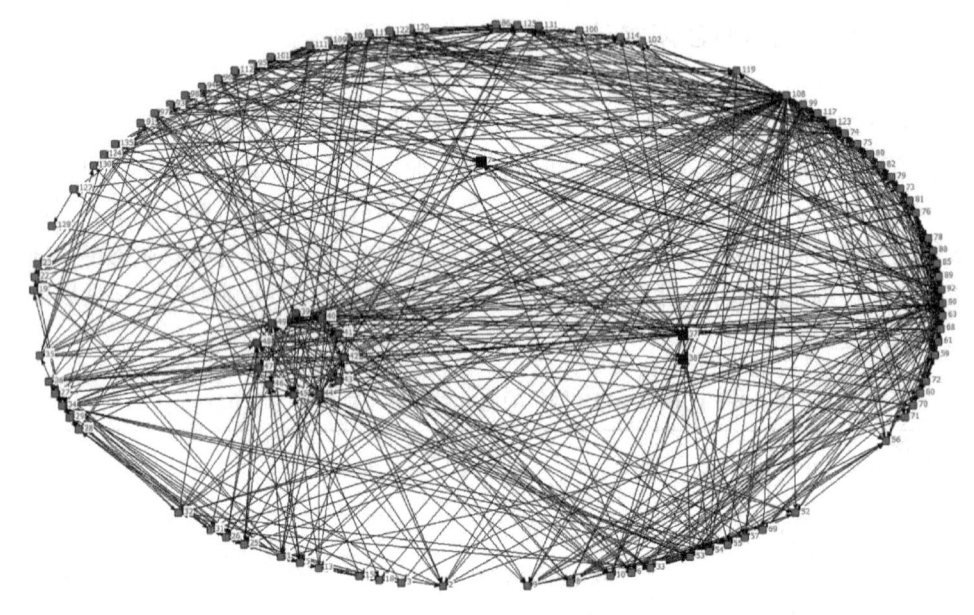

图 5-7 ICDN1-PE 网络

ICDN1-PE 网络拓扑结构的平均路径为 2.685，直径为 6，拓扑集聚系数 C 为 0.326 015，加权集聚系数 C^W 为 0.006 024。

5.4.1 ICDN1-PE 网络的节点类型

根据石化相关产品部门的性质，可将它们从产业链的角度分为上游、中游和下游三个层次。

上游产业为石油和天然气开采业，指在陆地或海洋对天然原油、液态或气态天然气的开采等产业。

中游产业为石油及核燃料加工业和炼焦业，包括原油加工及石油制品制造，从硬煤和褐煤中生产焦炭、干馏炭及煤焦油或沥青等副产品。

下游产业具体包括了农药制造业，基础化学原料制造业，肥料制造业，涂料、油墨、颜料及类似产品制造业，医药制造业，合成材料制造业，专用化学产品制造业，日用化学产品制造业，化学纤维制造业，橡胶制品业，塑料制品业11个化学工业部门。

本书将石化行业的三个层次产品部门分别作为产业集群网络的三个核心，中游产业和下游产业作为组团形式存在。在图5-7所示的集群网络中，总共涉及国民经济体系中的99个产品部门，由此可见石化行业的重要性。

本书将研究以上游开采和中游初加工为核心的石化行业集群网络，简称ICDN1-PEU&M网络，如图5-8所示。为了突出产业之间的较强关联，同样将 w 阈值设定为0.02，有一个节点脱离了连通片（社会福利业）（网络指标数据详见附表6）。

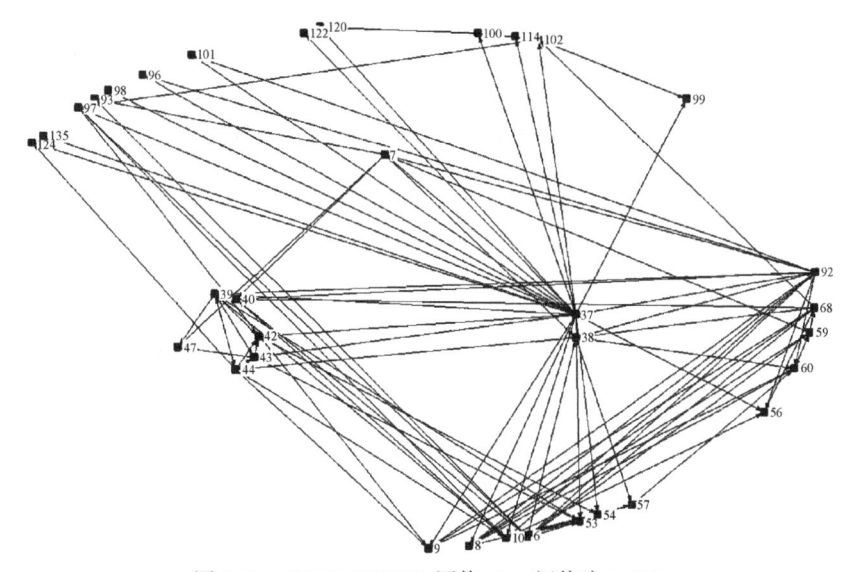

图5-8 ICDN1-PEU&M网络（w 阈值为0.02）

新网络拓扑结构的平均路径为1.984，直径为10，虽然一些产品部门的关系变得疏远，但是网络整体的连通性得到了提高。此外，网络的拓扑集聚系数 C 为0.332 401，加权集聚系数 C^W 为0.012 895。

5.4.2 ICDN1-PEU&M网络局部影响力分析

大型综合石化企业及石化基地对区域经济和全国石化行业格局都会产生巨大

的影响。我国石化企业的空间布局如图 5-9 所示,可分为临海型、内陆型、市场型和原料基地型,根据所在区域特点又可分为大型石化企业主导型、精细化工型、城市规划型和开发区依托型,根据布局模式又可分为原料地布局模式、消费地布局模式、临港型布局模式。由此可见,石化行业的区域集群化发展必须考虑区域的许多先决条件。

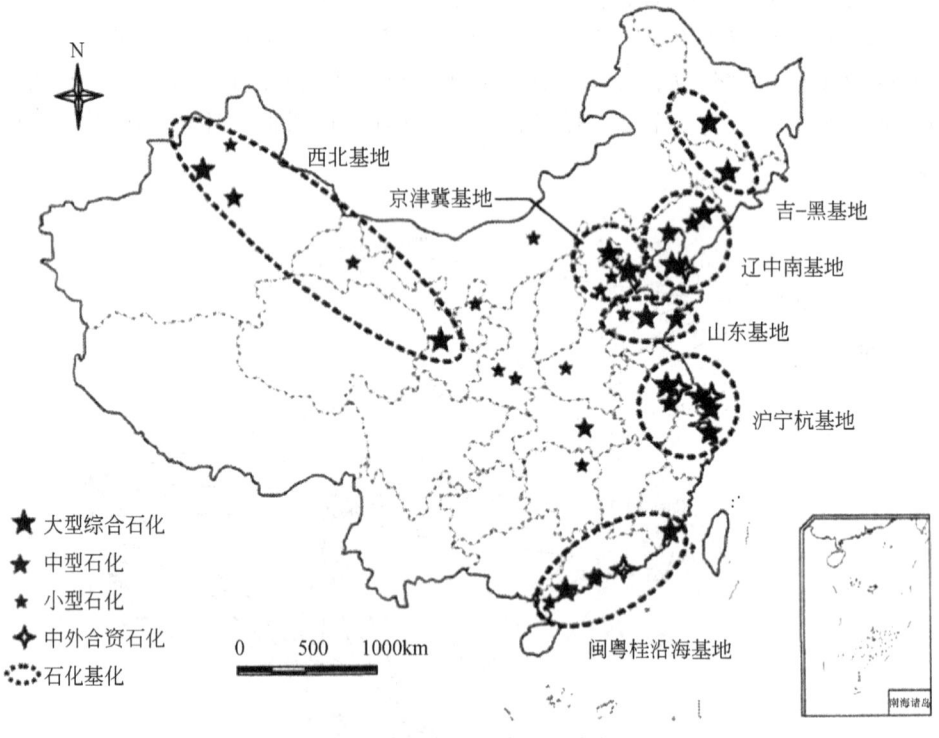

图 5-9 我国主要石化企业分布图

结合表 5-7 统计的 ICDN1-PEU&M 网络节点 $C^W(i)$ 值排名分析,下游石化产业和运输业是两类具有重要局部影响力的产业部门。下游石化产业以合成材料制造业,涂料、油墨、颜料及类似产品制造业,化学纤维制造业和基础化学原料制造业为主,运输业以航空运输业、管道运输业、铁路运输业和水上运输业为主。运输方式的不同体现了石化行业以原料地布局模式、消费地布局模式和临港型布局模式发展的产业结构特点。

5 | 产业集群网络的关联性分析

表 5-7　ICDN1-PEU&M 网络的加权集聚系数排名（w 阈值为 0.02）

排序	序号	产品部门	$C^W(i)$
1	100	航空运输业	0.037 903
2	101	管道运输业	0.034 774
3	57	炼铁业	0.030 982
4	43	合成材料制造业	0.028 703
5	42	涂料、油墨、颜料及类似产品制造业	0.028 524
6	47	化学纤维制造业	0.024 872
7	96	铁路运输业	0.023 509
8	39	基础化学原料制造业	0.021 028
9	72	其他专用设备制造业	0.019 881
10	60	铁合金冶炼业	0.019 383
11	54	陶瓷制品制造业	0.019 152
12	99	水上运输业	0.018 614
13	53	玻璃及玻璃制品制造业	0.016 162
14	40	肥料制造业	0.014 850
15	8	黑色金属矿采选业	0.014 722
16	120	地质勘查业	0.014 559
17	55	耐火材料制品制造业	0.014 438
18	59	钢压延加工业	0.013 424
19	102	装卸搬运和其他运输服务业	0.012 060
20	44	专用化学产品制造业	0.010 944
21	38	炼焦业	0.009 496
22	69	矿山、冶金、建筑专用设备制造业	0.009 321
23	92	电力、热力的生产和供应业	0.009 316
24	56	石墨及其他非金属矿物制品制造业	0.009 265
25	10	非金属矿及其他矿采选业	0.008 472
26	97	道路运输业	0.007 172
27	6	煤炭开采和洗选业	0.006 373
28	9	有色金属矿采选业	0.006 253
29	7	石油和天然气开采业	0.005 813
30	68	其他通用设备制造业	0.005 519
31	37	石油及核燃料加工业	0.004 404
32	108	批发零售业	0.003 003

管道运输业对于 ICDN1-PEU&M 的重要性体现了原料地布局模式的特点。石化行业既是典型的资源密集型产业，也是资本、技术密集型行业，同时规模经济效益明显。在石化企业大型化趋势中需要消耗大量的原油，因此接近于原料地成为影响石化行业布局的重要因素。我国许多石化企业属于原料地布局的类型，原油开采后可通过管道直接进入炼厂进行炼制，生产的石化产品除满足油田本地区需要外还可向外供应。

道路运输业对于 ICDN1-PEU&M 的重要性体现了消费地布局模式的特点。石化企业生产的产品类型较多，有些产品具有较强的不稳定性而不利于运输。因此，影响石化行业布局的重要因素之一为是否接近消费地。在消费地布局的石化企业主要依靠管道、油罐车、油轮等方式输入原料并在当地加工，产品也主要满足本地市场的需求，而输出产品的过程则主要依靠道路运输业的支撑。

水上运输业对于 ICDN1-PEU&M 的重要性体现了临港型布局模式的特点。随着我国石化行业的快速发展和原油进口量的逐年增加，港口城市成为我国进口原油和石化产品的主要集散地，也是未来我国石化行业布局的倾斜点。临港型布局的石化企业的典型特征是主要通过大型油轮从国外市场进口原油并从事生产，同时企业所在区域一般也是经济发达地区，对石化产品的需求量大，因此石化产品也主要用来供应当地市场。

5.4.3　ICDN1-PEU&M 网络关联协调性分析

从 ICDN1-PEU&M 的 $S(i)$ 统计来看，与石化行业关联较大的产品部门主要集中在能源生产、钢铁冶炼和交通运输等几个方面，见表 5-8。

表 5-8　ICDN1-PEU&M 网络的点权排名（w 阈值为 0.02）

排序	序号	产品部门	$S(i)$
1	37	石油及核燃料加工业（核心产业）	2.944 307
2	7	石油和天然气开采业（核心产业）	1.484 779
3	92	电力、热力的生产和供应业	1.232 463
4	39	基础化学原料制造业（下游产业）	1.222 286
5	6	煤炭开采和洗选业	0.836 402
6	8	黑色金属矿采选业	0.787 46
7	43	合成材料制造业（下游产业）	0.731 673
8	10	非金属矿及其他矿采选业	0.708 836

续表

排序	序号	产品部门	$S(i)$
9	59	钢压延加工业	0.676 297
10	38	炼焦业（核心产业）	0.671 771
11	93	燃气生产和供应业	0.563 137
12	44	专用化学产品制造业（下游产业）	0.553 848
13	60	铁合金冶炼业	0.479 499
14	68	其他通用设备制造业	0.447 049
15	57	炼铁业	0.423 524
16	42	涂料、油墨、颜料及类似产品制造业（下游产业）	0.407 027
17	102	装卸搬运和其他运输服务业	0.404 325
18	40	肥料制造业（下游产业）	0.395 094
19	69	矿山、冶金、建筑专用设备制造业	0.371 503
20	100	航空运输业	0.366 432
21	9	有色金属矿采选业	0.356 825
22	47	化学纤维制造业（下游产业）	0.351 573
23	97	道路运输业	0.338 586
24	99	水上运输业	0.290 038
25	53	玻璃及玻璃制品制造业	0.272 287
26	56	石墨及其他非金属矿物制品制造业	0.255 176
27	54	陶瓷制品制造业	0.249 39
28	55	耐火材料制品制造业	0.213 475
29	98	城市公共交通业	0.194 791
30	72	其他专用设备制造业	0.185 949
31	101	管道运输业	0.183 852
32	108	批发零售业	0.142 981
33	112	保险业	0.136 367
34	120	地质勘查业	0.133 936
35	114	租赁业	0.121 857
36	96	铁路运输业	0.103 031
37	122	环境管理业	0.065 215
38	124	居民服务业	0.049 137
39	135	公共管理和社会组织	0.022 552

纵观我国的区域产业发展进程，曹妃甸工业区的规划布局很好地验证了本书提出的石化行业产业集群网络模型。曹妃甸工业区致力于打造以"大港口、大钢铁、大化工、大电能"四大主导产业为核心的新型工业基地，这不仅是因为曹妃甸自身具有得天独厚的区位优势和环境资源，更是因为在其内部的产品部门之间本身就有着很强的技术经济关联。

历史上北京、天津和唐山都是我国重要的钢铁工业和石化工业基地。随着城市规模的不断扩大及城市功能的快速转型，这些大型重工业企业与城市发展之间的矛盾日益突出，同时自身也无法继续扩张形成合理的生产规模，唯一的出路是向市区以外的适宜地区进行迁移。综合考虑矿产、能源、水资源和进口资源等因素，城市重工业向沿海深水港口地区转移是发展的必然趋势。因此，在曹妃甸产业区依托深水港口，新建大型钢铁企业和石化企业基地，不仅开创了中国区域重工业布局调整的先例，也为沿海地区重工业布局调整和产业结构优化开辟了一条发展途径。

5.4.4 ICDN1-PEU&M 网络信息中转能力分析

在之前的章节中，本书提出流介数值较高的产品部门掌控了区域产业集群的技术经济流动，即它们是促进商业流通的关键。作为概念的延伸，在石化行业产业集群发展的过程中，$C_F(i)$ 值也可以用来研究石化产业链的构建的相关问题。ICDN1-PEU&M 网络中产品部门 $C_F(i)$ 值随时间的变化，能够反映出石化产业链的结构变迁，从中可以解读我国每一个时期的发展方针和产业政策对于实体经济的深刻影响，见表5-9。

表5-9 ICDN1-PEU&M 网络的流介数排名（w 阈值为 0.02）

排序	序号	产品部门	$C_F(i)$
1	7	石油和天然气开采业	479.833
2	59	钢压延加工业	363.567
3	60	铁合金冶炼业	304.033
4	37	石油及核燃料加工业	154.250
5	108	批发零售业	148.617
6	9	有色金属矿采选业	136.250
7	44	专用化学产品制造业	120.667
8	99	水上运输业	112.033

5 | 产业集群网络的关联性分析

续表

排序	序号	产品部门	$C_F(i)$
9	38	炼焦业	87.167
10	102	装卸搬运和其他运输服务业	76.583
11	92	电力、热力的生产和供应业	73.450
12	39	基础化学原料制造业	51.333
13	112	保险业	37.250
14	68	其他通用设备制造业	36.533
15	69	矿山、冶金、建筑专用设备制造业	35.783
16	6	煤炭开采和洗选业	21.500
17	98	城市公共交通业	20.750
18	10	非金属矿及其他矿采选业	19.167
19	8	黑色金属矿采选业	17.200
20	57	炼铁业	4.667
21	97	道路运输业	4.450
22	43	合成材料制造业	3.000
23	56	石墨及其他非金属矿物制品制造业	0.333

我国石化行业在未来一段时期的发展重点是要进一步淘汰"小炼油、小乙烯"及落后的生产技术，建设大型炼化一体化企业，引导石化行业向基地化和园区化的方向发展。结合循环经济和可持续发展的基本理念，石化企业的发展模式必须以建立石化产业生态工业园为核心，以此为平台实现产业集聚和发挥规模效用。

生态工业园区的效率依赖于共生耦合的产业链，从而最大限度地提高资源能源效率，从工业生产源头上将污染物排放量减至最低，实现区域清洁生产。我国当前生态工业园区中无论是综合类生态工业园还是行业类生态工业园，由于处在转型过程中，普遍存在产业链结构单一、物质资源利用效率不高、耦合关系不明显、企业共生关系不紧密等问题，各相关产业间相互关联、相互协调、相互配套的关系比较松散，与理论上区域内企业共生的高效能流与物流的对接存在较大差异。按照产业生态学的要求，构建生态工业园的重中之重在于不断完善其内部的生态产业链。在工业共生体系中，上游企业提供的物质、能量或信息恰好为下游企业所需要，上游企业的副产品排放恰好是下游企业所需要的某种原料。因此，生态工业园中的工业共生产业链要实现工业剩余物的充分利用，对上游企业而言，必须具备纷繁复杂的剩余物从而形成多条食物链以满足不同企业的需求；而对于下游企业，则要求具有非常专业的经营方向和技术要求（靳敏等，2011）。

在我国石化行业的区域规划实践中，曹妃甸产业区率先以循环经济理念为框架，以钢铁和石化生产为中心，以循环生态链为纽带，成功规划并实施了与整个社会协调发展的钢铁和石化生态型工业区。这种以钢铁企业内部小循环、行业之间中循环和城市生活大循环的产业循环经济新模式，必将为沿海地区大城市优化产业结构，建设资源节约型和生态友好型产业园区起到积极的示范带动作用。

5.5 本章小结

区域产业规划是一个非常复杂的运筹问题，即使排除规划者这一主观因素，众多不可量化的因素也对研究造成了很大的制约。从系统学角度来看，区域作为一个远离平衡态的开放性、非线性系统，必须建立能够科学地反映这个系统某方面特征的模型才能进一步研究。本书在 ISRN-CN07 网络的基础上构建了产业集群网络，选取汽车行业、现代服务业和石化行业进行了产业集群发展可行性方面的实证分析。通过计算反映产品部门局部影响力的加权集聚系数、反映关联协调性的点权和反映信息中转能力的流介数等网络指标，揭示产业集群过程中产业链各部门之间的联动关系，对如何推进重点产业结构调整进行分析和提出建议。

6 产业信息传递网络的随机游走分析

经济系统中的资金流通过每次交易产生流动,而且可能反复通过相同的链接因此不易被描述。例如,资金流很可能从 A 点到 B 点之间往复几次之后才到达 C 点。从图论的角度来看,资金流在网络中的运行是一种漫游的方式,而不是沿着不重复的路径,因此采用马尔可夫过程来分析产业网络上经济信息的传递存在可行性。在本章中,本书将网络动力学与结构洞理论有机地结合起来,开发出新的网络指标来解释经济环境变化对于产品部门最终需求的影响。

6.1 产业信息传递网络模型的构建

6.1.1 产业信息传递网络构建的思想

测度社会网络结构洞的指标包括两大类,分别为 Burt 提出的结构洞指数和 Freeman 提出的介数中心性,前者主要适用于个体网,而后者主要适用于整体网。在一个整体网中,如果一个节点处于许多两点间的最短路径(geodesic)之上,那么它起到了重要的中介作用,拥有较多的结构洞,一般用介数(betweenness)大小来衡量;如果一个节点与网络中所有其他各点之间的接近性(closeness)最大,即与其他各点之间的最短路径距离之和最小,那么该点必定占据了网络中重要的中介位置,一般用中心性(centrality)大小来衡量(约翰·斯科特,2011)。我国学者罗家德认为:中心性是衡量网络结构中心位置的重要指标,在社会网络分析中常用这个指标来衡量网络节点(行动者)获取资源、控制资源的可能性(罗家德,2010)。

在 Burt 的结构洞理论中,群体之间在机会、社会资本、信息和关系方面的弱联系造成了社会结构中的洞。同时,这些结构洞为那些其关系横跨其上的个体创造了竞争优势。如图 6-1(a) 所示,在 A、B、C 三个节点直接构成的网络中,AC 之间没有连边(或者说联系很弱),则 AC 是网络中的一个结构洞。假如 A、B、C 处于资源竞争的状态,那么 AC 结构洞的存在为 B 提供了作为中介桥梁的信息优势和控制优势。

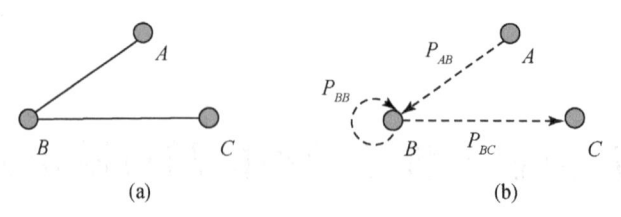

图 6-1 社会网络的结构洞概念及其扩展

但是，这些测度方法在较为复杂的加权网络、有向网络和动态网络的研究中局限性很大。如果用结构洞理论来研究网络动力学中的信息传播问题，那么必须引入能够满足时间离散状态马尔可夫过程分析需要的介数中心性指标。如图6-1(b)所示，现实产业网络中经济信息的传递是一个时间离散状态下的马尔可夫过程，不仅要考虑经济信息流动的方向性，即 B 作为信息中介的前提是同时满足有信息流的流入和流出，还要设定每次传递发生的概率，例如 AB 和 BC 上有信息流的通过的概率分别为 $P(A, B)$ 和 $P(B, C)$；更要考虑产业节点自身对于信息流的损耗，如产品和服务首先要满足部门自身的需要，对应概率为 $P(B, B)$。因此，本书构建了一类产业复杂网络——产业信息传递网络模型（industrial shock transition networks, ISTN），作为分析经济冲击随机游走过程的系统基础。

6.1.2 产业系统中经济冲击的概念

首先，本书需要界定"经济冲击"（economic shock）的含义，以此作为研究产品部门受到经济环境影响的动力基础。Fischer 假设商业周期的出现是因为经济冲击及其余波造成的，并且将经济冲击定义为产品部门外部变量对内部变量产生的影响结果。具体来说，他将外部信息归纳为市场价格、技术进步、公司、利润分配、政府政策和最终需求变量，而内部信息则包括产品部门间的商品流动和资金流动（Black，1987）。经济冲击在由产品部门构成的国民经济体系中沿着中间投入的方向流动，当额外输出满足了某个产品部门的最终需求时，经济冲击的随机过程终止，该部门称为随机游走的目标部门。假设可能由于某种外部原因（如政府政策）致使汽车制造业提高了一部分生产能力，对整个经济体系产生了额外的经济冲击，并且设定吸收冲击的目标部门为食品制造业。多生产出来的产品会被随机地销售给其他部门，从投入产出表可知销售途径的各种可能性。然后，由此产生的额外利润会用于购买生产资本、支付劳动力报酬和非直接的营业税等。最终，外部环境给汽车制造业带来的经济冲击变化为对多个其他产品部门的投入，并且像多米诺骨牌一样在整个产业体系内部引发新的经济流动，直到冲击被食品制造业吸收为止。

通过全面考虑产业网络所有的初始冲击、游走过程和目标部门，本书采用 Blöchl 等提出的随机游走中心性和累计首达介数来解释产业复杂网络结构洞的技术经济意义，以此衡量经济周期变化过程中产品部门受到产业环境变化影响的强弱程度和对影响的灵敏程度（Blöchl et al.，2011）。

6.1.3 产业信息传递网络构建的过程

本书将区域范围内的产品部门视为节点，构成了节点集 V，将产品部门之间的投入产出关系视为边，构成了边集 E，考虑网络节点的属性必须一致，因此必须暂时忽略产品部门总产出和总投入的情况（如最终使用和增加值），而只考虑中间投入反映出来的技术经济关系，因此 ISTN 网络实际上是一个开放的系统。权重集 W 由货物或服务的价值量 x_{ij} 直接构成，即将投入产出基本流量表（basic matrix）的第 I 象限作为网络的邻接矩阵。

在图 $G = (V, E, W)$ 中允许存在自环，即可以存在 $e_{ii} \neq 0$ 或 $w_{ii} \neq 0$ 的情况，如图 6-2 和图 6-3 所示。这是因为当经济体系中产品部门的外部因素发生了变化时，经济信息首先会影响到其自身，然后才会根据节点之间的连接强度关系进行传递。而且，产品部门对于自身的投入往往很大，即网络存在边权很大的自环。在以往对于产业复杂网络的研究中，自环往往是被忽略的，这是因为许多对于这类网络的研究无法解决自环存在而带来的问题。本书根据投入产出基本流量建立的 ISTN 网络对自环有很强的依赖，因为有的产品部门对自身的投入接近甚至超过其总产出的一半，如我国的电子元器件部门对自身的投入比例超过了 40%。所以，本书在研究 ISTN 网络上经济流动的随机游走过程时，不宜直接采用 Newman 提出的随机游走介数，而是需要在其基础上进行改良，选用可以综合考虑自环效应的中介中心性指标来研究产业网络中的信息传递问题。

根据 ISTN 网络建模过程可知，在数据来源相同和忽略自环的情况下，这种网络与 ISN 网络具有相同的拓扑结构，表现在度分布、拓扑集聚系数、拓扑直径和拓扑平均最短路径等方面。但是，考虑到权重集 W 的不同，ISTN 网络的边权分布、点权分布、加权集聚系数、加权直径和加权最长路径等方面表现出了不同的物理学意义和经济学意义。

本书选取了 1997 年、2002 年和 2007 年投入产出表作为建模分析的数据来源，需要注意的是三个年份的投入产出数据在国民经济生产活动的划分上存在差

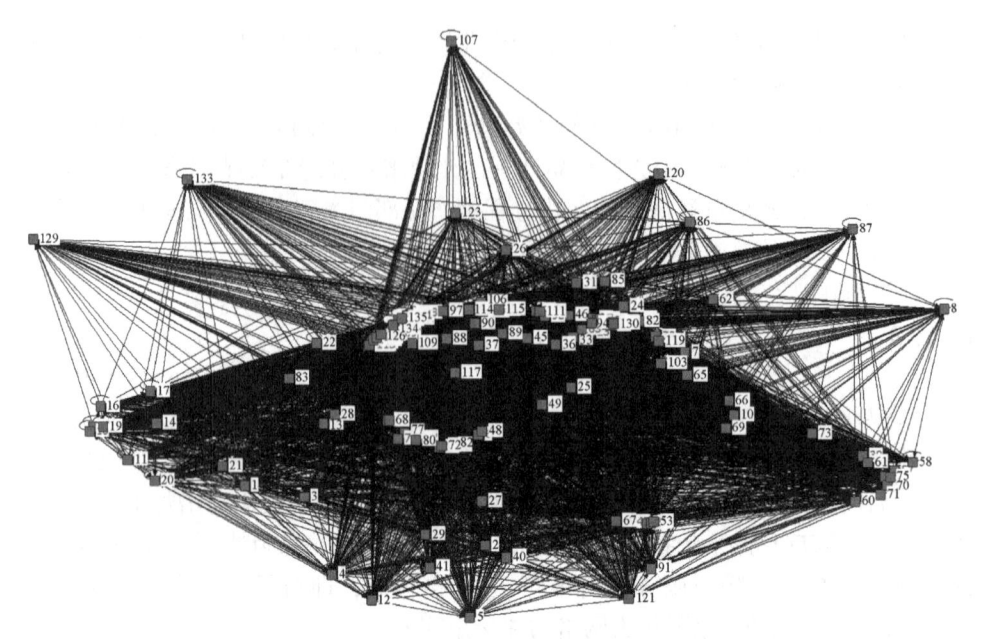

图 6-2 ISTN-CN07 网络的 MDS 图

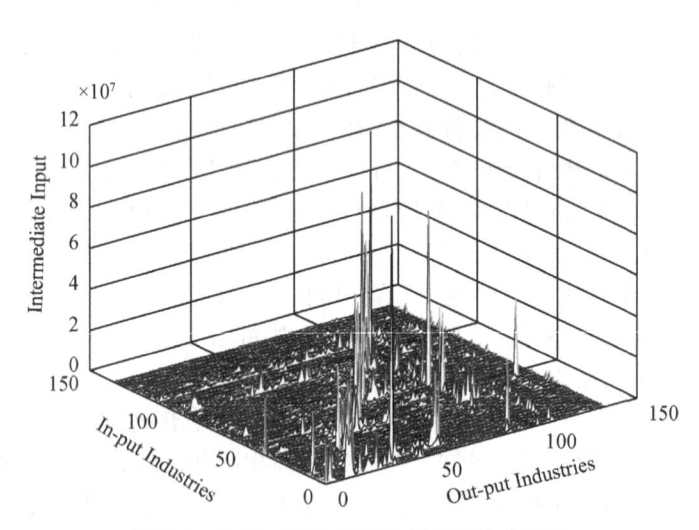

图 6-3 ISTN-CN07 网络的权重三维曲面图

异,不仅体现在产品部门命名上,也体现在划分数量上（分别划分为 124 个、122 个和 135 个产品部门）。因为 ISTN-CN 网络中有个别节点的 $K^{OUT}(i)$ 值或 $K^{IN}(i)$ 值为 0,说明它们位于经济信息传递路径的端点位置,所以在计算过程中要将这种节点去掉,并在最终计算结果中将它们的介数中心性数值视为 0。

6.2 产业信息传递网络的流介数

6.2.1 ISTN 网络与 ISN 网络流介数的差异

为了说明 ISN 网络和 ISTN 网络在网络流路径选择方面的差异性,本书设计了两组简单网络,邻接权重矩阵分别为 W_A 和 W_B,并且 W_B 包含的列向量都是 W_A 对应的列向量除以某个实数得到的。

从图 6-4(a)可以看出,在相似权网络中,网络流的方向是由邻近节点之间的边权大小决定的。网络信息从节点 II 先到达节点 IV,而不是节点 II 和节点 III,是因为 $w_{24} > w_{23} > w_{21}$,之后又从节点 IV 到达节点 III,也是因为 $w_{43} > w_{42} > w_{41}$。但是,图 6-4(b)体现出了不同的流动路径,从节点 II 出发,先到达节点 IV,然后到达节点 I。邻接权重矩阵 W_A 与 W_B 在相同列上的元素相对值大小相同,相同行上的元素相对值大小不同,因此在选择流动路径时产生了差异。

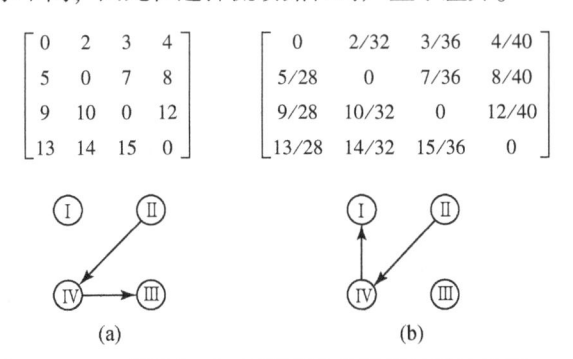

$$\begin{bmatrix} 0 & 2 & 3 & 4 \\ 5 & 0 & 7 & 8 \\ 9 & 10 & 0 & 12 \\ 13 & 14 & 15 & 0 \end{bmatrix} \quad \begin{bmatrix} 0 & 2/32 & 3/36 & 4/40 \\ 5/28 & 0 & 7/36 & 8/40 \\ 9/28 & 10/32 & 0 & 12/40 \\ 13/28 & 14/32 & 15/36 & 0 \end{bmatrix}$$

图 6-4 ISTN 网络与 ISN 网络流介数计算过程的差异

6.2.2 ISTN-CN 网络的流介数分析

ISTN-CN135 网络的信息传递能力可以用网络最大流的大小来描述,即 $\max\left(\sum_{l \in L} w_{ij}\right)$。本书根据 $C_F(i)$ 值大小无序或有序地移除一部分节点,从而观测随机失效和蓄意攻击两种方式下网络信息传递能力所呈现出的稳健性和脆弱性(图 6-5)。

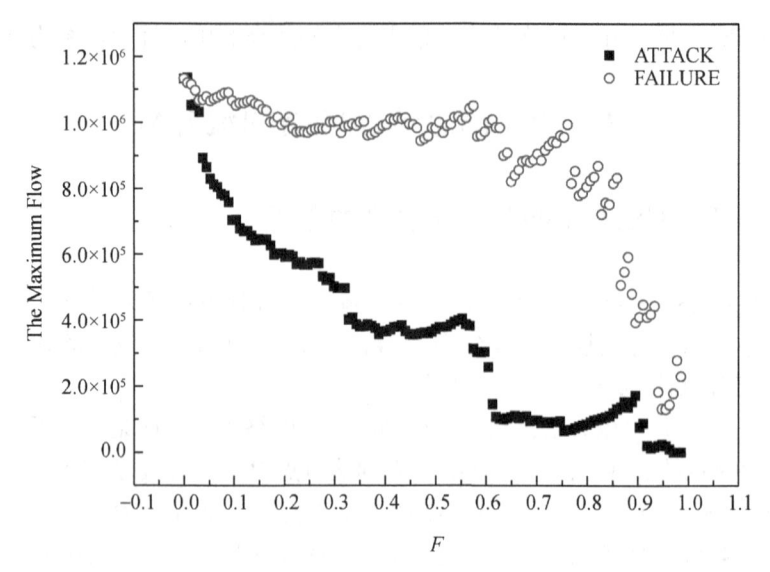

图 6-5 随机失效节点和蓄意攻击流介数对网络最大流的影响

本书根据流介数的算法和式（2.29），计算得到了基于 1997 年、2002 年和 2007 年投入产出数据的 ISTN-CN 网络各个节点的 $C_F(i)$ 值，排名前 15 位的产品部门，见表 6-1（网络指标数据详见附表 7 ~ 附表 9）。

表 6-1 ISTN-CN 网络的流介数排名

排序	1997 年 产品部门	$C_F(i)$	2002 年 产品部门	$C_F(i)$	2007 年 产品部门	$C_F(i)$
1	批发和零售贸易业	471.651	批发和零售贸易业	481.38	工艺品及其他制造业	455.65
2	其他通用设备制造业	468.156	居民服务和其他服务业	478.13	批发零售业	454.21
3	石油及核燃料加工业	463.132	电力、热力的生产和供应业	475.24	铁路运输业	453.52
4	金融业	458.715	其他通用设备制造业	469.12	餐饮业	453.18
5	汽车制造业	457.958	金融业	468.8	电力、热力的生产和供应业	452.88
6	金属制品业	457.694	道路运输业	467.45	金属制品业	450.65
7	电力生产和供应业	451.945	水上运输业	465.76	商务服务业	448.7
8	餐饮业	449.422	金属制品业	463.53	道路运输业	447.45
9	其他服务业	447.506	餐饮业	463.42	水上运输业	441.33
10	其他电气机械及器材制造业	443.17	商务服务业	462.24	银行业、证券业和其他金融活动	439.43

续表

排序	1997年 产品部门	$C_F(i)$	2002年 产品部门	$C_F(i)$	2007年 产品部门	$C_F(i)$
11	道路运输业	436.053	石油及核燃料加工业	457.28	其他服务业	438.87
12	其他专用设备制造业	432.724	教育事业	454.24	其他通用设备制造业	437.9
13	铁路货运业	427.347	铁路货运业	453.83	石油及核燃料加工业	437.14
14	信息传输服务业	425.425	塑料制品业	451.25	装卸搬运和其他运输服务业	434.39
15	城市公共交通运输业	419.38	其他专用设备制造业	438.06	汽车制造业	433.13

1997年，$C_F(i)$值较高的产品部门中制造业部门比重较高，如其他通用设备制造业、汽车制造业、金属制品业、其他电气机械及器材制造业和其他专用设备制造业等，其次为交通运输及仓储业部门，如道路运输业、铁路货运业、信息传输服务业和城市公共交通运输业。说明当时我国还处于工业化进程的关键时期，制造业部门决定了社会经济的健康发展，也促进了周边产业的快速发展。

2002年，$C_F(i)$值较高的产品部门中制造业部门比重大幅下降，服务业部门和交通运输及仓储业部门基本占据了经济体系中的重要流通中介地位，说明经过20多年的改革开放发展，在传统服务业持续发展的同时，批发零售业、金融业和商务服务业等其他新兴行业也得到了较快发展，第三产业在经济发展中发挥的桥梁作用越来越大，已经成为国家和区域经济发展的重要枢纽部门。

2007年，$C_F(i)$值较高的产品部门与2002年类似，仍然以服务业部门和交通运输及仓储业部门为主，明显的变化为工艺品及其他制造业、铁路运输业和汽车制造业三个部门的经济信息中介地位提升较快。另外，从$C_F(i)$值的整体统计情况来看，高附加值的轻工业经济已经发展到了一定规模，代替重工业占据了我国的产业系统中更为重要的经济地位。

6.3 产业信息传递网络的随机游走中心性

作为最基本的动力学过程之一，随机游走（random walk）与网络研究中许多其他动力学过程密切相关，并且对网络结构性质的研究起到了十分重要的作用。对于随机游走动力学过程的研究一般涉及三项指标。第一项为首达时间（first passage time，FPT），定义为网络中选取的出发节点（start vertex）释放一个游走信号，该信号等概率地或遵循某个转移概率移动到节点的邻接节点，不断重复这个过程直到首次到达一个预先设定的吸收点的期望时间。根据网络的 FPT 可以计算得到另外两个指标，一个是平均首达时间（mean first passage time, MFPT），它可以通过将网络中所有节点对的 FPT 求算数平均值得到；另一个指标为平均吸收时间（mean absorption time, MAT），它通过在网络中选取一个固定的吸收节点（absorption vertex），求解在网络中除了吸收节点以外的所有节点到吸收点的 FPT 指标的平均值来获得（Motwani and Raghavan, 2008）。

6.3.1 随机游走中心性的定义

从社会网络近年来的进展来看，Freeman（1979）提出的紧密中心性已经得到了广泛应用，但是在稠密网络中这类中心性就失去了意义，并且与其他中心性一样不能兼顾节点自环的存在。因此，本书引入随机游走中心性（random walk centrality）C_{RC} 的概念，用于描述产品部门之间经济流通速度。

投入产出表中的基本流量表追踪了商品在经济体系中的流通，包括了分布于各个产品部门中的大量企业的产出，因此表中的每一个条目都是通过对大量经济活动的统计得出的集合。在图论基础上根据投入产出数据构建起来的复杂网络，其内部产业经济信息的传递是一个时间离散状态离散的马尔可夫过程，并且状态空间是有限的。因此，可以用转移概率矩阵 M 来描述宏观经济运行中的信息传递（Borgatti, 2005）。考虑到在 ISTN 网络的马尔可夫链（Markov chain）上随机游走的转移概率 $M(i, j)$ 必然受到节点 j 重要性的影响，必须从产业自身提取一个特征度量来帮助界定转移概率矩阵，因此本书将矩阵 M 定义为

$$M = S_{\text{diag}}^{-1} W \tag{6.1}$$

其中，W 为网络的边权矩阵（加权邻接矩阵），S_{diag} 为网络节点出权 $S^{\text{OUT}}(i)$ 构成的对角矩阵，即 $S_{\text{diag}}(i, i) = S^{\text{OUT}}(i)$。对于无权网络，$S_{\text{diag}}$ 可以用 $K^{\text{OUT}}(i)$ 构成的对角矩阵 K_{diag} 来代替（Newman, 2005）。转移概率矩阵 M 描述了产品部门间信息传递的吸收随机游走（absorption random walk, ARW）过程中，选择下一个邻接节点作为路径继续游走的可能性。本书将研究涉及的平均首达时间用 $E(s, t)$ 来表示，定义为从出发节点 s 开始的随机游走首次达到吸收节点 t 的期望步数，公式为

$$E(s, t) = \sum_{r=1}^{\infty} r \prod_{s \to t}(r) \tag{6.2}$$

其中，$\prod_{s \to t}(r)$ 为从节点 s 到节点 t 经过 r 步的概率。当 $s = t$ 时，$\prod_{s \to t}(r) = 0$，所以 $E(t, t) = 0$。即使在无向图中 $E(s, t)$ 也是不对称的，这种性质说明：随机游走

过程必然优先选择经过中心节点的路径。根据随机游走的定义，当随机游走最终到达节点 t 时就不再离开，所以在进行下一次随机游走之前必须将转移矩阵 M 中的第 t 行和第 t 列删除，形成新的转移矩阵 M_{-t}。

矩阵 $(M_{-t})^{r-1}$ 是转移矩阵 M_{-t} 的 $r-1$ 次幂得到的矩阵，其中 (s, i) 位置上的元素表示的是从节点 s 出发到达节点 i 需要经过 $r-1$ 步的概率，前提是不再经过节点 t。因此，从节点 s 出发到达节点 t 共经过 r 步的概率可以表达为

$$\prod_{s \to t}(r) = \sum_{i \neq t} ((M_{-t})^{r-1})_{si} m_{it} \tag{6.3}$$

其中，$((M_{-t})^{r-1})_{si}$ 为从节点 s 出发到达节点 i 需要经过 $r-1$ 步的概率，m_{it} 为矩阵 M 第 i 行第 t 列元素。将式 (6.3) 代入式 (6.2) 中，得到公式

$$E(s, t) = \sum_{r=1}^{\infty} r \sum_{i \neq t} ((M_{-t})^{r-1})_{si} m_{it} \tag{6.4}$$

对所有到达节点 t 的随机游走路径求和结果为

$$\sum_{r=1}^{\infty} r (M_{-t})^{r-1} = (I - M_{-t})^{-2} \tag{6.5}$$

式中，I 为 $n-1$ 阶的单位矩阵。因为存在吸收状态时 $(I - M_{-t})$ 是可逆的，所以将式 (6.5) 代入式 (6.4) 可得

$$E(s, t) = \sum_{i \neq t} ((I - M_{-t})^{-2})_{si} m_{it} \tag{6.6}$$

为了简便计算过程，可以将转移概率期望值 $E(s, t)$ 转化为向量 $E(\cdot, t)$，用来表示从网络中除了节点 t 之外的任意节点，随机游走到节点 t 的概率期望之和，公式为

$$E(\cdot, t) = (I - M_{-t})^{-2} m_{-t} \tag{6.7}$$

式中，m_{-t} 为矩阵 M 删除元素 m_{tt} 后的第 t 列向量。为了定义 m_{-t}，本书再引入一个 $n-1$ 维的向量 e，使得 $m_{-t} = (I - M_{-t})e$，其中

$$e_i = \begin{cases} +1, & i = s, \\ -1, & i = t, \\ 0, & \text{其他} \end{cases} \tag{6.8}$$

将 m_{-t} 代入式 (6.7) 可得

$$E(\cdot, t) = (I - M_{-t})^{-1} e \tag{6.9}$$

在无权网络中，相比网络周边 $C_C(i)$ 值较低的节点，随机游走的路径更容易经过 $C_C(i)$ 值较高的中心节点。与此类似，在基于投入产出关系的 ISTN 这样一个加权网络中，经济供给冲击倾向于更快达到 $C_{RC}(i)$ 值较高的敏感产品部门。所以，可以参照紧密中心性的定义来界定随机游走中心性，即 $C_{RC}(i)$ 反比于所

有节点到达指定节点的平均首达时间,公式为

$$C_{RC}(i) = \frac{N}{\sum_{j=1}^{N} E(i,j)} \quad (6.10)$$

从式(6.10)可知,到达节点 i 的 MFPT 越短,那么它的 $C_{RC}(i)$ 值越高。另外,从 $C_{RC}(i)$ 的推导和计算过程可知,这种中心性允许网络自环的存在,并且自环起到了缓冲供给冲击扩散的作用。

6.3.2 ISTN-CN 网络的随机游走中心性分析

当一个经济冲击等可能地发生在经济体系的产品部门中时,ISTN 网络中 $C_{RC}(i)$ 值较高的部门具有较短的首达时间,意味着该部门对于产业环境发生的变化非常敏感。一旦经济体系遭受了较大的冲击,如遇到经济危机或者经济复苏,那么 ISTN 网络中这些 $C_{RC}(i)$ 值高的产品部门必将最先显现出经济衰退或者经济增长的迹象。从结构洞的观点来看,$C_{RC}(i)$ 值测度的是产品部门在整个经济体系中的信息优势地位。产业网络发生全局性变化之后的一段时间内,承载着资金流的经济冲击沿着业已形成的产业经济结构进行随机传递,这个过程中那些最先对此做出反应的产品部门既可能成为受害者,也可能成为受益者,而如何应对这两种可能发生的情况,就必须要从产业机制和产业政策上对这些部门进行保障。本书根据随机游走中心性的算法和式(6.10),计算得到了基于 1997 年、2002 年和 2007 年投入产出数据的 ISTN-CN 网络各个节点的 C_{RC} 值,排名前 15 位的产品部门,见表 6-2(网络指标数据详见附表 7~附表 9)。

表 6-2 ISTN-CN 网络的随机游走中心性排名

排序	1997 年	2002 年	2007 年
1	建筑业	建筑业	建筑业
2	批发和零售贸易业	批发和零售贸易业	公共管理和社会组织
3	教育事业	教育事业	批发零售业
4	农业	餐饮业	卫生
5	餐饮业	房地产业	钢压延加工业
6	畜牧业	居民服务和其他服务业	汽车制造业
7	金属制品业	农业	餐饮业
8	金融业	金融业	电力、热力的生产和供应业
9	其他服务业	纺织服装、鞋、帽制造业	教育

| 6 | 产业信息传递网络的随机游走分析

续表

排序	1997年	2002年	2007年
10	谷物磨制业	商务服务业	纺织服装、鞋、帽制造业
11	纺织服装、鞋、帽制造业	畜牧业	金属制品业
12	其他电气机械及器材制造业	钢压延加工业	商务服务业
13	电力生产和供应业	电力、热力的生产和供应业	房地产业
14	钢压延加工业	其他通用设备制造业	农业
15	卫生事业	金属制品业	道路运输业

从三个年份的 $C_{RC}(i)$ 值统计结果来看，产品部门对于经济环境变化的敏感度变化不大，这是因为部门分类是根据《国民经济行业分类》来制定的，而短时期内分类的标准变化不会发生较大的变动。可以说，$C_{RC}(i)$ 值的高低主要是由产品部门固有的性质来决定的。$C_{RC}(i)$ 值较高的产品部门会对经济发展产生较大的制约作用。当经济增长速度过快时，这些产品部门首先会出现供不应求的状况；而当经济增长速度放缓时，它们又会出现供大于求的情况。因此，对于这些处于产业网络信息优势地位的产品部门来说，在经济发展过程中最重要的是要持续稳定增长，这样才能促进整个国民经济系统的协调发展。

建筑业具有最大的 $C_{RC}(i)$ 值，说明它是我国经济体系中对经济环境变化最为敏感的产品部门。近年来，铁路固定投资放缓，保障性住房达到90%的开工率，而且政府宏观调控背景下颁布的一系列限购政策，这些都对我国建筑业起到了极大的影响，使得我国该产品部门市场需求不足和投资下滑。由于投资市场不稳定，建筑业的发展始终处于被动地位。从市场经济变动的规律和西方经济发展的历史看，一个处于工业化时期的国家，在经济迅速发展的进程中，投资需求必然是旺盛的，从而刺激建筑业的发展。市场的周期波动不可避免，投资波动及对建筑业的影响也并非不正常。但利用政策手段调整，尽量减少波动或使波动减轻，是各国政府所必须采取的措施。我国改革开放以来，因缺乏宏观调控市场的经验和手段，往往造成政策跟不上市场的变化，引起宏观失控，突出表现为投资失控，继而通过行政手段强行压缩投资规模，严重影响建筑业的发展。

从10年来的统计结果来看，装备制造业部门的 $C_{RC}(i)$ 值持续上升，代表了我国"十二五"时期产业发展的方向。这类部门对全社会的需求波及效应很强，辐射作用很大，是产业结构升级和培育支柱产业的重点（范德成和王晓辉，2011）。因此，我国在制定宏观经济政策时，通常会选择对机械设备制造业加大投资力度，通过刺激装备制造业的需求来拉动整个国民经济稳定快速发展。

批发零售业因为其在经济体系中影响范围广、影响力程度高和经济周转能力强，所以对于产业环境变化的影响更为敏感。总体来看，我国各产品部门的 $C_{RC}(i)$ 值差异较大，政府部门应密切关注那些容易受到产业经济环境变化影响而且对于产业结构稳定非常重要的产品部门，并以它们的产业状况为依据来制定相关经济政策和实施宏观调控手段。

6.3.3 ISTN-OECD 网络的随机游走中心性分析

本书根据经济合作与发展组织（Organization for Economic Cooperation and Development，简称经合组织或 OECD）STAN 数据库提供的 2005 年投入产出数据构建了一系列产业信息传递网络，统称 ISTN-OECD 网络，以此作为分析和比较它们产业结构特点的基础。STAN 数据库的数据由各成员国统一按照 OECD 产品部门的划分提供，而且可以在其网站折算成美元并选择基准年后进行下载，因此保证了研究结果的可比性。该数据库包括 44 个国家的 37 个产品部门的投入产出数据，它们的 GDP 总量超过了全球的 85%，包括 34 个 OECD 成员国和 10 个非成员国（地区）。因为 5 个国家的数据截至目前还没有完成数据统计，所以共计 39 个国家的投入产出数据可以使用，本书也因此构建了 39 个 ISTN-OECD 网络。（网络指标数据详见附表 10）

表 6-3 中所示为 ISTN-OECD 网络中 $C_{RC}(i)$ 值最高的产业，可以看出其中批发和零售贸易部门出现得最为频繁，说明绝大多数 ISTN-OECD 网络中的该部门对产业环境发生的变化非常敏感。

表 6-3 ISTN-OECD 网络中随机游走中心性最高产业部门统计

国家（地区）	产品部门	国家（地区）	产品部门
澳大利亚	批发和零售贸易	意大利	批发和零售贸易
奥地利	批发和零售贸易	日本	健康与社会工作
比利时	汽车制造	韩国	住户雇佣服务
巴西	食品、饮料及烟草生产	卢森堡	金融保险
加拿大	公共管理和社会组织	墨西哥	食品、饮料及烟草生产
智利	批发和零售贸易	荷兰	批发和零售贸易
中国	建筑业	挪威	其他商务活动
中国台湾	批发和零售贸易	波兰	批发和零售贸易
捷克	批发和零售贸易	葡萄牙	批发和零售贸易
丹麦	批发和零售贸易	罗马尼亚	食品、饮料及烟草生产

续表

国家（地区）	产品部门	国家（地区）	产品部门
爱沙尼亚	批发和零售贸易	斯洛伐克	批发和零售贸易
芬兰	批发和零售贸易	斯洛文尼亚	批发和零售贸易
法国	批发和零售贸易	南非	公共管理和社会组织
德国	汽车制造	西班牙	建筑业
希腊	批发和零售贸易	瑞典	运输仓储
匈牙利	批发和零售贸易	泰国	批发和零售贸易
印度	运输仓储	土耳其	批发和零售贸易
印度尼西亚	建筑业	英国	批发和零售贸易
爱尔兰	建筑业	美国	公共管理和社会组织
以色列	金融保险		

通过观察这些国家的投入产出表发现，具有较高最终需求比例的产品部门往往具有较高的随机游走中心性，当然有时也会出现一些例外。以美国2005年投入产出数据形成的ISTN-US37网络为例，需求比例占前5位的部门中有4个部门的 $C_{RC}(i)$ 值排名也在前5名之内，需求比例占前10位的部门中有9个部门的 $C_{RC}(i)$ 值排名也在前10名之内。

6.3.4 ISTN-REGION 网络的随机游走中心性分析

前面已经提到，$C_{RC}(i)$ 值较高的产品部门会对经济发展产生较大的制约作用。当经济增长速度过快时，这些产品部门首先会出现供不应求的状况；而当经济增长速度放缓时，它们又会出现供大于求的情况。根据国家统计局国民经济核算司发布的2002年和2007年《中国地区投入产出表》，本书构建了这两个年份我国30个省份的产业信息传递网络，统称ISTN-REGION 网络。

在此基础上，本书计算了这些网络中节点的 $C_{RC}(i)$ 值，并选取排名第一的产品部门作为各省市产业结构中维持经济发展的支柱产业，见表6-4（网络指标数据详见附表12和附表14）。

表6-4 中国各地区随机游走中心性最高产业部门统计

省份	产品部门	
	2002 年	2007 年
安徽	批发和零售贸易业	建筑业
北京	建筑业	综合技术服务业

续表

省份	产品部门	
	2002 年	2007 年
福建	批发和零售贸易业	建筑业
甘肃	批发和零售贸易业	建筑业
广东	建筑业	通信设备、计算机及其他电子设备制造业
广西	建筑业	建筑业
贵州	建筑业	建筑业
海南	农、林、牧、渔业	建筑业
河北	批发和零售贸易业	建筑业
河南	建筑业	通用、专用设备制造业
黑龙江	食品制造及烟草加工业	建筑业
湖北	建筑业	建筑业
湖南	建筑业	建筑业
吉林	食品制造及烟草加工业	交通运输设备制造业
江苏	批发和零售贸易业	通用、专用设备制造业
江西	建筑业	批发和零售业
辽宁	批发和零售贸易业	建筑业
内蒙古	农、林、牧、渔业	建筑业
宁夏	建筑业	建筑业
青海	建筑业	建筑业
山东	食品制造及烟草加工业	建筑业
山西	建筑业	建筑业
陕西	建筑业	建筑业
上海	交通运输及仓储业	通信设备、计算机及其他电子设备制造业
四川	建筑业	建筑业
天津	批发和零售贸易业	交通运输及仓储业
新疆	农、林、牧、渔业	建筑业
云南	建筑业	建筑业
浙江	建筑业	建筑业
重庆	批发和零售贸易业	建筑业

2002 年，我国 30 个省份的 $C_{RC}(i)$ 值最高产品部门集中在建筑业、批发和零售业和农业，这说明当时我国的区域产业结构主要以劳动密集型产业为支柱产业。经过五年的发展，在 2007 年一部门地区的支柱产业发生了变化，如北京由建筑业变为综合技术服务业，上海由交通运输及仓储业变为通信设备、计算机及其他电子设备制造业广东由建筑业也变为通信设备、计算机及其他电子设备制造业。也就是说，随着生产力的发展和科技进步，北京、上海和广东等经济发展较快的省份的支柱产业开始由劳动密集型产业会转化为资金密集型或技术密集型产业。

与此同时，一些省份也在新的物质基础上形成新的劳动密集型产业。例如：安徽、福建、甘肃、河北、辽宁和重庆由批发和零售贸易业变为建筑业，海南、内蒙古和新疆由农、林、牧、渔业变为建筑业，加之还有 11 个省份五年来的支柱产业一直为建筑业，可见建筑业在我国当前经济发展进程中占据了重要地位。

6.4 产业信息传递网络的累计首达介数

本书在随机游走介数基础上引入累计首达介数（counting first passage betweenness）的概念，本书用 $C_{FP}(i)$ 来表示，其目的是描述网络中节点被随机游走路径首达访问的频率（first passage frequency）。

6.4.1 累计首达介数的定义

设定从出发节点 s 到吸收节点 t 的随机游走经过节点 i 的概率为 $((\boldsymbol{M}_{-t})^r)_{si}$，从节点 i 到节点 j 的转移概率为 m_{ij}，那么一个随机游走在经过 r 步后选择边 e_{ij} 作为路径的概率即为 $((\boldsymbol{M}_{-t})^r)_{si} m_{ij}$。将考虑范围扩展到所有随机游走的步长，可以计算出随机游走使用 e_{ij} 作为路径的频率，公式为

$$F_{ij}^{st} = \sum_{r=1}^{\infty} ((\boldsymbol{M}_{-t})^r)_{si} m_{ij} = m_{ij} \sum_{r=1}^{\infty} ((\boldsymbol{M}_{-t})^r)_{si} = m_{ij} ((\boldsymbol{I} - \boldsymbol{M}_{-t})^{-1})_{si}$$

(6.11)

需要注意随机游走从未经过 e_{ij} 的情况。当 e_{ij} 不存在时，即节点 i 和节点 j 之间没有连边，相应的转移概率为 0。从节点 i 到达节点 j 之后在返回节点 i 的总次数为 $F_{ij}^{st} + F_{ji}^{st}$。

在任意从节点 s 到达节点 t 的随机游走中加入节点 i，$i \neq s, t$，因此这个过

程节点 i 被访问了 $\sum_{j=1, j\neq t}^{\infty}(F_{ij}^{st}+F_{ji}^{st})/2$ 次，即以节点 s 为起点以节点 t 为终点的随机游走中，处于过程中间（$i\neq s,t$）节点 i 的首达频率为

$$F^{st}(i)=\sum_{j=1, j\neq t}^{\infty}(F_{ij}^{st}+F_{ji}^{st})/2 \tag{6.12}$$

由于网络中存在自环，因此随机游走可能选择自环 e_{ii} 作为路径，那么节点 i 会连续被访问两次，这种情况有两种类型。

第一种类型是 $i=s$，即随机游走在起点 s 多访问了一次，那么这时首达频率公式变为

$$F^{st}(s)=\sum_{j=1, j\neq t}^{\infty}(F_{sj}^{st}+F_{ji}^{st})/2+1 \tag{6.13}$$

第二种类型是 $i=t$，即随机游走只发生在终点 t 的自环上，信息由节点 t 出发并最终被其自身吸收，这时首达频率公式变为

$$F^{st}(t)=1 \tag{6.14}$$

综合以上情况，本书将节点 i 的累计首达介数定义为

$$C_{FP}(i)=\frac{\sum_{s\in V}\sum_{t\in(V-\{s\})}F^{st}(i)}{N(N-1)} \tag{6.15}$$

累计首达介数 $C_{FP}(i)$ 可以用来作为分析资金周转速率分析的微观基础。假设最终需求的经济流量等可能性地分布在各个产品部门的产出上，而且经济流通必须以现金作为结算方式，那么产品部门的 C_{FP} 值表示的意义是单位时间内资金周转次数的期望值。

6.4.2 ISTN-CN 网络的累计首达介数分析

如果 ISTN 网络中产品部门的 $C_{FP}(i)$ 值较高，那么在资金最终支付购买生产资料之前，该部门会经过较为频繁的资金周转。如果资金周转限定在固定的次数，那么该部门对整个经济体系的资金流通起到了滞后作用。从结构洞的观点来看，$C_{FP}(i)$ 值测度的是产品部门在整个经济体系中的控制优势地位。产业网络发生局部性变化之后的短时间内，承载着资金流的经济冲击首先波及一些产品部门，而后才向整个产业经济结构扩散。本书根据累计首达介数的算法和式（6.15），计算得到了基于 1997 年、2002 年和 2007 年投入产出数据的 ISTN-CN 网络各个节点的 $C_{FP}(i)$ 值，排名前 15 位的产品部门，见表 6-5（网络指标数据详见附表 7~附表 9）。

| 6 | 产业信息传递网络的随机游走分析

表 6-5 ISTN-CN 网络的随机游走中心性排名

排序	1997 年	2002 年	2007 年
1	建筑业	建筑业	建筑业
2	批发和零售贸易业	批发和零售贸易业	汽车制造业
3	皮革、毛皮、羽毛（绒）及其制品业	皮革、毛皮、羽毛（绒）及其制品业	公共管理和社会组织
4	旅游业	教育事业	批发零售业
5	农业	餐饮业	电力、热力的生产和供应业
6	教育事业	房地产业	卫生业
7	自行车制造业	居民服务和其他服务业	钢压延加工业
8	畜牧业	畜牧业	电子计算机制造业
9	金属制品业	农业	教育业
10	餐饮业	金融业	皮革、毛皮、羽毛（绒）及其制品业
11	金融业	纺织服装、鞋、帽制造业	餐饮业
12	其他食品加工和食品制造业	商务服务业	金属制品业
13	谷物磨制业	其他通用设备制造业	通信设备制造业
14	其他服务业	钢压延加工业	纺织服装、鞋、帽制造业
15	汽车制造业	其他食品加工和食品制造业	商务服务业

通过对 $C_{RC}(i)$ 值与 $C_{FP}(i)$ 值进行比较发现，两者有着很强的相关性，这一点在后续研究中会用计量分析来解释。从 1997~2007 年，10 年间 $C_{FP}(i)$ 值排名最高的一直是建筑业，而在近年来汽车制造业快速上升，超过批发零售业排在第二位。排名靠前的产品部门在经济体系中具有较高的资金周转频率，所以要针对这类产品部门遵循扶优限劣的基本原则来改善其信贷结构，进而保障其上下游产业的金融安全。本书将我国的产品部门分为三大门类，即劳动密集型、资本密集型和技术密集型（杨德勇，2011），并根据统计的总体结果来区别分析。

建筑业、轻纺业及服务业等劳动密集型产业一直以来对资金周转的需求较高。究其原因，劳动密集型产业作为资本有机构成较低的产业门类，具有单位劳动占用资金较少和吸纳劳动力较多的特点。我国劳动力资源丰富，在工业化与信息化结合的进程中面临着很大的劳动力就业压力，一方面需要培养和引入大量的高水平人才，另一方面工业化的推进又将缩减大量的工作岗位。因此，这类劳动密集型产业的结构升级优化必须依靠提升劳动力的综合素质。

制造业、冶金工业和石化工业等资本密集型产业对资金周转具有上升的趋势。这类产业技术装备多，投资量大，但是相对而言，资金周转和投资效果较慢，并且产品产量同投资一般成正比关系，所以产业结构升级过程需要大量资金存量和流量，即需要发达的资本市场提供充裕的资金才能促进产业结构升级。改革开放以来，我国工业化程度大幅度提高，并且一直保持较快的增长速度，作为资本密集型产业的重工业其发展核心就是要加大资金投入力度来形成规模经济，因此需要不断完善相关投融资体系的建设。

以电子信息业和装备制造业为代表的技术密集型产业对资金的周转还维持在较低水平。这类产业包括需用复杂先进而又尖端的科学技术才能进行工作的生产部门和服务部门具有资源消耗低、科技人员比重大、劳动生产率高、产品技术性能复杂且更新换代迅速等特点。技术密集型产业需要有大量高效运转的资金来支持产业的升级，并且由于存在较高的商业风险，所以投融资活动更适宜借助市场化机制来完成，即通过市场机制来促进资金的周转。

6.4.3 ISTN-OECD 网络的累计首达介数分析

本书计算了 STAN 数据库中 39 个国家的累积首达介数 $C_{FP}(i)$，通过比较分析发现：对于多数先进的工业化国家，如加拿大、法国和德国，他们的汽车制造部门受到产业环境变化的即刻影响最大；对于中国、印度和土耳其等国家，它们的制造业工资水平较低，而且多为典型劳动密集型产业，具有最高 $C_{FP}(i)$ 值的纺织业集中体现了其与国民经济中其他各个部门唇齿相依的联系；对于美国和日本等发达国家，公共管理和社会组织和健康与社会工作等与社会福利相关的部门会受到经济形势变化的即刻影响最大，这也反映出发达国家政府的工作重心很大程度上放在了提高国民生活质量方面（表6-6）（网络指标数据详见附表11）。

表6-6 SITN-OECD 网络中随机游走中心性最高产业部门统计

国家（地区）	产品部门	国家（地区）	产品部门
澳大利亚	建筑业	意大利	健康与社会工作
奥地利	汽车制造	日本	健康与社会工作
比利时	汽车制造	韩国	汽车制造
巴西	食品、饮料及烟草生产	卢森堡	金融保险
加拿大	汽车制造	墨西哥	食品、饮料及烟草生产
智利	食品、饮料及烟草生产	荷兰	食品、饮料及烟草生产

续表

国家（地区）	产品部门	国家（地区）	产品部门
中国	纺织业	挪威	其他商务活动
中国台湾	广播通信设备	波兰	食品、饮料及烟草生产
捷克	汽车制造	葡萄牙	健康与社会工作
丹麦	食品、饮料和烟草生产	罗马尼亚	食品、饮料及烟草生产
爱沙尼亚	运输仓储	斯洛伐克	汽车制造
芬兰	广播通信设备	斯洛文尼亚	建筑业
法国	汽车制造	南非	公共管理和社会组织
德国	汽车制造	西班牙	建筑业
希腊	运输仓储	瑞典	公共管理和社会组织
匈牙利	汽车制造	泰国	文化、办公用机械制造业
印度	纺织业	土耳其	纺织业
印度尼西亚	建筑业	英国	健康与社会工作
爱尔兰	建筑业	美国	公共管理和社会组织
以色列	金融保险		

在一些国家中具有典型代表性的产品部门也可能最易受到经济波动的影响，这类产品部门的发展根基已经与国民经济的每一个方面相融合。以手机生产商诺基亚为代表的芬兰广播通信设备部门为例，在2005年前后，该产品部门产值占芬兰4%的GDP和四分之一的出口值，创造了四万多个工作岗位（芬兰总人口仅为500万左右），并且为芬兰年经济增长率创造了超过三分之一的贡献。但是，从网络抗毁性的角度来看待芬兰的产业结构，一旦经济环境发生恶化，那么最先产生剧烈反应的便是广播通信设备部门的诺基亚，进而对芬兰整个国民经济体系产生较大影响，这一点从当前欧洲债务危机以来诺基亚和芬兰的经济状况变化便可看出。

6.4.4 ISTN-REGION 网络的累计首达介数分析

在上文中，本书指出累计首达介数 $C_{\text{FP}}(i)$ 可以用来分析资金周转速率分析的微观基础，而且从结构洞的观点出发，定义 $C_{\text{FP}}(i)$ 值测度的是产品部门在整个经济体系中的控制优势地位。考虑 $C_{\text{FP}}(i)$ 值较大的产品部门影响范围广，具有较强的前后关联性，因此得出如下结论：在关联效应和波及效果的程度上，累计首达介数最高的产品部门即是区域产业结构中的主导产业。

随着发展阶段的不同,经济的主导部门也相应转换。传统社会阶段的主导部门是农业;起飞前提阶段的主导部门升级为食品、饮料、烟草、水泥等工业部门;起飞阶段变为耐用消费品的生产部门(如纺织业)和铁路运输业;成熟阶段是重化学工业,如钢铁、化学、机械等;高消费阶段倾向于耐用消费品工业部门,这些部门的产品主要是小汽车、家用电器、高档家具等;追求生活质量阶段则更加重视服务业部门,它们满足人们教育、卫生、住宅建设、文化娱乐、环保等方面需求。

本书计算了 ISTN-REGION 网络中节点的 $C_{FP}(i)$ 值,并选取排名第一的产品部门作为各省(直辖市)主导产业的代表,见表6-7(网络指标数据详见附表13和附表15)。

表6-7 中国各地区随机游走中心性最高产业部门统计

省份	产品部门	
	2002年	2007年
安徽	农、林、牧、渔业	食品制造及烟草加工业
北京	通信设备、计算机及其他电子设备制造业	综合技术服务业
福建	化学工业	纺织服装、鞋、帽、皮革、羽绒及其制品业
甘肃	农、林、牧、渔业	建筑业
广东	通信设备、计算机及其他电子设备制造业	通信设备、计算机及其他电子设备制造业
广西	公共管理和社会组织	交通运输设备制造业
贵州	建筑业	电力、热力的生产和供应业
海南	农、林、牧、渔业	建筑业
河北	批发和零售贸易业	金属冶炼及压延加工业
河南	非金属矿物制品业	通用、专用设备制造业
黑龙江	食品制造及烟草加工业	食品制造及烟草加工业
湖北	食品制造及烟草加工业	建筑业
湖南	食品制造及烟草加工业	建筑业
吉林	食品制造及烟草加工业	交通运输设备制造业
江苏	服装、皮革、羽绒及其制品业	通信设备、计算机及其他电子设备制造业
江西	农、林、牧、渔业	批发和零售业
辽宁	金属冶炼及压延加工业	交通运输设备制造业
内蒙古	农、林、牧、渔业	食品制造及烟草加工业

续表

省份	产品部门	
	2002年	2007年
宁夏	建筑业	化学工业
青海	建筑业	金属冶炼及压延加工业
山东	食品制造及烟草加工业	食品制造及烟草加工业
山西	建筑业	金属冶炼及压延加工业
陕西	建筑业	交通运输设备制造业
上海	交通运输设备制造业	通信设备、计算机及其他电子设备制造业
四川	建筑业	食品制造及烟草加工业
天津	通信设备、计算机及其他电子设备制造业	通信设备、计算机及其他电子设备制造业
新疆	农、林、牧、渔业	建筑业
云南	食品制造及烟草加工业	建筑业
浙江	服装、皮革、羽绒及其制品业	纺织服装、鞋、帽、皮革、羽绒及其制品业
重庆	交通运输设备制造业	交通运输设备制造业

从2002~2007年的比较结果来看，通过累计首达介数来界定我国各省份地区的支柱产业及其变迁，基本上与政府区域产业规划的重点领域和重点产业相吻合。北京从"十五"期间"大力发展以高新技术产业为主导的科技型经济"，到"十一五"期间"走高端产业发展之路，把现代服务业发展放在优先位置"（北京市发展和改革委员会，2006a；2006b），很快就实现了产业规划的既定目标，通信设备、计算机及其他电子设备制造业和综合技术服务业分别取得了在北京经济体系中的控制优势地位。

2002年，我国经济欠发达省份的主导产业由主要集中在对劳动力素质要求较低的劳动密集型产业，如农、林、牧、渔业，食品制造及烟草加工业和建筑业。而到了2007年，这种情况发生了很大的改观，几乎所有省份都向高附加值、高技术含量的产业结构转变。

虽然我国的产业结构近年来日趋完善，但是与发达国家相比还存在很大差距。我国区域产业发展目前仍主要以制造业、纺织业和食品加工业为主，很大比例的产品以出口的形式换取外汇，可以说出口是拉动中国经济发展的重要引擎之一。但是，自从2008年全球金融危机以来，世界经济的不景气给中国出口带来了明显的负面影响，出口拉动因素对中国经济增长的贡献率迟早会随之下降。如何从"世界工厂"变为"世界市场"，充分挖掘"中国制造"的发展潜力，这不仅仅要靠实施以扩大内需为主、消费与投资相结合的一揽子计划，更要求我国政府重视研究制定科学的区域产业发展规划，既不能盲目追求达到国外模式，也不要省市地区之间照搬各自的发展模式。

6.5 本章小结

本书通过 1997~2007 年我国投入产出的基本流量数据，构建了用于研究产业信息传递的网络模型，并将随机游走中心性和累计首达介数作为衡量产业网络结构洞的研究指标，以此为基础分析产品部门对于产业系统中经济冲击的敏感程度。研究主要有以下三点结论。

（1）以往对于社会网络的研究中，多是根据大规模的单一数据将网络构建为简单的无向无权网络，从而使得考察网络节点关系强弱时采用的结构洞指标仅能描述其获取信息与机会的潜在能力。但是，对于根据投入产出数据构建的产业结构网络，这种对于结构洞的测度就不再适宜，必须采取基于随机游走过程的公式和算法来创造新的网络介数中心性指标，以此来衡量这类有向加权网络中经济信息传递的特点。研究发现，经济信息在产品部门之间的传递是一个时间离散状态的马尔可夫过程，并且可以用转移概率矩阵来描述这一过程。

（2）随机游走中心性数值较大的产品部门对于产业环境发生的变化非常敏感，测度的是网络全局发生变化条件下较长时期内产品部门的信息优势地位。产业网络发生全局性变化之后的一段时间内，承载着资金流的经济冲击沿着业已形成的产业经济结构进行随机传递，这个过程中那些最先对此做出反应的产品部门既可能成为受害者，也可能成为受益者，而如何应对这两种可能发生的情况，就必须要从产业机制和产业政策上对这些部门进行保障。

（3）累积首达介数较大的产品部门对于经济信息的周转次数较多，测度的是产品部门在整个经济体系中的控制优势地位。产业网络发生局部性变化之后的短时间内，承载着资金流的经济冲击首先波及一些产品部门，而后才向整个产业经济结构扩散。排名靠前的产品部门在经济体系中具有较高的资金周转频率，所以要针对这类产品部门遵循扶优限劣的基本原则来改善其信贷结构，进而保障其上下游产业的金融安全。

7 产业环境资源竞争网络模型研究

区域承载力是指不同尺度区域在一定时期内，在确保资源合理开发利用和生态环境良性循环的条件下，资源环境能够承载的人口数量及相应的经济社会总量的能力。区域承载力具有系统性、开放性、动态性和综合性等特点，除受其物质基础——区域资源环境制约外，还受区域发展水平、产业结构特点、科技水平、人口数量与素质及人民生活质量等多方面的影响，但在某一阶段又具有相对的稳定性。区域承载力作为衡量区域可持续发展的重要标志，区域承载力的提高也就意味着区域可持续发展能力的增强。通过对区域承载力的深入研究，可以定量的揭示区域发展中存在的主要问题，并为该区域实施可持续发展战略提供具有可操作性的调控对策。

以往关于区域承载力的研究基本上是通过确定环境容量（废水、废气和固废排放量等）、社会容量（如人均水资源量等）和经济容量（如单位 GDP 能耗等）来测算区域的环境承载力。为了和以往的研究有所区别，本书不特定针对区域承载力的具体数值进行估算，而是采用百分比的形式来表现区域内排污企业对于环境容量纳污能力的需求，进而用双模式网络和参与者单模式网络来描述这些企业对于区域承载力的消耗关系和他们自身之间的竞争关系，并通过网络指标来揭示环境外部性的影响程度。

7.1 排污企业环境外部性的测度

7.1.1 环境容量与环境资源

环境容量是在人类生存和自然生态系统不致受害，维持生命机体的再生能力、适应能力和更新能力的前提下，某一环境所能承受有机体数量的最大限度和容纳的污染物的最大负荷量，也可以定义为在污染物浓度不超过环境标准或基准的前提下某地区所能允许的最大排放量。环境容量可以参考《环境影响评价技术导则（HJ2011）》的计算方法，分别计算大气、水体、土壤等环境要素的纳污能力，进而按照一定体系确定其整体环境容量（曹海雄，2006）。环境容量分为总容量（即绝对容量）与年容量，前者是某一环境所能容纳某种污染物的最大负荷量，达到总容量没有时间限制，即与年限无关，由环境标准值和环境背景值所决定。环境年容量是指某一环境在污染物的积累浓度不超过环境标准规定的最大容许值的情况下，每年所能容纳的污染物最大负荷量，其大小除了与环境标准值和环境背景值有关外，还同环境对污染物的净化能力有关，如环境空间的大小，气象、水文、地质、植被等自然条件，生物种群特征，污染物的理化特性等。依据环境容量可以按照污染物控制的法规，限定污染源排放污染物的允许浓度标准。

然而，环境容量没有限定污染物排放的总量，没有考虑同一区域分布的各污染源之间的相互影响关系，因此可能出现即使满足了污染源排放标准的要求，环境污染也依然存在的状况。为了将环境中的污染物浓度限制在一定水平以下，必须限定相应区域内污染物排放总量来实施控制。在总量控制的情况下，一定区域的环境容量本身可视为一种环境资源。

7.1.2 外部性理论与企业环境资源竞争

考虑到环境作为公共物品的属性，即消费的非排他性和非竞争性，环境经济学研究中经常引入外部性理论来分析环境资源消耗主体之间的博弈关系。

萨缪尔森将外部性界定为："当生产或消费对其他人产生附带的成本或效益时，外部经济效果便产生了；也就是说，成本或收益附加于他人身上，而产生这种影响的人并没有因此而付出代价或报酬；更为确切地说，外部经济效果是一个经济主体的行为对另一个经济主体的福利所产生的效果，而这种效果并没有从货币或市场交易中反映出来。"经济主体的经济活动所产生的外部性，易导致社会边际成本收益与私人边际成本收益相背离，从而出现市场失灵和资源配置失当。外部性可分为正外部性与负外部性两类。排污企业的环境外部性是一种负外部性，即该外部性的影响能够对承受者造成某种损害或不利效应（外部不经济性），它们彼此之间存在着对区域环境资源和纳污能力的竞争关系。如何将这种关系进行量化分析，是进行有效的环境管理的基础。

目前解决环境外部性问题主要有两种途径：一种是依据科斯定理建立的产权制度，由环境管理者制定总排污量的上限，按此上限发布排污许可证并将其投放到排污者中进行拍卖交易；另一种是依据庇古定理建立的庇古税方法，通过对分散的排污主体征收排污费用来进行后期的污染治理。我国主要采用征收庇古税的方式来进行环境治理，但是这种"先污染、后治理"的方式不仅交易费用高，而且又会衍生出代际不公平等问题。虽然我国在积极推广排污权交易机制，但是这种方式对市场化程度和资源定价方法的要求很高。

7.1.3 排污企业外部性测度

为了在一定的环境年容量条件下，将企业的环境外部性所体现的竞争博弈关系量化，本书建立了产业环境资源竞争网络模型（industrial environmental resources competition networks, IERCN）。在构建 IERCN 模型时，本书假定区域的污染物总排放量没有超过安全的环境年容量，而且区域环境系统中主要的污染排放物主要为工业废水排放量、化学需氧量、二氧化硫排放量和工业固体废物产生量，并采用排污企业某项污染物排放占总排放的百分比来表现其对区域环境系统消纳或处理污染物能力的需求，进而根据基于二分图理论的双模式网络和参与者单模式网络来研究区域排污企业对于环境容量的需求关系和竞争关系。

7.2 二分图理论与产业环境资源竞争网络模型的构建

7.2.1 二分图理论及其应用

二分图（bipartite graph）又称偶图，是将简单图 G 的顶点集合分成两个不相交的非空集合 V_1、V_2，使得图 G 中的每一条边与其关联的两个节点分别在 V_1 和 V_2 中，记作 $G=(V_1, V_2, E)$，其中，V_1 和 V_2 称为简单图 G 的二划分，E 为边的集合。对于二分图 G，若 $|V_1|=m$，$|V_2|=n$，且两个顶点之间有一条边，当且仅当一个顶点属于 V_1，而另一个顶点属于 V_2，则称该图为节点 m 和 n 的完全偶图或完全二分图（complete bipartite），记作 $K_{m,n}$（殷剑洪和吴开亚，2006）。

二分图在复杂网络分析中有很多应用，其中就包括合作网和竞争网（主要用隶属网来研究），这是因为在人或者由人组成的单位为基本单元的社会网络中，合作和竞争是一种广泛存在的基本属性（何大韧等，2010）。例如，科学家合作网络（作者和论文）、专利申报（专利和申报的企业）、商品网络（商品和购买者）、城市公交网络（线路和站点）等，反应隶属关系的网络都可以用二分图来进行描述。这类网络中一类顶点是参与某种活动、事件或者组织的"参与者"，而另一类顶点就是他们参与的活动、事件或者组织等"项目"。

在基于二分图理论构建的产业复杂网络研究中，由于研究同一类节点之间的合作关系（即参与者在项目中的合作关系）更具应用价值，所以常常把二分图向一类节点（多是参与者节点）投影，得到单模式网络。在向参与者节点投影得到的单模式网络中，节点之间的边表示的是它们彼此具有针对同一个项目的合作关系，这个单模式网络被称为一个项目完全子图。

如图 7-1 所示，上排方点表示项目，下排圆点表示参与者，不同类节点之间的边属于二分图，同类之间的边属于向参与者的投影图。投影图中每一条边是二分图中相应的两条边向下投影形成的。

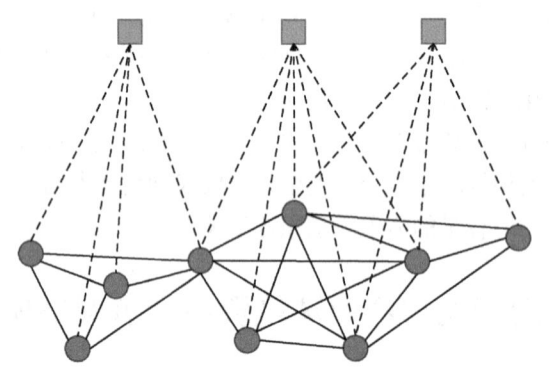

图 7-1 二分图及其投影示意图

7.2.2 IERCN 网络中节点与边权的定义

建立一个基于二分图理论的 IERCN 网络，首先要界定好参与者和项目的关系。本书将项目定义为主要排放的污染物，分别为工业废水排放量，化学需氧量、二氧化硫排放量和工业固体废物产生量，对应二分图的子集 V_1，目标总数为 $n = |V_1|$，即 $n = 4$；将参与者定义为广州开发区内的 111 家排污企业。对应二分图的子集 V_2，部门总数为 $m = |V_2|$，即 $m = 111$。形成的主要排放污染物–排污企业二分图模型，如图 7-2 所示。

在 IERCN 模型中，假设 w_l 表示区域污染物 l 排放情况，初始设定为 100%；w_{il} 表示排污企业 i 在 m 个排污企业当中相对于区域污染物 l 排放总量的百分比。定义 b_{il} 为双模式网络的邻接矩阵元素，如果排污企业 i 排放了污染物 l，则 $b_{il} = 1$，反之 $b_{il} = 0$。此外，定义 $h_i = \sum_{l=1}^{n} b_{il}$ 为项目度，表示排污企业 i 排放的污染物种类大小；定义 $t_l = \sum_{i=1}^{m} b_{il}$ 为项目大小，表示污染物 l 所涉及的排污企业数量。实际上，t_l

7 | 产业环境资源竞争网络模型研究

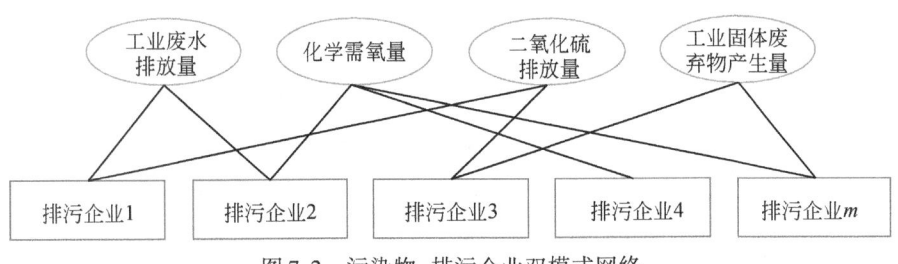

图 7-2 污染物–排污企业双模式网络

和 h_i 是污染物 l 和排污企业 i 在二分图 $G = (V_1, V_2, E)$ 中的两类节点的度。

7.2.3 IERCN-P 网络的映射方式

为了尽量减少信息在投影时的丢失现象，采用"平均资源分配法"保留二分图 G 的信息（Zhou, et al., 2007）。这种方法考虑到了以下三种情况：①边权的饱和性，两个参与者多次参与同一项目时，随着次数的增加，亲密效果由快速增强逐渐达到饱和态。②合作的亲密效果，参与者之间合作的亲密效果不仅取决于参与同一项目的次数，也取决于每个项目涉及的参与者数目。③两个参与者之间的边是通过两条二分图边投影得到的，因此仅有一条二分图边的项目，即只有一个参与者的项目，在传统的投影后就会消失。如图 7-3（a）所示，项目 p_4 只有一个参与者 o_2，那么采用传统的投影方式得到的参与者单模式网络中如图 7-3（b）所示。虽然参与者 o_2 和 o_7 之间有一条边，但是 o_2 和 p_4 之间的边并没有投影，也就是说它们两者之间的关系没有在单模式网络中得到体现。根据平均资源分配法作为投影方式的话，就可以得到如图 7-3（c）所示的全联通网络，所有项目的信息通过参与者之间的多次传递得以更多保留。

基于以上考虑，平均资源分配法假设：每个参与者和每个项目都分配有一定的资源，而边权 w_{ij} 表示参与者 j 通过合作传递给参与者 i 的资源所占比例，即认为每个项目所有的资源在一开始都平均分配给了它的每个参与者，而且每个参与者分配到的权重也应该通过类似的方式返还给项目。

对于 IERCN 模型来说，排污企业消耗了一定程度的区域环境纳污能力，并将由此产生的环境外部性平均分配给对应的污染物，然后这些污染物又把分配到的外部性程度平均分配给它所涉及的企业，此时项目完全子图的边权可以表示为

$$w_{ij}^P = \frac{1}{w_j} \sum_{l=1}^{n} \frac{w_{il} w_{jl}}{w_l} \tag{7.1}$$

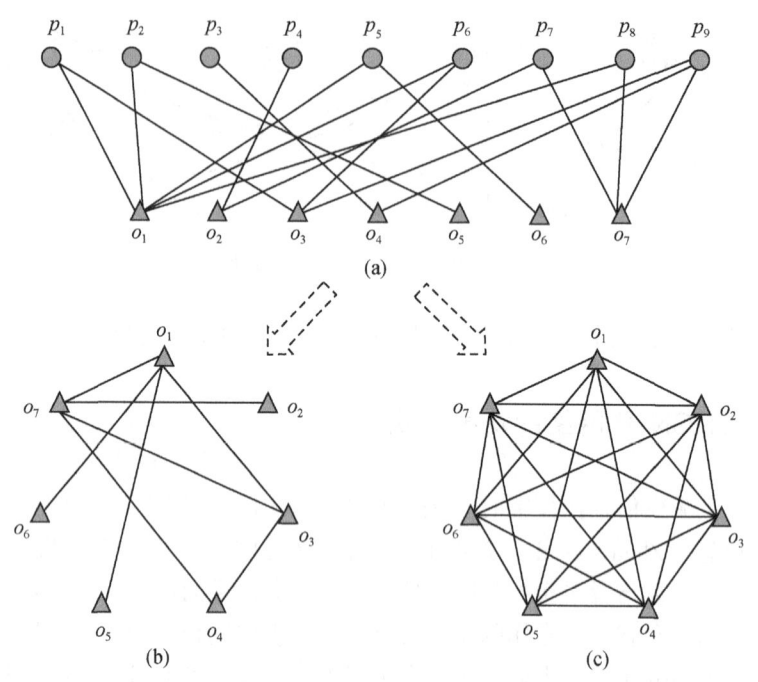

图 7-3 传统二分图投影方式与平均资源分配法的比较

式中，$h_j = \sum_{l=1}^{n} w_{jl}$，$w_l = \sum_{i=1}^{m} w_{il}$，$l \in \{1, 2, \cdots, n\}$，$i, j \in \{1, 2, \cdots, m\}$。因为 w_l 表示区域污染物 l 排放情况，所以本书设定 $w_l = 1$。w_{ij}^P 的数值表示排污企业之间外部性的影响强度，构成的边权集为 $W^P = \{w_{ij}^P\}$。至此，描述区域内排污企业环境外部性的子图 $G^P = (V_2, E^P, W^P)$ 映射完成，形成的网络称为排污企业单模式竞争网络（简称 IERCN-P 模型）。

IERCN-P 模型中，每条边 e_{ij} 从节点 v_i 指向节点 v_j，表明企业 i 排放污染物的外部性效应影响到了企业 j 的利益，影响程度由边 e_{ij} 上的边权 w_{ij}^P 来衡量，它的大小反映了排污企业之间对于区域环境容量的竞争关系的强弱。

7.3 模型的分析方法及其经济含义

基于二分图理论建立的产业环境资源竞争网络模型，可以从点权分布、加权集聚系数等方面对排污企业和污染物排放情况进行分析，并根据强关联矩阵来确定排污企业环境外部性影响强度的聚类情况。

7.3.1 环境容量的消耗程度

节点 v_i 的 $S^{OUT}(i)$ 值相当于它排污所造成的环境外部性程度总和。因此，在封闭的区域环境系统中，$S^{OUT}(i)$ 可以理解为环境纳污总量的另一种表现形式，并且衡量的是排污企业之间外部性的综合影响程度。

7.3.2 外部性的直接影响程度

加权集聚系数综合了 IERCN-P 模型中更多的竞争关系，衡量的是排污企业之间外部性的直接影响程度。如果 $C^W(i)$ 值较高的企业因为社会经济环境的变化使得污染物排放水平产生波动，那么它在 IERCN-P 模型中与其他企业的竞争关系也会随之发生较大变化。换言之，当区域环境容量达到上限时，$C^W(i)$ 值较高的企业会面临来自其他企业更多的排污权竞争压力。因此，这些企业应该优化生产工艺和改良产品品种，进而实现绿色生产的自身目标和通过节能减排降低其环境外部性影响。

7.3.3 外部性的间接影响程度

IERCN-P 网络也是一类边权为相似权的 WDN 网络，因此采用上文中改进的 Floyd 算法来对排污企业进行聚类分析也是可行的。此时，最长加权路径距离矩阵 $\tilde{D}^{(N)}$ 衡量的是排污企业之间外部性的间接影响程度，结合模糊聚类方法便可形象化这些企业在整个区域层面的竞争聚类关系。

7.4 广州经济技术开发区的实证分析

本书根据 2010 年广州经济技术开发区污染物排放数据构建了 IERCN 模型和 MDS 表，如图 7-4 所示，然后通过平均资源分配法得到 IERCN-P 模型，如图 7-5 所示。IERCN 模型中方块节点表示为项目节点，即污染物种类，从节点 1 到节点 4 依次为工业废水排放量、化学需氧量、二氧化硫排放量和工业固体废物产生量。圆圈节点表示为参与者节点，即排污企业，从节点 v_1 到节点 v_{111} 以此代表了广州开发区内 111 家排污企业。项目大小 t_i 值依次为 105、105、36 和 91，说明开发区内绝大多数企业排放的污染物以工业废水（废水中的有机污染物）为主，固体废物和废气相对比例较小。项目度 h_i 值从 1~4 的频率依次为 5、17、58 和 31，说明开发区中有超过4/5的企业排放以上三种污染物（网络指标数据详见附表16）。

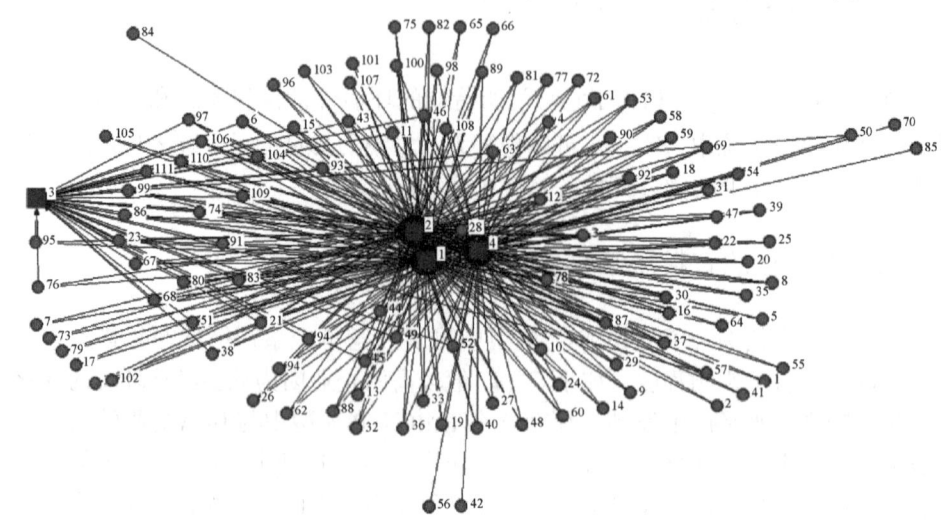

图7-4 广州开发区污染物-排污企业双模式网络MDS表

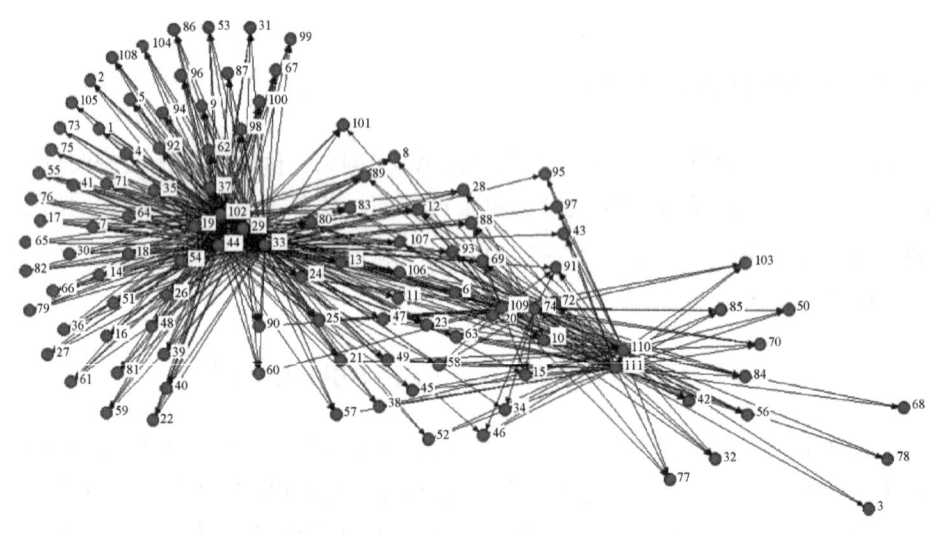

图7-5 广州开发区排污企业单模式竞争网络MDS表（边权阈值为0.05）

根据2010年开发区统计数据，松下电工电子材料（广州）有限公司（节点序号为46）排放的上述四类污染物依次为31 204吨、530.5千克、8565千克和1227.66吨，而开发区所有111家排污企业所有排放的四类污染物依次分别为22 252 107吨、857 065.5千克、3 352 635千克和1 216 069.036吨，依据上面的公式则有

$w_{46,1} = 0.001\,402$；　$b_{46,1} = 1$，　$w_{46,2} = 0.000\,619$；　$b_{46,2} = 1$
$w_{46,3} = 0.002\,555$；　$b_{46,3} = 1$，　$w_{46,4} = 0.001\,010$；　$b_{46,4} = 1$

通过平均资源分配法得到的 IERCN-P 模型是一个稠密网络，111 个节点之间存在 11 861 条有向边。为了可视化的需要，本书将 IERCN-P 模型的边权阈值设定为 0.05。从 IERCN-P 模型的 MDS 表来看，与其他节点具有较强外部性影响的节点仍然保留着大量的边，而且占据了 MDS 表的中间位置。例如，节点 33 代表的广州添利电子科技有限公司、节点 44 代表的依利安达（广州）电子有限公司、节点 110 代表的广州恒运热电（C）厂有限责任公司和节点 111 代表的广州恒运热电（D）厂有限责任公司。

通过对 IERCN-P 模型边权矩阵 $\boldsymbol{W}^P$ 的分布统计发现：在双对数坐标系下，w_{ij}^P 大致分布于一条下降直线周围，线性拟合结果为斜率 slope = −1.784，判定系数 $R^2 = 0.847$，说明 w_{ij}^P 分布基本符合幂指数为 1.784 的 Pareto 分布。

这种现象表明：广州开发区内排污企业对环境容量的需求强度具有马太效应，极少数企业之间存在着极强的外部性影响关系。假设广州开发区实行排污交易制度来控制环境污染，那么就会出现少数几家企业激烈争夺污染物排放权的情况。因此，为了环境的可持续发展，区域规划过程中应该避免排污大户的过度集聚（表 7-1，表 7-2）。

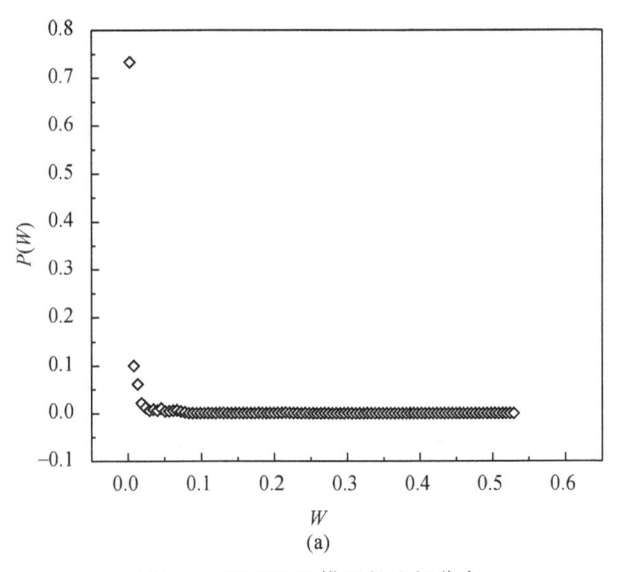

图 7-6　IERCN-P 模型的边权分布

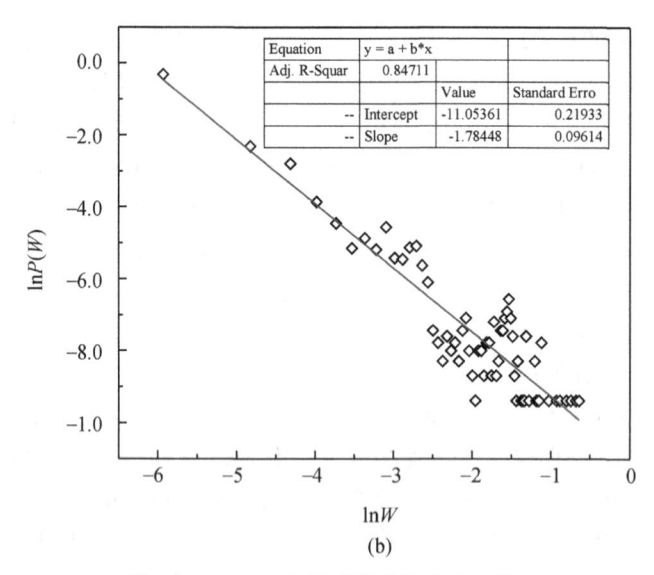

Equation	y = a + b*x	
Adj. R-Squar	0.84711	
	Value	Standard Erro
-- Intercept	-11.05361	0.21933
-- Slope	-1.78448	0.09614

(b)

图 7-6 IERCN-P 模型的边权分布（续）

表 7-1 IERCN-P 网络的出权排名

排名	序号	排污企业	$S^{OUT}(i)$
1	33	广州添利电子科技有限公司	18.335
2	111	广州恒运热电（D）厂有限责任公司	9.413
3	74	联众（广州）不锈钢有限公司	7.887
4	110	恒运 C	7.744
5	109	广州珠江钢铁有限责任公司	6.055
6	44	依利安达（广州）电子有限公司	5.957
7	102	广天科技（广州）有限公司	5.915
8	29	广州麦芽有限公司	5.666
9	51	广大科技（广州）有限公司	4.121
10	62	建兴光电科技（广州）有限公司	3.088
11	60	依利安达（广州）电子有限公司（东区）	2.024
12	23	三菱电机（广州）压缩机有限公司	1.804
13	99	广州宏镓电子材料科技有限公司	1.756
14	80	广合科技（广州）有限公司	1.553
15	9	广州太平洋马口铁有限公司	1.337

表 7-2 IERCN-P 网络的加权集聚系数排名

排名	序号	排污企业	$C^W(i)$
1	33	广州添利电子科技有限公司	0.028 960
2	102	广天科技（广州）有限公司	0.016 513
3	44	依利安达（广州）电子有限公司	0.015 423
4	29	广州麦芽有限公司	0.015 283

续表

排名	序号	排污企业	$C^W(i)$
5	109	广州珠江钢铁有限责任公司	0.015 007
6	74	联众（广州）不锈钢有限公司	0.014 554
7	111	广州恒运热电（D）厂有限责任公司	0.014 194
8	51	广大科技（广州）有限公司	0.012 927
9	110	广州恒运热电（C）厂有限责任公司	0.011 611
10	62	建兴光电科技（广州）有限公司	0.010 976
11	60	依利安达（广州）电子有限公司（东区）	0.009 135
12	23	三菱电机（广州）压缩机有限公司	0.008 754
13	99	广州宏镓电子材料科技有限公司	0.008 234
14	80	广合科技（广州）有限公司	0.008 217
15	9	广州太平洋马口铁有限公司	0.007 571

$S^{OUT}(i)$值和$C^W(i)$值较高的排污企业分别属于电子元器件制造业，电力、热力的生产和供应业和钢压延加工业三个产品部门，它们是开发区最主要的污染物来源单位。$S^{OUT}(i)$值与$C^W(i)$值有很高的相关性，这一点从图7-7散点分布的正相关趋势可以看出，但是意义却有所不同：前者衡量的是排污企业之间外部性的综合影响程度，后者衡量的是直接响程度。

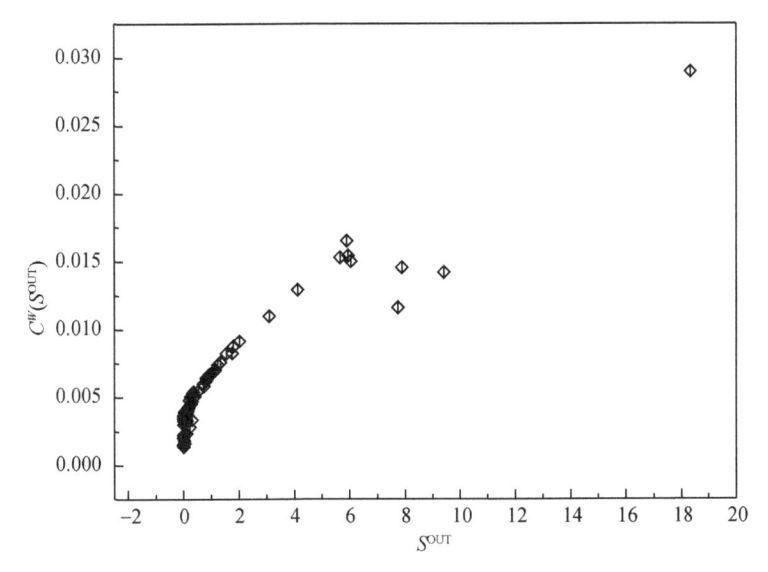

图 7-7 IERCN-P 模型节点的出权与加权集聚系数的相关性

本书采用模糊聚类算法来描述排污企业之间外部性的间接影响程度，如图7-8所示。从IERCN-P模型强关联矩阵的动态聚类结果来看，这些企业基本上被

图7-8 IERCN-P模型强关联矩阵动态聚类

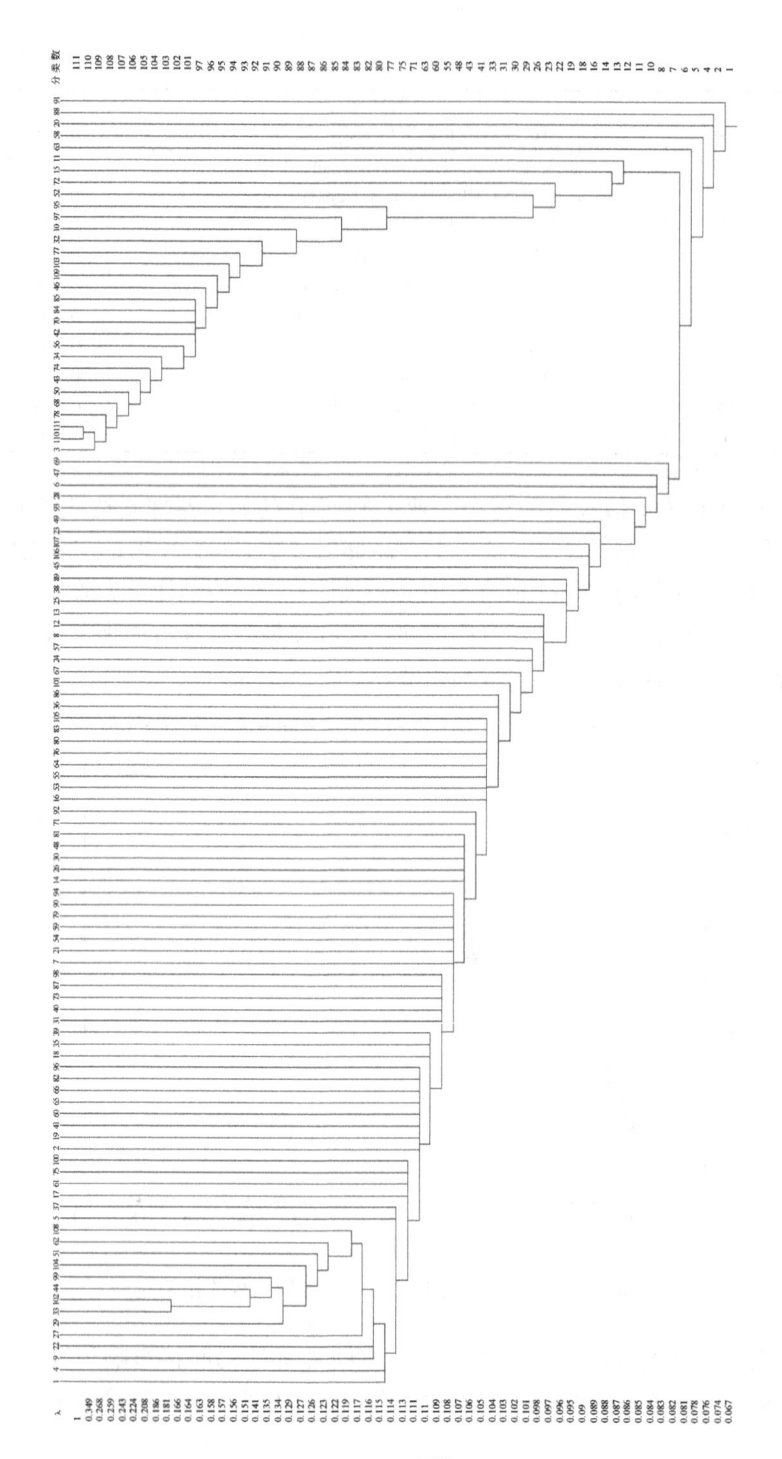

划分为两个主要的聚类，每类所包含的企业与 IERCN-P 模型的 MDS 表描述的基本相同。

这说明广州开发区内的排污企业分别形成了两个群体，它们在群体内部具有较强的环境容量竞争关系，而不同群体的企业之间这种竞争关系较弱。因此，在广州开发区的环境管理方面，也应该以这种聚类结果为基础进行分片划分。同时从产业生态学的角度考虑，应不断通过补链增强两类企业之间的产业耦合，最终实现理想的生态产业园区创建目标。

7.5 本章小结

综上所述，根据二分图理论构建的产业环境资源竞争网络模型及其映射得到的排污企业单模式竞争网络模型，可以分析区域企业对于环境容量的需求关系和它们之间环境外部性产生的竞争关系。通过模型的边权、点权、加权聚集系数、加权路径等网络指标来表征企业排污对环境容量的消耗程度，以及排污企业之间环境外部性的综合影响、直接影响和间接影响程度。这种采用复杂网络模型来分析企业环境外部性的方法，不仅较传统的经济度量方式有理论上的创新，而且可以针对区域的具体情况灵活构建模型，并可以与排污权交易机制建立起联系，从复杂系统的分析视角对我国的环境管理体系提出可行的方法和建议。

8 结论与展望

8.1 本书的主要结论

第一,以往对于产业结构网络的研究中,较多地描述了产业之间是否存在关系,形成的网络模型基本上都是无权无向网络,分析过程能够挖掘的产业技术经济信息非常有限。本书在构建产业结构网络时,融入了网络流理论思想,完整地保留了原始数据的加权有向的特点,为揭示区域产业系统内部各个子系统的相互作用关系及其程度奠定了基础。从拓扑结构上看,ISN 网络具有小世界网络效应,但是如果考虑到其作为加权有向网络的特征值,可以发现该网络同时具有无标度网络特性。

第二,经典的 Floyd 算法可以解决网络最短路径的搜索问题,但是无法寻找不重复的、唯一的和最长的网络加权路径。本书在此基础上对搜索算法进行改进,使之能够通过反复选取最大调和平均路径的方式标定网络任意两个节点之间的最长路径,进而形成了描述产业部门之间强关联程度的系数矩阵。考虑到产业部门强关联矩阵和模糊相似矩阵的相同点和不同点,本书将前者作为进行产业集群分析的基础,将其改造成为具有自反性和可逆性的模糊相似矩阵,并通过二次传递闭包法构建描述产业集群效应的模糊等价矩阵,并绘制了产业部门强关联动态聚类图,为研究产业集群效应提供了一种新思路和新方法。

第三,根据改进的 Folyd 算法得到的强关联矩阵 $\tilde{D}^{(N)}$,不仅能够反映出产品部门 v_i 通过 n 个中间部门逐级的强相关经济联系,而且通过矩阵 $\tilde{D}^{(N)}$ 和邻接矩阵 A 相比较,可以发现两个矩阵中对应位置处有部分元素的数值相等,即存在最大不完全消耗系数与直接消耗系数相等的情况,表明这些产业之间的具有最为直接的产业关联关系和最为快速的产业带动效应。以此为基础,本书构建了产业间最强关联网络,该网络实际上是 ISN 网络演化形成的子网络,体现的是原网络中具有最快反应速度的投入产出关系。ISRN 网络的稳健性表现为随机失效对于整个网络的影响只在移除比例加大时才能显现出来,这时承载产业部门间关联

8 | 结论与展望

关系的路径增长,即部门 i 要通过更多的中间部门才能影响到部门 j。但是,当针对特定的中心节点进行蓄意攻击时,网络的脆弱性就开始显现出来,产业部门间的路径从攻击开始就迅速增长,网络的连通性也快速下降,说明国民经济体系中少数的关键产业决定了区域整体的资本流通和经济运行能力。分析表明,$C_F(i)$ 值较大的产品部门是整个 ISN 网络技术经济信息传递的枢纽,对于这类有向加权复杂网络的抗毁性起到关键作用。在宏观区域产业布局规划中,如果缺乏对这类产品部门稳定发展的政策保障和监督引导,那么就可能会滞后其他产品部门的相互协调发展。

第四,本书结合社会网络分析范式,对产品部门的中间人属性进行了研究,得到以下三点结论:①产品部门的协调属性、内联属性和外联属性表明的是,该部门为具有相近产品和服务的其他部门中转信息的作用。而中介属性和联络属性则表明的是,该部门为产品和服务性质相差较大的其他部门中转信息的作用。②大部分产品部门的主要中间人属性为联络属性,说明我国产业体系中部门之间的较强关联倾向存在于差异较大的部门,作为产业系统技术经济信息传递的枢纽,流介数值较大的产品部门都显示出了较为明显的联络属性。③我国的产业结构呈现出较高的联络属性,各类产品部门在产业体系中发挥的主要经济流通作用是联接了差异较大的其他部门,体现出随着产业结构的不断升级,产业分工的日益深化使得产业链上下游部门的内部结构和运营机制截然不同。从 10 年间的变化趋势来看,网络的外联属性较快上升,而联络属性较快下降。说明宏观产业链上产品部门对于中间产品的加工力度加大,反映了近年来我国内需不断扩大的实际情况。

第五,从系统学角度来看,区域作为一个远离平衡态的开放性、非线性系统,必须建立能够科学地反映这个系统某方面特征的模型才能进一步研究。本书在 ISRN-CN07 网络的基础上构建了产业集群网络,选取汽车行业、现代服务业和石化行业进行了产业集群发展可行性方面的实证分析。通过计算反映产品部门局部影响力的加权集聚系数、反映关联协调性的点权和反映信息中转能力的流介数等网络指标,揭示产业集群过程中产业链上各部门之间的联动关系,对如何推进重点产业结构调整进行分析和提出建议。

第六,以往对于社会网络的研究中,多是根据大规模的单一数据将网络构建为简单的无向无权网络,从而使得考察网络节点关系强弱时采用的结构洞指标仅能描述其获取信息与机会的潜在能力。而对于根据投入产出数据构建的产业结构网络,这种对于结构洞的测度就不再适宜,必须采取基于网络流理论和随机游走理论的公式和算法来创造新的网络指标,以此来衡量这类有向加权网络中经济信息传递的特点。本书根据投入产出的基本流量数据,结合复杂网络理论的建模思想构建了产业信息传递网络模型,并引入随机游走中心性和累计首介数作为衡量网络结构洞的指标。通过研究发现,随机游走中心性较高的产品部门对于产业环境发生的变化非常敏感,测度的是网络全局发生变化时产品部门的信息优势地位;累积首达介数较大的产品部门对于经济信息的周转次数较多,测度的是产品部门在经济体系局部范围内的控制优势地位。当一个经济冲击等可能地发生在经济体系的产品部门中时,ISTN 网络中 $C_{RC}(i)$ 值较高的部门具有较短的首达时间,意味着该部门对于产业环境发生的变化非常敏感。一旦经济体系遭受了较大的冲击,如遇到经济危机或者经济复苏,那么 ISTN 网络中这些 $C_{RC}(i)$ 值高的产品部门必将最先显现出经济衰退或者经济增长的迹象。从结构洞的观点来看,$C_{RC}(i)$ 值测度的是产品部门在整个经济体系中的信息优势地位。产业网络发生全局性变化之后的一段时间内,承载着资金流的经济冲击沿着业已形成的产业经济结构进行随机传递,这个过程中那些最先对此做出反应的产品部门既可能成为受害者,也可能成为受益者,而如何应对这两种可能发生的情况,就必须从产业机制和产业政策上对这些部门进行保障。如果 ISTN 网络中产品部门的 $C_{FP}(i)$ 值较高,那么在资金最终支付购买生产资料之前,该部门会经过较为频繁的资金周转。如果资金周转限定在固定的次数,那么该部门对整个经济体系的资金流通起到了滞后作用。从结构洞的观点来看,$C_{FP}(i)$ 值测度的是产品部门在整个经济体系中的控制优势地位。产业网络发生局部性变化之后的短时间内,承载着资金流的经济冲击首先波及一些产品部门,而后才向整个产业经济结构扩散。

第七,根据二分图理论构建的产业环境资源竞争网络模型及其映射得到的排污企业单模式竞争网络模型,可以分析区域企业对于环境容量的需求关系和它们之间环境外部性产生的竞争关系。这种采用复杂网络模型来分析企业环境外部性的方法,不仅较传统的经济度量方式有理论上的创新,而且可以针对区域的具体情况灵活构建模型,并可以与排污权交易机制建立起联系,从复杂系统的分析视角对我国的环境管理体系提出可行的方法和建议。

8.2 进一步研究之处

第一,继续结合李京文院士团队多年积累的产业结构优化理论重要成果,丰富本书在实证研究方面的内容。

第二,针对产业结构网络模型:分析 ISN 网络的在加权有向前提下的簇度相关性和网络相配性,挖掘蕴涵的经济学意义。利用网络流理论中的最大支撑树理论，建立描述产业体系运行主干的树图，即产业体系最大支撑树（industrial maximum spanning tree，IMST），以此作为分析和设计产业最优化结构的基本框架。

第三，针对产业关联网络模型：在 ISRN 网络抗毁性分析部分，节点的介数测度的是单独一个行动者的控制优势，边的介数测度的是两个节点之间的关系在整个网络中处于什么样的控制优势，二者有所不同。而且，除非一个国家（区域）的国民经济行业分类发生了较大调整，或者爆发了大规模的经济动荡，否则业已形成的产品部门不会凭空消失。因此，将以往对于 BUN 网络的边介数的定义扩展到 WDN 网络，并且展开产业网络的边介数抗毁性研究，也是非常现实和必要的。

第四，针对产业集群网络模型：构建以装备制造行业为核心的 ICDN1 网络模型和以建筑业为核心的 ICDN2 网络模型，同时继续挖掘网络加权集聚系数 C^W、点权 S 和流介数 C_F 的区域经济学意义。还可以通过与发达国家和地区进行比较，进一步识别出我国重点产业结构调整过程中可能遇到的问题。

第五，针对产业信息传递网络模型：运用计量经济学方法对网络特征度量与中介中心性进行相关性分析、回归分析和聚类分析，从而深入研究网络结构对网络上的经济信息流动造成的影响；运用 Dinic 算法、容量有上下界的网络算法和有供需约束的流算法，计算模拟政策环境稳定、国家调控中间产业和关键目标产品部门三种情景下的产业结构演化趋势。

第六，继续研究环境容量有限条件下 IERCN 网络的建模分析过程，建立基于 SIS、SIR 模型和谣言传播模型的排污企业外部性动态影响模型，设计一系列网络指标来辅助制定区域的排污费制度，并提出区域规划过程中对产业的政策引导措施。

第七，以 2010 年全国区域投入产出延长表数据和"十二五"期间产业规划纲要为基础，应用本书提出的模型和算法对各省、直辖市、自治区的产业结构优化进行实证分析研究。

参 考 文 献

艾伯特·拉斯洛·巴拉巴西.2007.链接网络新科学.徐彬译.长沙:湖南科学技术出版社.
北京市发展与改革委员会.2006a.北京市国民经济和社会发展第十个五年计划发展纲要. http://www.ndrc.gov.cn/fzgh/ghwb/dfgh/W020050614802777788614.pdf.[2006-08-15].
北京市发展与改革委员会.2006b.北京市国民经济和社会发展第十一个五年计划发展纲要. http://www.beijing.gov.cn/zfzx/ghxx/sywgh/t653689.htm.[2006-08-15].
毕桥,方锦清.2011.网络科学与统计物理方法.北京:北京大学出版社.
曹海雄.2006.区域环境承载力计算实例.广州化工,34(6):54-61.
陈关荣,许晓明.2008.复杂网络动力学-理论和应用.上海:上海系统科学出版社.
范德成,王晓辉.2011.中国产业结构的动态投入产出模型分析.北京:科学出版社.
方爱丽,高齐圣,张嗣瀛.2009.产业网络的聚集性和相关性分析.系统工程理论与实践,(6):178-183.
冯建勇,杨建梅.2009.基于复杂网络的南方航空竞争策略研究.广州:华南理工大学.
关峻.2006.复杂生态系统的无标度理论研究及其实证分析.武汉:武汉理工大学.
郭雷,许晓鸣.2006.复杂网络.上海:上海科技教育出版社.
国家发展和改革委员会.2011a.中华人民共和国国民经济和社会发展第十二个五年规划纲要. http://www.sdpc.gov.cn/fzgh/.[2011-03-16].
国家发展和改革委员会.2011b-04-28.产业结构调整指导目录(2011年本).中国经济导报,B01.
韩鲁南,关峻,邢李志,等.2013.国内外科技服务业行业统计分类对比研究.科技进步与对策.
何大韧,刘宗华,汪秉宏.2010.复杂系统与复杂网络.北京:高等教育出版社.
后锐,杨建梅,姚灿中.2010.物流产业竞争关系复杂网络模型研究.管理学报,(3):406-411.
胡鲜,杨建梅,李得荣.2008.企业竞争关系演变的复杂网络分析——以广东省软件产业为例.软科学,(6):52-56,73.
靳敏,邢李志,赵俊娜.2011.产业生态化与生态工业园区建设.环境保护与循环经济,(12):4-10.
李春光.2004.复杂网络建模及其动力学性质的若干研究.西安:西安电子科技大学.
李得荣,杨建梅,李欣荣.2010.产业竞争关系复杂网络模型群分析——以中国汽车零部件产业为例.管理学报,(5):770-774,780.
李京文.2008.现代服务业对推动经济发展的重要作用.武汉理工大学学报(信息与管理工程

版），（2）：169-171，184.

李守伟，钱省三，沈运红.2007.基于产业网络的创新扩散机制研究.科研管理，（4）：49-54，72.

李守伟，钱省三.2006.产业网络的复杂性研究与实证.科学学研究，（4）：529-533.

李亚杰.2011.基于复杂网络理论的产业网络研究.杭州：浙江工商大学.

李永，方锦清，刘强.2008.我国多种类型的高技术产业网络的特性探索.广西师范大学学报（自然科学版），26（2）：1-5.

李永，方锦清，刘强.2009.从网络科学视角探索企业合作网络.复杂系统与复杂性科学，6（1）：55-61.

李永，方锦清，刘强.2010.全球核电站网络及其若干特性研究.原子能科学技术，（9）：1139-1144.

李勇.2012.复杂网络视角下的生态产业共生网络成长机制研究.天津：天津理工大学.

廖虹.2012.复杂网络下的东北亚港口群空间网络演化研究.大连：大连海事大学.

刘刚，郭敏，陈骏.2008.产业结构网络效率研究.当代经济研究，（12）：49-53.

刘军.2009.整体网分析讲义.上海：格致出版社.

刘强，方锦清，李永.2008.中国电子信息技术百强企业网络的若干特点.广西师范大学学报（自然科学版），26（4）：1-5.

刘强，方锦清，李永.2009.高新科技园-大学科技园联合网络的初步分析.复杂系统与复杂性科学，6（3）：62-68.

刘珊，晏先浩，王仲君.2007.点权有限的加权网络演化模型.复杂系统与复杂性科学，4（3）：59-65.

刘水晶，钱霞，冯雅超，等.2008.四个合作—竞争系统的特殊合作性质.科技导报，26（21）：79-84.

吕康娟，张蓉蓉.2012.基于复杂网络的世界航运中心网络结构与特征.系统管理学报，（1）：87-92.

罗家德.2010.社会网络分析讲义.北京：社会科学文献出版社.

罗纳德·伯特.2008.结构洞：竞争的结构.任敏译.上海：格致出版社，上海人民出版社.

綦良群，胡乃祥.2012.汽车产业链演化机理及影响因素研究.管理评论，（11）：51-59.

孙雪莲.2007.加权网络演化机制及若干动力学行为研究.大连：大连理工大学.

汪小帆，李翔，陈关荣.2012.网络科学导论.北京：高等教育出版社.

王海英，黄强，李传涛，等.2010.图论算法及其MATLAB实现.北京：北京航空航天大学出版社.

王治莹，李春发.2013.超网络视角下生态工业共生网络稳定性研究.大连理工大学学报（社会科学版），（1）：14-18.

肖冰.2012.中小企业集群复杂网络资源整合能力研究.广东：暨南大学.

谢季坚，刘承平.2006.模糊数学方法及其应用.3版.武汉：华中科技大学出版社.

邢李志，关峻. 2012a. 区域产业集群发展关联网络的建模与实证分析——以汽车行业和石化行业为例. 工业技术经济，(4)：3-14.

邢李志，关峻. 2012b. 区域产业结构网络的介数攻击抗毁性研究. 科技进步与对策，(23)：34-38.

邢李志，关峻. 2012c. 区域产业集群发展关联网络的建模与实证分析. 工业技术经济，(4)：3-14.

邢李志，关峻. 2013. 基于 Floyd 改进算法的北京产业结构网络强关联模糊聚类分析. 科技进步与对策.

邢李志. 2012. 基于复杂网络理论的区域产业结构网络模型研究. 工业技术经济，(2)：19-29.

徐俊明. 2010. 图论及其应用. 3 版. 合肥：中国科学技术大学出版社.

薛健. 2010. 复杂网络视角下台海区域间产业及贸易关系研究. 北京：北京工业大学.

杨德勇. 2011. 区域产业结构调整的投融资问题研究. 北京：中国经济出版社.

杨建梅，周恋，周连强. 2013. 中国汽车产业竞争关系与轿车社团企业对抗行动研究. 管理学报，(1)：49-55.

杨建梅. 2006. 企业间竞争关系与对抗行动的二层复杂网络分析思路. 全国复杂网络学术会议论文集. 武汉：华中师范大学出版社.

杨龙塾. 2010. 我国科技服务业发展问题与对策研究. 青岛：中国海洋大学.

姚灿中，杨建梅. 2008. 幂律拟合的进展及其在产业网络中的应用. 管理学报，(3)：371-375，406.

殷剑洪，吴开亚. 2006. 图论及其算法. 合肥：中国科学技术大学出版社.

约翰·斯科特. 2011. 社会网络分析法. 2 版. 刘军，译. 重庆：重庆大学出版社.

张丹宁. 2009. 沈阳汽车产业网络 AARS 范式的实证研究. 沈阳：辽宁大学.

张国立，张辉，孔倩. 2011. 模糊数学基础及应用. 北京：化学工业出版社.

赵炳新，尹翀，张江华. 2011. 产业复杂网络及其建模——基于山东省实例的研究. 经济管理，(7)：139-148.

周健，李世伟，程克勤. 2011. 基于局域世界演化的 BBV 模型研究. 计算机工程与应用，(14)：95-98.

Albert R, Jeong H, Barabási A L. 1999. The diameter of the world-wide web. Nature, (401)：130-131.

Albert R, Jeong H, Barabási A L. 2000. Error and attack tolerance of complex networks. Nature, 406：378-382.

Ball F, Mollison D, Scalia-Tomba G. 1997. Epidemics with two levels of mixing. The Annals of Applied Probability, 7 (1)：46-89.

Barabási A L, Bonabeau E. 2003. Scale-free networks. Science American, 288 (5)：50-59.

Barabási A L, Albert R, Jeong H. 1999. Mean-field theory for scale-free random networks. Physica A, 272：173-187.

参 考 文 献

Barrat A, Barthélemy M, Pastor-Satorras R, et al. 2004. The architecture of complex weighted networks. Proc. Nati. Acad. Sci. USA, 101 (11): 3747-3752.

Barrat A, Barthélemy M, Vespignani A. 2004. Weighted evolving networks: coupling topology and weight Dynamics. Physical Review Letters, 92: 228-701.

Barthélemy M, Barrat A, Pastor-Satorras R, et al. 2004. Velocity and hierarchical spread of epidemic outbreaks in scale-free networks. Physical Review Letters, 92 (17): 178-701.

Barthélemy M. 2004. Betweenness centrality in large complex networks. The European Physical Journal B, 38: 163-168.

Black F. 1987. Business Cycles and Equilibrium. New York: Basil Blackwell.

Blöchl F, Theis F J, Vega-Redondo F, et al. 2011. Vertex centralities in input-output networks reveal the structure of modern economies. Physical Review E, 83: 046127.

Boccaletti S, Latora V, Moreno Y, et al. Complex networks: structure and dynamics. Physics Reports, 424: 175-308.

Bollobás B, Riordan O. 2005. Mathematical results on scale-free random graphs. Berlin: Handbook of Graphs and Networks: From the Genome to the Internet.

Borgatti S P. 2005. Centrality and network flow. Social Networks, 27 (1): 55-71.

Callaway D S, Newman M E J, Strogatz S H, et al. 2000. Network robustness and fragility: percolation on random graphs. Physical Review Letters, 85 (25): 5468-5471.

Chang H, Su B B, Zhou Y P, et al. 2007. Assortativity and act degree distribution of some collaboration networks. Physica A, 383 (2): 687-702.

Chen G, Fan Z P, Li X. 2005. Modeling the complex Internet topology//Vattay G, L, Kocarev G. Complex Dynamics in Communication Networks. Berlin: Springer-Verlag.

Chmiela A M, Sienkiewicza J, Sucheckia K, et al. 2007. Networks of companies and branches in poland. Physica A: Statistical Mechanics and its Applications, 383 (1): 134-138.

Cohen R, Erez K, Ben-Avraham D, et al. 2000. Resilience of the internet to random breakdowns. Physical Review Letters, 85 (21): 4626-4628.

de Solla Price D J. 1965. Networks of scientific papers. Science, 149 (3683): 510-515.

Dorogovtsev S N, Mendes J F F, Samukhin A N. 2000. Structure of growing networks with preferential linking. Physical Review Letters, 85: 4633-4636.

Eguíluz V M, Klemm K. 2002. Epidemic threshold in structured scale-free networks. Physical Review Letters, 89 (10): 108-701.

Erdös P, Rényi A. 1960. On the Evolving of Random Graphs. The Mathematical Institute of the Hungarian Academy of Science.

Fagiolo G. 2007. Clustering in complex directed networks. Physical Review E, 76: 026107.

Faloutsos M, Faloutsos P, Faloutsos C. 1999. On power-law relationship of the Internet topology. Computer Communications Review, 29: 251-262.

Freeman L A. 1977. Set of measures of centrality based upon betweenness. Sociometry, 40: 440-442.

Freeman L C, Borgatti S P, White D R. 1991. Centrality in valued graphs: a measure of betweenness based on network flow. Social Networks, 13 (2): 141-154.

Freeman L C. 1979. Centrality in social networks conceptual clarification. Social Networks, 1 (3): 215-239.

Fronczak A, Fronczak P, Holyst J A. 2003. Mean-field theory for clustering coefficients in Barabási-Albert networks. Physics Review E, 68: 046126.

Fu C H, Xu X L, Liu A F, et al. 2008. Node weight distribution and disparity of some collaboration-competition networks. Chinese Physics Letters, 25 (11): 4181-4184.

Fu C H, Zhou Y P, Xu X L, et al. 2009. Recognition of important subgraphs in collaboration networks. Complex Sciences, 4: 210-219.

Gould R V, Fernandez R M. 1989. Structures of mediation: a formal approach to brokerage in transaction networks. Sociological Methodology, 19: 89-126.

Gross T, Dommar D'Lima C J, Blasius B. 2006. Epidemic dynamics on an adaptive network. Physical Review Letters, 96 (20): 208-701.

Holme P, Park S M, Kim B J, et al. 2007. Korean university life in a network perspective: dynamics of a large affiliation network. Physica A, 373: 821-830.

Inouea H, Soumab W, Tamada S. 2007. Spatial characteristics of joint application networks in Japanese patents. Physica A: Statistical Mechanics and its Applications, 383 (1): 152-157.

Jeong H, Tombor B, Albert R, et al. 2000. The large-scale organization of metabolic networks. Nature, (407): 651-654.

Jeong H, Mason S P, Oltvai Z N et al. 2001. Lethality and centrality in protein networks. Nature, 411: 41-42.

Kochen M. 1989. The Small World. Norwood: Ablex Publishing Corporation.

Krapivsky P L, Rendner S, Leyvraz F. 2000. Connectivity of growing random networks. Physical Review Letters, 85: 4629-4632.

Kuperman M, Abramson G. 2001. Small world effect in an epidemiological model. Physical Review Letters, 86 (13): 2909-2912.

Latora V, Marchiori M. 2004. How the science of the complex networks can help developing strategies against terrorism. Chaos, Solutions and Fractals, 20 (1): 69-75.

Latora V, Marchiori M. 2003. Economic small-world behavior in weighted networks. The European Physical Journal B, 32 (2): 249-263.

Li X, Chen G. 2003. A local-world evolving network model. Physica A, 328: 274-286.

Liljeros F, Edling C R, Núñez-Amaral L A, et al. 2001. The web of human sexual contacts. Nature, (411): 907-908.

Macdonald P J, Almaas E, Barabási A L. 2005. Minimum spanning trees on weighted scale-free networks. Europhysics Letters, 72 (2): 308.

Motwani R, Raghavan P. 2008. Randomized Algorithms. 北京: 高等教育出版社.

Newman M E J. 2001. The structure of scientific collaboration networks. Physical Review E, 64 (1): 016132.

Newman M E J. 2005. A measure of betweenness centrality based on random walks. Social Networks, 27 (1): 39-54.

Newman M E J. 2005. Threshold effects for two pathogens spreading on a network. Physical Review Letters, 95 (10): 108-701.

Onnela J, Saramäki J, Kertész J, et al. 2005. Intensity and coherence of motifs in weighted complex networks. Physical Review E, 71: 065103.

Pastor-Satorras R, Vespignani A. 2001. Epidemic spreading in scale-free networks. Physical Review Letters, 86 (14): 3200-3203.

Rapoport A, Horvath W J. 1961. A study of a large sociogram. Behavioral Science, 6 (4): 279-291.

Redner S. 1998. How popular is your paper? An empirical study of the citation distribution. The European Physical Journal, B4: 131-134.

Stefancic H, Zlatic V. 2005. "Winner takes it all": strongest node rule for evolution of scale-free networks. Physical, Review E, 72: 036105.

Wang D H, Zhou L, Di Z R. 2006. Bipartite producer-consumer networks and the size distribution of firms. Physica A: Statistical Mechanics and its Applications, 363 (2): 359-366.

Watts D J, Strogatz S H. 1998. Collective dynamics of "small-world" networks. Nature, 393: 440-442.

Zhang P P, Chenk, He Y, et al. 2006. Model and empirical study on some collaboration networks. Physica A, 360 (2): 599-616.

附 录

附表1 ISN-CN07网络指标统计

序号	产业部门	度	出度	入度	点权	出权	入权	拓扑集聚系数	加权集聚系数	拓扑介数	流介数
1	农业	117	83	101	4.856 827	4.591 221	0.265 606	0.964 338	0.002 759	82.443	94.909
2	林业	125	87	101	0.684 662	0.434 424	0.250 238	0.965 677	0.001 063	61.260	85.985
3	畜牧业	124	83	100	2.296 522	1.862 420	0.434 102	0.964 857	0.001 190	71.793	103.960
4	渔业	117	68	101	1.019 897	0.668 280	0.351 617	0.976 717	0.000 971	46.099	88.888
5	农、林、牧、渔、服务业	106	13	104	0.668 179	0.184 814	0.483 365	0.991 914	0.001 429	5.049	66.911
6	煤炭开采和洗选业	133	129	106	1.736 866	1.296 622	0.440 244	0.946 913	0.002 504	47.698	187.315
7	石油和天然气开采业	128	108	107	2.036 834	1.647 726	0.389 108	0.959 646	0.001 966	47.010	121.511
8	黑色金属矿采选业	109	30	107	1.241 361	0.688 691	0.552 670	0.990 316	0.001 874	6.286	47.925
9	有色金属矿采选业	117	39	110	0.970 967	0.435 949	0.535 018	0.983 201	0.001 677	8.962	61.157
10	非金属矿及其他矿采选业	125	86	107	1.324 264	0.783 452	0.540 812	0.959 613	0.001 972	25.938	114.693
11	谷物磨制业	113	44	98	1.407 786	0.633 039	0.774 747	0.983 565	0.001 244	4.460	23.142
12	饲料加工业	108	13	106	1.139 942	0.345 513	0.794 429	0.993 250	0.001 101	2.026	45.188
13	植物油加工业	131	115	102	1.109 237	0.503 172	0.606 065	0.948 444	0.001 168	33.303	75.979
14	制糖业	116	36	105	0.838 234	0.150 959	0.687 275	0.978 711	0.001 094	4.890	39.877

172

续表

序号	产业部门	度	出度	入度	点权	出权	入权	拓扑集聚系数	加权集聚系数	拓扑介数	流介数
15	屠宰及肉类加工业	110	23	106	1.017 808	0.275 552	0.742 256	0.988 824	0.000 955	4.615	45.851
16	水产品加工业	111	38	105	0.872 160	0.173 059	0.699 101	0.980 835	0.000 961	12.745	55.013
17	其他食品加工业	117	59	107	1.126 153	0.344 834	0.781 319	0.974 359	0.001 574	23.017	74.680
18	方便食品制造业	106	6	106	0.779 573	0.013 622	0.765 951	0.994 070	0.001 209	2.177	61.953
19	液体乳及乳制品制造业	107	13	105	0.777 817	0.081 301	0.696 516	0.992 770	0.001 180	1.458	44.913
20	调味品、发酵制品制造业	112	31	107	0.815 856	0.096 687	0.719 169	0.990 026	0.001 374	5.728	58.688
21	其他食品制造业	117	42	112	0.976 243	0.241 568	0.734 675	0.981 727	0.001 601	15.672	79.454
22	酒精及酒的制造业	127	101	109	0.884 038	0.302 077	0.581 961	0.954 881	0.001 486	39.916	82.824
23	软饮料及精制茶加工业	134	134	108	1.007 617	0.308 916	0.698 701	0.940 299	0.001 865	58.157	199.134
24	烟草制品业	131	130	99	0.593 813	0.281 293	0.312 520	0.941 750	0.001 480	22.893	168.941
25	棉、化纤纺织及印染精加工业	133	121	104	1.705 819	1.206 939	0.498 880	0.946 913	0.001 533	30.466	96.319
26	毛纺织和染整精加工业	117	82	104	0.869 846	0.233 611	0.636 235	0.963 749	0.001 098	25.331	64.119
27	麻纺织、丝绢纺织及精加工业	127	102	102	0.809 671	0.225 367	0.584 304	0.961 630	0.001 022	22.268	153.829
28	纺织制成品制造业	131	125	105	0.979 524	0.275 094	0.704 430	0.951 262	0.001 243	35.826	177.935
29	针织品、编织品及其制品制造业	127	105	104	0.817 430	0.082 277	0.735 153	0.963 005	0.000 992	23.712	91.929
30	纺织服装、鞋、帽制造业	134	134	102	1.292 321	0.553 491	0.738 830	0.940 299	0.002 025	34.222	177.589
31	皮革、毛皮、羽毛（绒）及其制品业	128	118	103	0.756 957	0.241 286	0.515 671	0.951 895	0.001 188	33.773	98.499
32	木材加工及木、竹、藤、棕、草制品业	133	124	103	1.174 937	0.691 768	0.483 169	0.946 913	0.001 883	32.779	100.050
33	家具制造业	134	134	100	0.896 073	0.157 483	0.738 590	0.940 299	0.001 443	23.325	163.669
34	造纸及纸制品业	134	134	105	1.975 204	1.477 859	0.497 345	0.940 299	0.002 758	43.912	187.400

续表

序号	产业部门	度	出度	入度	点权	出权	入权	折扑集聚系数	加权集聚系数	折扑介数	流介数
35	印刷业和记录媒介的复制业	134	134	94	1.528 724	0.874 409	0.654 315	0.940 299	0.002 123	11.970	128.890
36	文教体育用品制造业	134	134	106	0.937 623	0.176 483	0.761 140	0.940 299	0.001 711	28.680	176.407
37	石油及核燃料加工业	134	134	97	4.084 174	3.298 383	0.785 791	0.940 299	0.004 226	20.362	158.741
38	炼焦业	115	58	103	1.102 202	0.440 863	0.661 339	0.984 897	0.001 592	3.946	30.561
39	基础化学原料制造业	133	120	113	2.621 601	1.995 157	0.626 444	0.946 913	0.002 962	39.745	114.947
40	肥料制造业	122	33	116	0.844 904	0.171 471	0.673 433	0.970 736	0.001 308	12.207	60.655
41	农药制造业	120	39	115	0.760 951	0.098 242	0.662 709	0.969 608	0.001 312	21.674	70.758
42	涂料、油墨、颜料及类似产品制造业	133	127	116	1.225 107	0.547 966	0.677 141	0.946 913	0.002 278	62.199	209.690
43	合成材料制造业	134	133	117	2.012 750	1.304 308	0.708 442	0.940 299	0.002 464	81.297	224.805
44	专用化学产品制造业	134	133	120	2.107 535	1.374 723	0.732 812	0.940 299	0.003 204	89.994	160.856
45	日用化学产品制造业	134	133	116	0.872 836	0.241 045	0.631 791	0.940 299	0.001 626	80.308	219.741
46	医药制造业	134	133	118	1.033 040	0.498 857	0.534 183	0.940 299	0.001 416	85.191	224.265
47	化学纤维制造业	129	105	106	1.185 661	0.561 923	0.623 738	0.962 088	0.001 546	17.464	169.295
48	橡胶制品业	133	130	108	1.123 551	0.436 403	0.687 148	0.946 913	0.002 027	32.340	184.086
49	塑料制品业	133	133	105	2.301 500	1.722 554	0.578 946	0.946 913	0.003 191	31.238	168.349
50	水泥、石灰和石膏制造业	133	120	108	1.185 173	0.532 760	0.652 413	0.946 913	0.001 569	27.028	101.645
51	水泥及石膏制品业	129	95	108	0.788 707	0.082 791	0.705 916	0.962 088	0.001 167	13.745	91.257
52	砖瓦、石材及其他建筑材料制造业	129	95	108	0.861 085	0.193 034	0.668 051	0.962 088	0.001 459	13.510	90.253
53	玻璃及玻璃制品制造业	129	106	108	1.059 362	0.438 828	0.620 534	0.962 088	0.002 069	19.488	167.251
54	陶瓷制品制造业	130	122	108	0.800 765	0.078 701	0.722 064	0.948 718	0.001 535	28.901	177.478

续表

序号	产业部门	度	出度	入度	点权	出权	入权	折扑集聚系数	加权集聚系数	折扑介数	流介数
55	耐火材料制品制造业	134	126	112	0.725 974	0.161 408	0.564 566	0.940 299	0.001 456	41.090	191.274
56	石墨及其他非金属矿物制品制造业	133	122	110	0.832 380	0.268 165	0.564 215	0.946 913	0.001 733	32.141	174.465
57	炼铁业	113	55	108	1.129 442	0.361 988	0.767 454	0.989 412	0.001 496	6.685	54.143
58	炼钢业	110	59	105	1.114 362	0.426 184	0.688 178	0.988 490	0.001 689	6.336	47.865
59	钢压延加工业	134	128	106	3.474 884	2.781 227	0.693 657	0.940 299	0.003 301	34.326	102.630
60	铁合金冶炼业	117	69	107	0.829 694	0.169 428	0.660 266	0.979 664	0.001 394	10.094	48.210
61	有色金属冶炼及合金制造业	118	80	107	2.126 258	1.408 676	0.717 582	0.981 312	0.002 578	10.333	85.250
62	有色金属压延加工业	121	99	106	1.988 912	1.283 122	0.705 790	0.968 457	0.002 334	18.490	91.937
63	金属制品业	134	134	108	2.642 832	1.976 366	0.666 466	0.940 299	0.004 113	38.752	180.252
64	锅炉及原动机械制造业	133	123	110	0.961 955	0.363 823	0.598 132	0.941 331	0.001 575	38.839	110.441
65	金属加工机械制造业	131	118	111	0.898 622	0.209 475	0.689 147	0.952 437	0.001 670	43.156	117.645
66	起重运输设备制造业	126	95	107	0.803 087	0.081 299	0.721 788	0.966 730	0.001 467	29.802	109.315
67	泵、阀门、压缩机及类似机械的制造业	129	100	109	1.004 716	0.378 396	0.626 320	0.962 088	0.001 886	21.158	104.807
68	其他通用设备制造业	133	132	113	2.453 264	1.854 737	0.598 527	0.946 913	0.003 726	69.170	204.898
69	矿山、冶金、建筑专用设备制造业	127	90	111	0.922 957	0.253 927	0.669 030	0.965 254	0.001 636	23.494	107.773
70	化工、木材、非金属加工专用设备制造业	112	48	108	0.766 965	0.107 957	0.659 008	0.991 152	0.001 764	6.303	57.534
71	农、林、牧、渔专用机械制造业	112	6	109	0.683 006	0.040 762	0.642 244	0.989 543	0.001 508	1.536	38.468
72	其他专用设备制造业	133	133	112	0.945 595	0.242 069	0.703 526	0.946 913	0.001 974	55.258	199.734
73	铁路运输设备制造业	119	53	115	0.741 343	0.075 802	0.665 541	0.981 342	0.001 682	19.589	85.209
74	汽车制造业	134	134	112	1.475 792	1.041 273	0.434 519	0.940 299	0.002 758	65.257	203.141

续表

序号	产业部门	度	出度	入度	点权	出权	入权	拓扑集聚系数	加权集聚系数	折扑介数	流介数
75	船舶及浮动装置制造业	114	13	112	0.709 182	0.102 128	0.607 054	0.984 630	0.001 458	10.259	74.876
76	其他交通运输设备制造业	134	133	115	1.006 884	0.405 328	0.601 556	0.940 299	0.001 626	78.848	215.549
77	电机制造业	133	124	108	1.079 257	0.357 668	0.721 589	0.946 913	0.001 776	35.322	103.766
78	输配电及控制设备制造业	128	95	107	1.071 464	0.384 566	0.686 898	0.962 968	0.001 840	17.171	87.398
79	电线、电缆、光缆及电工器材制造业	133	125	103	1.689 315	0.889 712	0.799 603	0.944 634	0.002 203	25.678	92.883
80	家用电力和非电力器具制造业	133	129	103	0.966 437	0.212 661	0.753 776	0.946 913	0.001 756	33.760	105.743
81	其他电气机械及器材制造业	134	134	105	1.277 079	0.524 415	0.752 664	0.940 299	0.002 332	34.653	173.759
82	通信设备制造业	133	130	102	0.880 750	0.203 980	0.676 770	0.941 331	0.001 108	26.982	167.913
83	雷达及广播设备制造业	105	12	103	0.787 595	0.023 424	0.764 171	0.996 337	0.001 497	1.181	31.048
84	电子计算机制造业	134	134	104	1.381 438	0.713 376	0.668 062	0.940 299	0.001 526	96.064	239.928
85	电子元器件制造业	129	128	101	3.395 678	2.996 352	0.399 326	0.945 373	0.002 457	24.242	167.384
86	家用视听设备制造业	109	54	101	0.861 283	0.087 245	0.774 038	0.978 253	0.001 243	15.618	121.220
87	其他电子设备制造业	104	24	101	0.780 410	0.083 258	0.697 152	0.995 519	0.001 594	1.981	31.924
88	仪器仪表制造业	134	134	106	1.311 153	0.668 240	0.642 913	0.940 299	0.002 458	34.048	176.494
89	文化、办公用机械制造业	134	134	100	0.911 645	0.098 508	0.813 137	0.940 299	0.001 105	24.076	164.523
90	工艺品及其他制造业	134	134	115	1.128 918	0.435 139	0.693 779	0.940 299	0.002 430	64.015	210.477
91	废品废料	120	88	100	0.743 971	0.677 134	0.066 837	0.964 846	0.001 213	22.493	102.847
92	电力、热力的生产和供应业	134	134	104	3.787 033	3.425 530	0.361 503	0.940 299	0.005 330	35.897	184.717
93	燃气生产和供应业	134	133	104	0.892 026	0.136 693	0.755 333	0.940 299	0.001 124	29.125	177.267
94	水的生产和供应业	134	134	99	0.669 164	0.168 764	0.500 400	0.940 299	0.001 378	22.788	162.683

续表

序号	产业部门	度	出度	入度	点权	出权	入权	拓扑集聚系数	加权集聚系数	拓扑介数	流介数
95	建筑业	134	134	105	1.090 992	0.331 923	0.759 069	0.940 299	0.001 842	68.894	204.314
96	铁路运输业	134	134	111	1.040 242	0.694 570	0.345 672	0.940 299	0.002 313	107.759	250.713
97	道路运输业	134	134	89	1.797 126	1.326 048	0.471 078	0.940 299	0.003 406	34.978	174.992
98	城市公共交通业	134	132	90	0.614 173	0.154 645	0.459 528	0.940 299	0.001 095	24.865	106.804
99	水上运输业	134	134	95	1.105 687	0.627 608	0.478 079	0.940 299	0.002 180	64.054	210.980
100	航空运输业	134	134	86	1.175 780	0.475 934	0.699 846	0.940 299	0.001 704	37.257	180.984
101	管道运输业	134	134	78	0.545 806	0.049 865	0.495 941	0.940 299	0.000 877	5.341	143.072
102	装卸搬运和其他运输服务业	134	134	81	0.870 527	0.309 421	0.561 106	0.940 299	0.001 629	17.648	169.353
103	仓储业	130	127	86	0.716 813	0.070 636	0.646 177	0.952 654	0.000 872	22.992	174.725
104	邮政业	134	133	69	0.595 600	0.120 128	0.475 472	0.940 299	0.001 113	4.499	78.884
105	电信和其他信息传输服务业	134	134	75	1.035 821	0.717 947	0.317 874	0.940 299	0.002 068	5.377	149.117
106	计算机服务业	133	133	78	0.755 793	0.125 287	0.630 506	0.940 989	0.001 185	72.051	217.826
107	软件业	68	2	68	0.616 770	0.009 371	0.607 399	1.000 000	0.002 015	0.021	3.894
108	批发零售业	134	134	92	2.910 147	2.517 796	0.392 351	0.940 299	0.005 154	62.706	200.080
109	住宿业	134	134	85	1.216 427	0.656 209	0.560 218	0.940 299	0.002 047	12.418	155.893
110	餐饮业	134	134	92	1.865 500	1.232 836	0.632 664	0.940 299	0.003 071	78.014	220.717
111	银行业、证券业和其他金融活动	134	134	72	2.256 476	2.095 175	0.161 301	0.940 299	0.003 957	4.795	149.208
112	保险业	134	134	72	1.127 332	0.513 278	0.614 054	0.940 299	0.002 012	4.795	149.007
113	房地产业	134	134	86	0.876 335	0.719 061	0.157 274	0.940 299	0.001 823	11.314	161.549
114	租赁业	134	134	84	0.642 139	0.048 586	0.593 553	0.940 299	0.001 045	11.406	160.756

续表

序号	产业部门	度	出度	入度	点权	出权	入权	折扑集聚系数	加权集聚系数	折扑介数	流介数
115	商务服务业	134	134	89	2.094 247	1.447 855	0.646 392	0.940 299	0.003 407	16.409	166.959
116	旅游业	134	134	80	0.710 309	0.102 229	0.608 080	0.940 299	0.000 832	77.713	220.944
117	研究与试验发展业	131	128	109	0.760 875	0.217 662	0.543 213	0.949 266	0.001 830	69.165	217.552
118	专业技术服务业	134	133	100	0.744 506	0.365 222	0.379 284	0.940 299	0.001 820	45.643	195.584
119	科技交流和推广服务业	129	116	95	0.578 529	0.103 165	0.475 364	0.953 125	0.001 312	22.649	165.994
120	地质勘查业	96	8	94	0.638 918	0.015 888	0.623 030	0.991 228	0.001 797	2.025	45.263
121	水利管理业	117	65	93	0.348 509	0.071 237	0.277 272	0.973 327	0.000 986	16.973	61.082
122	环境管理业	134	132	99	0.615 412	0.091 575	0.523 837	0.940 299	0.001 340	52.030	133.788
123	公共设施管理业	95	2	95	0.555 611	0.027 967	0.527 644	0.992 609	0.001 814	0.472	31.717
124	居民服务业	134	134	100	0.568 079	0.120 316	0.447 763	0.940 299	0.001 165	53.697	198.707
125	其他服务业	134	134	93	1.394 722	0.790 909	0.603 813	0.940 299	0.002 572	22.891	173.347
126	教育	134	134	100	0.630 788	0.209 515	0.421 273	0.940 299	0.001 518	44.829	195.319
127	卫生	134	132	96	0.931 350	0.264 780	0.666 570	0.940 299	0.001 489	24.124	174.701
128	社会保障业	133	133	82	0.423 292	0.010 990	0.412 302	0.940 989	0.000 751	19.118	171.893
129	社会福利业	88	0	88	0.229 030	0.000 000	0.229 030	0.995 820	0.000 878	0.000	0.000
130	新闻出版业	134	134	79	0.628 263	0.109 992	0.518 271	0.940 299	0.001 005	13.342	155.510
131	广播、电视、电影和音像业	133	133	93	0.651 539	0.086 839	0.564 700	0.940 989	0.001 413	82.429	233.862
132	文化艺术业	133	133	91	0.509 053	0.013 399	0.495 654	0.940 989	0.001 082	17.047	167.348
133	体育	94	0	94	0.542 596	0.000 000	0.542 596	0.991 993	0.001 567	0.000	0.000
134	娱乐业	134	133	95	0.681 778	0.150 659	0.531 119	0.940 299	0.001 385	80.966	158.753
135	公共管理和社会组织	133	133	80	0.472 561	0.021 937	0.450 624	0.940 989	0.001 000	6.782	151.092

附表 2 ISRN-CN07 网络指标统计

序号	产业部门	度	出度	入度	点权	出权	入权	拓扑集聚系数	加权集聚系数	拓扑介数	流介数
1	农业	20	17	5	4.273 354	4.115 844	0.157 510	0.152 632	0.009 791	528.625	353.483
2	林业	15	7	8	0.453 077	0.323 586	0.129 491	0.219 048	0.002 497	457.520	266.086
3	畜牧业	12	10	2	1.834 704	1.624 829	0.209 875	0.363 636	0.009 336	143.757	142.643
4	渔业	6	2	4	0.732 565	0.562 502	0.170 063	0.200 000	0.010 128	210.793	314.567
5	农、林、牧、渔服务业	15	5	11	0.423 776	0.153 341	0.270 435	0.266 667	0.003 634	542.600	137.503
6	煤炭开采和洗选业	17	8	10	1.025 250	0.788 064	0.237 186	0.227 941	0.005 346	367.001	280.332
7	石油和天然气开采业	10	5	6	1.527 273	1.328 225	0.199 048	0.133 333	0.004 385	200.264	474.704
8	黑色金属矿采选业	14	4	10	1.001 543	0.653 906	0.347 637	0.219 780	0.007 477	185.864	40.374
9	有色金属矿采选业	14	3	11	0.698 217	0.365 935	0.332 282	0.186 813	0.004 044	143.673	16.424
10	非金属矿及其他矿采选业	20	9	12	0.999 711	0.673 980	0.325 731	0.278 947	0.005 847	304.446	40.839
11	谷物磨制业	8	6	2	1.158 638	0.494 890	0.663 748	0.714 286	0.030 232	1.195	0.000
12	饲料加工业	9	2	7	0.922 442	0.297 143	0.625 299	0.527 778	0.020 665	97.780	399.137
13	植物油加工业	12	9	3	0.858 741	0.361 493	0.497 248	0.469 697	0.012 185	34.906	1.603
14	制糖业	9	4	5	0.658 737	0.117 828	0.540 909	0.500 000	0.011 169	39.171	17.250
15	屠宰及肉类加工业	7	5	2	0.846 069	0.235 147	0.610 922	0.428 571	0.010 533	11.258	2.700
16	水产品加工业	4	2	2	0.640 829	0.122 046	0.518 783	0.666 667	0.028 749	3.119	66.333
17	其他食品加工业	13	7	6	0.808 664	0.231 521	0.577 143	0.576 923	0.016 201	99.231	7.461
18	方便食品制造业	10	1	9	0.515 502	0.004 579	0.510 923	0.533 333	0.009 354	61.268	28.621
19	液体乳及乳制品制造业	9	2	8	0.599 003	0.058 699	0.540 304	0.527 778	0.009 672	5.696	11.850

179

续表

序号	产业部门	度	出度	入度	点权	出权	入权	拓扑集聚系数	加权集聚系数	拓扑介数	流介数
20	调味品、发酵制品制造业	11	3	9	0.541 227	0.070 138	0.471 089	0.527 273	0.013 052	105.327	5.837
21	其他食品制造业	16	5	13	0.673 778	0.152 418	0.521 360	0.408 333	0.010 412	99.133	96.221
22	酒精及酒的制造业	14	6	8	0.607 688	0.218 732	0.388 956	0.417 582	0.007 485	122.703	1.560
23	软饮料及精制茶加工业	14	4	10	0.607 308	0.123 262	0.484 046	0.450 549	0.008 396	276.381	84.560
24	烟草制品业	7	3	4	0.293 610	0.072 893	0.220 717	0.428 571	0.007 667	25.539	1.000
25	棉、化纤纺织及印染精加工业	15	11	7	1.431 921	1.107 779	0.324 142	0.428 571	0.011 002	284.831	105.155
26	毛纺织和染整精加工业	12	4	9	0.710 567	0.208 714	0.501 853	0.287 879	0.006 193	89.179	1.270
27	麻纺织、丝绢纺织及精加工业	12	6	7	0.589 435	0.188 270	0.401 165	0.454 545	0.008 645	183.348	110.984
28	纺织制成品制造业	11	9	6	0.661 589	0.183 923	0.477 666	0.490 909	0.011 746	106.459	28.065
29	针织品、编织品及其制品制造业	8	3	8	0.614 053	0.051 133	0.562 920	0.714 286	0.020 946	18.393	7.779
30	纺织、服装、鞋、帽制造业	20	16	7	0.847 751	0.280 643	0.567 108	0.178 947	0.003 663	354.934	58.151
31	皮革、毛皮、羽毛（绒）及其制品业	13	10	6	0.403 327	0.191 245	0.212 082	0.358 974	0.005 212	85.152	6.317
32	木材加工及木、竹、藤、棕、草制品业	15	10	7	0.755 899	0.463 819	0.292 080	0.371 429	0.005 452	124.653	15.722
33	家具制造业	12	5	8	0.532 158	0.060 727	0.471 431	0.257 576	0.003 712	42.661	1.335
34	造纸及纸制品业	28	21	9	1.209 166	0.915 846	0.293 320	0.216 931	0.003 276	657.342	115.340
35	印刷业和记录媒介的复制业	19	14	5	1.061 609	0.580 855	0.480 754	0.222 222	0.003 659	96.621	10.075
36	文教体育用品制造业	17	4	13	0.571 276	0.086 813	0.484 463	0.360 294	0.004 906	100.234	22.053
37	石油及核燃料加工业	25	24	3	2.988 367	2.305 375	0.682 992	0.160 000	0.004 551	306.593	251.310
38	炼焦业	12	3	9	0.735 650	0.205 318	0.530 332	0.318 182	0.006 807	197.406	33.177

| 附 录 |

续表

序号	产业部门	度	出度	入度	点权	出权	入权	拓扑集聚系数	加权集聚系数	拓扑介数	流介数
39	基础化学原料制造业	18	12	8	1.820 701	1.473 647	0.347 054	0.281 046	0.009 149	464.943	178.744
40	肥料制造业	10	2	8	0.626 861	0.144 771	0.482 090	0.288 889	0.007 284	114.867	6.086
41	农药制造业	7	2	5	0.417 033	0.044 006	0.373 027	0.619 048	0.011 074	45.552	0.650
42	涂料、油墨、颜料及类似产品制造业	21	15	8	0.732 395	0.303 572	0.428 823	0.219 048	0.003 755	318.608	35.947
43	合成材料制造业	12	9	5	1.296 450	0.802 719	0.493 731	0.454 545	0.013 748	71.787	41.477
44	专用化学产品制造业	27	22	9	1.278 063	0.871 274	0.406 789	0.193 732	0.003 954	857.594	87.241
45	日用化学产品制造业	13	4	10	0.513 070	0.073 419	0.439 651	0.371 795	0.006 352	59.138	6.487
46	医药制造业	9	2	7	0.670 132	0.386 677	0.283 455	0.305 556	0.005 617	48.088	3.294
47	化学纤维制造业	13	8	7	0.803 500	0.394 911	0.408 589	0.397 436	0.008 591	130.373	8.415
48	橡胶制品业	18	10	8	0.611 792	0.194 945	0.416 847	0.333 333	0.004 417	285.575	12.840
49	塑料制品业	34	28	6	1.509 395	1.145 325	0.364 070	0.192 513	0.002 974	419.605	222.199
50	水泥、石灰和石膏制造业	12	4	8	0.855 964	0.427 699	0.428 265	0.393 939	0.009 561	66.824	4.554
51	水泥及石膏制品业	5	1	4	0.437 702	0.048 538	0.389 164	0.700 000	0.017 269	0.000	5.393
52	砖瓦、石材及其他建筑材料制造业	11	4	8	0.487 341	0.118 601	0.368 740	0.527 273	0.010 343	39.662	6.235
53	玻璃及玻璃制品制造业	22	12	10	0.617 826	0.248 630	0.369 196	0.233 766	0.003 426	431.144	46.836
54	陶瓷制品制造业	11	3	8	0.371 621	0.032 142	0.339 479	0.418 182	0.006 061	143.932	10.232
55	耐火材料制品制造业	15	3	12	0.387 500	0.066 224	0.321 276	0.342 857	0.005 239	113.104	47.776
56	石墨及其他非金属矿物制品制造业	14	4	10	0.376 165	0.077 427	0.298 738	0.362 637	0.005 525	69.159	11.520
57	炼铁业	9	2	7	0.726 573	0.194 646	0.531 927	0.444 444	0.011 256	18.433	49.440

续表

序号	产业部门	度	出度	入度	点权	出权	入权	折扑集聚系数	加权集聚系数	折扑介数	流介数
58	炼钢业	7	1	6	0.622 946	0.194 018	0.428 928	0.476 190	0.017 263	136.357	133.983
59	钢压延加工业	25	22	4	2.721 397	2.365 921	0.355 476	0.310 000	0.010 681	654.197	475.565
60	铁合金冶炼业	9	3	7	0.540 492	0.058 628	0.481 864	0.333 333	0.013 062	172.401	176.681
61	有色金属冶炼及合金制造业	11	6	5	1.201 493	0.708 574	0.492 919	0.181 818	0.006 143	279.892	3 944.184
62	有色金属压延加工业	13	11	2	1.461 173	0.933 894	0.527 279	0.641 026	0.015 792	43.417	46.691
63	金属制品业	40	37	5	1.656 763	1.328 755	0.328 008	0.223 077	0.004 301	344.171	47.341
64	锅炉及原动机制造业	14	9	7	0.612 768	0.286 522	0.326 246	0.505 495	0.011 185	194.183	37.025
65	金属加工机械制造业	13	5	8	0.486 876	0.101 781	0.385 095	0.576 923	0.011 067	45.254	9.417
66	起重运输设备制造业	12	1	11	0.532 672	0.019 675	0.512 997	0.636 364	0.012 733	34.565	7.625
67	泵、阀门、压缩机及类似机械的制造业	16	9	8	0.559 659	0.227 532	0.332 127	0.516 667	0.009 707	86.570	48.908
68	其他通用设备制造业	36	28	11	1.593 366	1.265 627	0.327 739	0.253 968	0.005 278	408.654	16.341
69	矿山、冶金、建筑专用设备制造业	12	5	7	0.518 593	0.120 747	0.397 846	0.409 091	0.009 392	63.883	1.111
70	化工、木材、非金属加工专用设备制造业	10	1	9	0.421 646	0.007 267	0.414 379	0.577 778	0.010 362	84.796	10.475
71	农、林、牧、渔专用设备制造业	11	3	8	0.415 939	0.029 441	0.386 498	0.400 000	0.008 270	238.053	9.611
72	其他专用设备制造业	15	3	12	0.476 114	0.074 366	0.401 748	0.476 190	0.007 927	124.831	12.925
73	铁路运输设备制造业	15	1	14	0.445 711	0.046 302	0.399 409	0.495 238	0.007 662	88.161	12.250
74	汽车制造业	23	12	11	0.751 853	0.512 129	0.239 724	0.197 628	0.003 077	422.085	18.737
75	船舶及浮动装置制造业	12	2	10	0.465 945	0.091 095	0.374 850	0.363 636	0.006 681	164.938	87.619
76	其他交通运输设备制造业	18	8	11	0.694 218	0.301 858	0.392 360	0.326 797	0.005 044	249.936	85.127

序号	产业部门	度	出度	入度	点权	出权	入权	折扑集聚系数	加权集聚系数	折扑介数	流介数
77	电机制造业	17	8	10	0.715 270	0.211 399	0.503 871	0.566 176	0.011 975	57.564	15.561
78	输配电及控制设备制造业	15	6	9	0.651 519	0.189 414	0.462 105	0.571 429	0.011 976	35.888	123.044
79	电线、电缆、光缆及电工器材制造业	21	15	6	1.026 118	0.561 693	0.464 425	0.338 095	0.005 801	93.524	10.608
80	家用电力和非电力器具制造业	13	4	10	0.533 147	0.065 316	0.467 831	0.487 179	0.008 484	89.953	2.624
81	其他电气机械及器材制造业	22	14	8	0.667 412	0.276 720	0.390 692	0.385 281	0.006 019	136.921	40.595
82	通信设备制造业	11	4	7	0.645 063	0.128 006	0.517 057	0.490 909	0.009 711	29.702	5.602
83	雷达及广播设备制造业	11	2	9	0.526 964	0.017 622	0.509 342	0.472 727	0.008 195	46.610	31.297
84	电子计算机制造业	14	9	6	1.051 841	0.514 419	0.537 422	0.285 714	0.005 964	241.103	198.499
85	电子元器件制造业	23	16	7	3.072 266	2.869 896	0.202 370	0.351 779	0.009 239	203.559	41.606
86	家用视听设备制造业	8	3	5	0.640 531	0.041 936	0.598 595	0.392 857	0.008 589	16.087	9.510
87	其他电子设备制造业	9	5	4	0.497 069	0.058 412	0.438 657	0.555 556	0.013 081	8.245	11.456
88	仪器仪表制造业	20	11	9	0.640 826	0.274 308	0.366 518	0.273 684	0.004 080	170.876	153.950
89	文化、办公用机械制造业	13	3	10	0.688 847	0.053 852	0.634 995	0.551 282	0.011 032	50.052	15.252
90	工艺品及其他制造业	31	19	13	0.579 726	0.162 225	0.417 501	0.204 301	0.002 110	508.603	23.851
91	废品废料	6	5	1	0.385 443	0.373 383	0.012 060	0.200 000	0.005 470	11.227	2.817
92	电力、热力的生产和供应业	26	22	5	1.950 118	1.714 203	0.235 915	0.175 385	0.005 200	303.232	9.337
93	燃气生产和供应业	11	5	7	0.674 505	0.036 497	0.638 008	0.145 455	0.001 954	125.582	79.504
94	水的生产和供应业	10	3	7	0.392 140	0.025 599	0.366 541	0.311 111	0.004 453	111.857	71.833
95	建筑业	27	13	14	0.741 504	0.217 534	0.523 970	0.165 242	0.002 083	618.379	225.209
96	铁路运输业	19	13	6	0.461 476	0.230 848	0.230 628	0.257 310	0.002 995	415.716	176.278

续表

序号	产业部门	度	出度	入度	点权	出权	入权	拓扑集聚系数	加权集聚系数	拓扑介数	流介数
97	道路运输业	24	17	7	0.809 411	0.448 355	0.361 056	0.195 652	0.002 887	516.548	29.870
98	城市公共交通业	7	4	5	0.365 430	0.064 884	0.300 546	0.333 333	0.004 181	70.415	337.279
99	水上运输业	13	7	6	0.477 900	0.103 663	0.374 237	0.217 949	0.003 822	418.747	101.861
100	航空运输业	22	16	6	0.821 630	0.298 100	0.523 530	0.264 069	0.003 022	271.328	161.472
101	管道运输业	7	2	7	0.362 610	0.022 350	0.340 260	0.190 476	0.004 068	116.495	465.549
102	装卸搬运和其他运输服务业	12	4	8	0.553 615	0.111 634	0.441 981	0.333 333	0.006 231	398.851	156.091
103	仓储业	7	4	4	0.528 347	0.027 285	0.501 062	0.333 333	0.003 007	63.683	12.162
104	邮政业	11	3	8	0.316 355	0.029 421	0.286 934	0.290 909	0.004 049	36.232	5.396
105	电信和其他信息传输服务业	22	15	7	0.557 424	0.376 619	0.180 805	0.242 424	0.002 885	456.352	50.623
106	计算机服务业	18	3	15	0.556 295	0.039 644	0.516 651	0.398 693	0.005 215	226.547	373.134
107	软件业	15	1	15	0.509 816	0.009 355	0.500 461	0.438 095	0.006 210	65.006	54.961
108	批发零售业	100	94	8	2.318 732	2.100 840	0.217 892	0.119 394	0.001 568	3 968.911	4 895.390
109	住宿业	31	15	18	0.886 566	0.432 638	0.453 928	0.273 118	0.003 248	659.664	215.398
110	餐饮业	43	32	12	1.255 894	0.793 652	0.462 242	0.159 468	0.002 023	1 785.450	496.749
111	银行业、证券业和其他金融活动	32	31	4	1.199 112	1.128 863	0.070 249	0.175 403	0.002 817	573.279	209.879
112	保险业	26	14	13	0.736 487	0.277 500	0.458 987	0.252 308	0.003 488	638.188	113.132
113	房地产业	15	12	6	0.401 809	0.344 859	0.056 950	0.390 476	0.005 209	875.653	904.702
114	租赁业	12	1	11	0.444 022	0.009 970	0.434 052	0.196 970	0.003 154	29.293	16.991
115	商务服务业	36	24	18	1.395 646	0.870 766	0.524 880	0.230 159	0.003 848	1855.236	362.229
116	旅游业	13	6	7	0.554 572	0.040 908	0.513 664	0.397 436	0.005 354	336.296	310.721

序号	产业部门	度	出度	入度	点权	出权	入权	折扑集聚系数	加权集聚系数	折扑介数	流介数
117	研究与试验发展业	19	6	13	0.337 116	0.058 204	0.278 912	0.269 006	0.002 519	264.930	34.025
118	专业技术服务业	17	7	10	0.333 236	0.109 070	0.224 166	0.316 176	0.003 087	128.761	24.994
119	科技交流和推广服务业	18	5	13	0.337 793	0.027 200	0.310 593	0.248 366	0.002 402	242.996	8.503
120	地质勘查业	14	1	13	0.410 283	0.004 555	0.405 728	0.307 692	0.003 824	66.799	6.748
121	水利管理业	16	2	14	0.198 536	0.055 962	0.142 574	0.258 333	0.001 761	126.423	25.551
122	环境管理业	13	2	11	0.333 474	0.036 237	0.297 237	0.205 128	0.002 394	31.986	2.738
123	公共设施管理业	14	1	13	0.323 719	0.025 535	0.298 184	0.175 824	0.001 749	41.773	73.049
124	居民服务业	12	1	12	0.279 199	0.045 700	0.233 499	0.287 879	0.003 104	20.715	12.460
125	其他服务业	28	14	15	0.815 316	0.436 131	0.379 185	0.169 312	0.002 139	654.600	239.394
126	教育	20	6	14	0.317 218	0.081 580	0.235 638	0.331 579	0.003 058	103.823	34.860
127	卫生	11	6	5	0.572 702	0.100 784	0.471 918	0.200 000	0.002 597	187.302	110.063
128	社会保障业	10	1	9	0.254 614	0.000 220	0.254 394	0.288 889	0.003 539	108.155	49.571
129	社会福利业	4	0	4	0.079 647	0.000 000	0.079 647	0.166 667	0.001 391	0.000	0.000
130	新闻出版业	12	6	6	0.315 577	0.046 983	0.268 594	0.393 939	0.003 692	28.934	4.235
131	广播、电视、电影和音像业	14	2	14	0.353 675	0.014 441	0.339 234	0.307 692	0.003 743	84.719	52.238
132	文化艺术业	16	1	16	0.302 491	0.000 268	0.302 223	0.366 667	0.003 749	57.725	12.693
133	体育	14	0	14	0.338 810	0.000 000	0.338 810	0.384 615	0.004 172	0.000	0.000
134	娱乐业	12	4	9	0.345 121	0.032 615	0.312 506	0.303 030	0.004 371	98.217	108.395
135	公共管理和社会组织	17	1	16	0.294 391	0.000 440	0.293 951	0.220 588	0.002 014	107.489	61.825

附表3 ISRN-CN07网络中间人属性统计

序号	I级分类	序号	II级分类	协调者	中介者	守门人	发言人	联络官
1	农、林、牧、渔业	1	农业	0.011 765	0.035 294	0.047 059	0.188 235	0.717 647
		2	林业	0.000 000	0.071 429	0.000 000	0.125 000	0.803 571
		3	畜牧业	0.000 000	0.250 000	0.100 000	0.000 000	0.650 000
		4	渔业	0.109 091	0.125 000	0.000 000	0.250 000	0.625 000
		5	农、林、牧、渔服务业	0.000 000	0.000 000	0.490 909	0.072 727	0.327 273
2	煤炭开采和洗选业	6	煤炭开采和洗选业	0.000 000	0.012 500	0.000 000	0.000 000	0.987 500
3	石油和天然气开采业	7	石油和天然气开采业	0.000 000	0.066 667	0.000 000	0.000 000	0.933 333
4	黑色金属矿采选业	8	黑色金属矿采选业	0.000 000	0.000 000	0.000 000	0.000 000	1.000 000
5	有色金属矿采选业	9	有色金属矿采选业	0.000 000	0.000 000	0.000 000	0.000 000	1.000 000
	非金属矿及其他矿采选业	10	非金属矿及其他矿采选业	0.000 000	0.092 593	0.000 000	0.000 000	0.907 407
		11	谷物磨制	0.000 000	0.000 000	1.000 000	0.000 000	0.000 000
		12	饲料加工业	0.000 000	0.142 857	0.000 000	0.714 286	0.142 857
		13	植物油加工业	0.000 000	0.000 000	0.555 556	0.000 000	0.444 444
		14	制糖业	0.000 000	0.000 000	1.000 000	0.000 000	0.000 000
		15	屠宰及肉类加工业	0.428 571	0.000 000	0.400 000	0.000 000	0.600 000
		16	水产品加工业	0.000 000	0.000 000	0.500 000	0.000 000	0.500 000
		17	其他食品加工业	0.428 571	0.000 000	0.428 571	0.071 429	0.071 429
		18	方便食品制造业	0.000 000	0.000 000	0.000 000	0.666 667	0.333 333
6	食品制造及烟草加工业	19	液体乳及乳制品制造业	0.250 000	0.000 000	0.750 000	0.000 000	0.000 000
		20	调味品、发酵制品制造业	0.296 296	0.000 000	0.370 370	0.148 148	0.185 185
		21	其他食品制造业	0.538 462	0.000 000	0.461 538	0.000 000	0.000 000
		22	酒精及酒的制造业	0.041 667	0.000 000	0.125 000	0.208 333	0.625 000
		23	软饮料及精制茶加工业	0.000 000	0.000 000	0.000 000	0.500 000	0.500 000
		24	烟草制品业	0.000 000	0.000 000	0.000 000	0.000 000	1.000 000

续表

序号	I级分类	序号	II级分类	协调者	中介者	守门人	发言人	联络官
7	纺织业	25	棉、化纤纺织及印染精加工业	0.051 948	0.103 896	0.311 688	0.090 909	0.441 558
		26	毛织织和染整精加工业	0.111 111	0.027 778	0.388 889	0.111 111	0.361 111
		27	麻纺织、丝绢纺织及精加工业	0.095 238	0.023 810	0.238 095	0.190 476	0.452 381
		28	纺织制成品制造业	0.222 222	0.055 556	0.111 111	0.444 444	0.166 667
		29	针织品、编织品及其制品制造业	0.333 333	0.083 333	0.333 333	0.166 667	0.083 333
8	纺织、服装、鞋、帽、皮革、羽绒及其制品业	30	纺织、服装、鞋、帽制造业	0.008 929	0.053 571	0.053 571	0.133 929	0.750 000
		31	皮革、毛皮、羽毛（绒）及其制品业	0.016 667	0.166 667	0.083 333	0.150 000	0.583 333
9	木材加工及家具制造业	32	木材加工及木、竹、藤、棕、草制品业	0.000 000	0.042 857	0.100 000	0.000 000	0.857 143
		33	家具制造业	0.000 000	0.025 000	0.000 000	0.125 000	0.850 000
10	造纸印刷及文教体育用品制造业	34	造纸及纸制品业	0.000 000	0.068 783	0.095 238	0.000 000	0.835 979
		35	印刷业和记录媒介的复制业	0.000 000	0.000 000	0.000 000	0.200 000	0.800 000
		36	文教体育用品制造业	0.000 000	0.000 000	0.000 000	0.076 923	0.923 077
11	石油加工、炼焦及核燃料加工业	37	石油加工及核燃料加工业	0.000 000	0.111 111	0.000 000	0.000 000	0.888 889
		38	炼焦业	0.000 000	0.000 000	0.000 000	0.000 000	1.000 000
12	化学工业	39	基础化学原料制造业	0.166 667	0.000 000	0.500 000	0.083 333	0.250 000
		40	肥料制造业	0.000 000	0.000 000	0.000 000	0.250 000	0.750 000
		41	农药制造业	0.000 000	0.000 000	0.000 000	0.600 000	0.400 000
		42	涂料、油墨、颜料及类似产品制造业	0.025 000	0.008 333	0.041 667	0.350 000	0.575 000
		43	合成材料制造业	0.333 333	0.000 000	0.222 222	0.266 667	0.177 778
		44	专用化学产品制造业	0.106 061	0.005 051	0.212 121	0.227 273	0.449 495
		45	日用化学产品制造业	0.075 000	0.000 000	0.175 000	0.225 000	0.525 000

续表

Ⅰ级分类	序号	Ⅱ级分类	序号	协调者	中介者	守门人	发言人	联络官
化学工业	12	医药制造业	46	0.000 000	0.142 857	0.000 000	0.142 857	0.714 286
		化学纤维制造业	47	0.107 143	0.089 286	0.142 857	0.321 429	0.339 286
		橡胶制品业	48	0.037 500	0.000 000	0.062 500	0.337 500	0.562 500
		塑料制品业	49	0.071 429	0.011 905	0.071 429	0.428 571	0.416 667
非金属矿物制品业	13	水泥、石灰和石膏制造业	50	0.000 000	0.000 000	0.750 000	0.000 000	0.250 000
		水泥及石膏制品业	51	0.000 000	0.000 000	0.000 000	0.250 000	0.750 000
		砖瓦、石材及其他建筑材料制造业	52	0.062 500	0.031 250	0.437 500	0.062 500	0.406 250
		玻璃及玻璃制品业	53	0.000 000	0.025 000	0.083 333	0.000 000	0.891 667
		陶瓷制品制造业	54	0.041 667	0.041 667	0.291 667	0.083 333	0.541 667
		耐火材料制品制造业	55	0.000 000	0.000 000	0.000 000	0.250 000	0.750 000
		石墨及其他非金属矿物制品制造业	56	0.150 000	0.000 000	0.350 000	0.150 000	0.350 000
金属冶炼及压延加工业	14	炼铁业	57	0.000 000	0.000 000	1.000 000	0.000 000	0.000 000
		炼钢业	58	0.333 333	0.000 000	0.666 667	0.000 000	0.000 000
		钢压延加工业	59	0.022 727	0.000 000	0.022 727	0.477 273	0.477 273
		铁合金冶炼业	60	0.285 714	0.000 000	0.380 952	0.142 857	0.190 476
		有色金属冶炼及合金制造业	61	0.000 000	0.000 000	0.333 333	0.000 000	0.666 667
		有色金属压延加工业	62	0.000 000	0.000 000	0.000 000	0.500 000	0.500 000
金属制品业	15	金属制品业	63	0.238 095	0.021 622	0.000 000	0.000 000	0.978 378
通用、专用设备制造业	16	锅炉及原动机械制造业	64	0.000 000	0.063 492	0.317 460	0.190 476	0.190 476
		金属加工机械制造业	65	0.100 000	0.025 000	0.700 000	0.025 000	0.150 000
		起重运输设备制造业	66	0.000 000	0.000 000	0.000 000	0.181 818	0.818 182

| 附　录 |

续表

序号	I 级分类	序号	II 级分类	协调者	中介者	守门人	发言人	联络官
16	通用、专用设备制造业	67	泵、阀门、压缩机及类似机械的制造业	0.083 333	0.013 889	0.583 333	0.041 667	0.277 778
		68	其他通用设备制造业	0.051 948	0.022 727	0.233 766	0.129 870	0.561 688
		69	矿山、冶金、建筑专用设备制造业	0.000 000	0.000 000	0.000 000	0.428 571	0.571 429
		70	化工、木材、非金属加工专用设备制造业	0.000 000	0.111 111	0.000 000	0.444 444	0.444 444
		71	农、林、牧、渔专用设备制造业	0.000 000	0.000 000	0.000 000	0.375 000	0.625 000
		72	其他专用设备制造业	0.000 000	0.000 000	0.000 000	0.333 333	0.666 667
17	交通运输设备制造业	73	铁路运输设备制造业	0.000 000	0.045 455	0.000 000	0.071 429	0.928 572
		74	汽车制造业	0.000 000	0.000 000	0.000 000	0.000 000	0.954 545
		75	船舶及浮动装置制造业	0.000 000	0.045 455	0.250 000	0.100 000	0.900 000
		76	其他交通运输设备制造业	0.000 000	0.112 500	0.087 500	0.000 000	0.704 545
		77	电机制造业	0.037 500	0.037 037	0.129 630	0.262 500	0.500 000
		78	输配电及控制设备制造业	0.037 037	0.000 000	0.266 667	0.185 185	0.611 111
18	电气机械及器材制造业	79	电线、电缆、光缆及电工器材制造业	0.000 000	0.025 000	0.000 000	0.000 000	0.733 333
		80	家用电力和非电力器具制造业	0.000 000	0.026 786	0.187 500	0.300 000	0.675 000
		81	其他电气机械及器材制造业	0.026 786	0.000 000	0.214 286	0.098 214	0.660 714
		82	通信设备制造业	0.035 714	0.000 000	0.000 000	0.107 143	0.642 857
19	通信设备、计算机及其他电子设备制造业	83	雷达及广播设备制造业	0.000 000	0.037 037	0.000 000	0.333 333	0.666 667
		84	电子计算机制造业	0.000 000	0.000 000	0.000 000	0.333 333	0.629 630
		85	电子元器件制造业	0.000 000	0.000 000	0.312 500	0.000 000	0.687 500
		86	家用视听设备制造业	0.000 000	0.000 000	0.000 000	0.400 000	0.600 000
		87	其他电子设备制造业	0.150 000	0.000 000	0.450 000	0.100 000	0.300 000

续表

序号	I级分类	序号	II级分类	协调者	中介者	守门人	发言人	联络官
20	仪器仪表及文化办公用机械制造业	88	仪器仪表制造业	0.000 000	0.020 202	0.000 000	0.111 111	0.868 687
		89	文化、办公用机械制造业	0.000 000	0.000 000	0.333 333	0.000 000	0.666 667
21	工艺品及其他制造业	90	工艺品及其他制造业	0.000 000	0.032 389	0.000 000	0.000 000	0.967 611
22	废品废料	91	废品废料	0.000 000	0.000 000	0.000 000	0.000 000	1.000 000
23	电力、热力的生产和供应业	92	电力、热力的生产和供应业	0.000 000	0.018 182	0.000 000	0.000 000	0.981 818
24	燃气生产和供应业	93	燃气生产和供应业	0.000 000	0.057 143	0.000 000	0.000 000	0.942 857
25	水的生产和供应业	94	水的生产和供应业	0.000 000	0.000 000	0.000 000	0.000 000	1.000 000
26	建筑业	95	建筑业	0.000 000	0.016 484	0.000 000	0.000 000	0.983 517
27	交通运输及仓储业	96	铁路运输业	0.000 000	0.038 462	0.000 000	0.000 000	0.961 539
		97	道路运输业	0.008 403	0.000 000	0.050 420	0.134 454	0.806 723
		98	城市公共交通业	0.000 000	0.200 000	0.000 000	0.000 000	0.800 000
		99	水上运输业	0.000 000	0.023 810	0.000 000	0.333 333	0.642 857
		100	航空运输业	0.000 000	0.010 417	0.000 000	0.166 667	0.822 917
		101	管道运输业	0.000 000	0.142 857	0.000 000	0.000 000	0.857 143
		102	装卸搬运和其他运输服务业	0.062 500	0.000 000	0.437 500	0.062 500	0.437 500
		103	仓储业	0.000 000	0.062 500	0.500 000	0.000 000	0.437 500
28	邮政业	104	邮政业	0.000 000	0.000 000	0.000 000	0.000 000	1.000 000
29	信息传输、计算机服务和软件业	105	电信和其他信息传输服务业	0.000 000	0.000 000	0.133 333	0.000 000	0.866 667
		106	计算机服务业	0.022 222	0.000 000	0.311 111	0.044 444	0.622 222
		107	软件业	0.000 000	0.066 667	0.000 000	0.133 333	0.800 000

续表

序号	Ⅰ级分类	序号	Ⅱ级分类	协调者	中介者	守门人	发言人	联络官
30	批发和零售业	108	批发零售业	0.000 000	0.009 309	0.000 000	0.000 000	0.990 691
31	住宿和餐饮业	109	住宿业	0.000 000	0.033 333	0.000 000	0.055 556	0.911 111
		110	餐饮业	0.000 000	0.007 813	0.031 250	0.000 000	0.960 938
32	金融业	111	银行业、证券业和其他金融活动	0.000 000	0.072 581	0.032 258	0.000 000	0.895 161
		112	保险业	0.000 000	0.071 429	0.000 000	0.076 923	0.851 648
33	房地产业	113	房地产业	0.000 000	0.083 333	0.000 000	0.000 000	0.916 667
34	租赁和商务服务业	114	租赁业	0.000 000	0.000 000	0.000 000	0.000 000	1.000 000
		115	商务服务业	0.000 000	0.025 463	0.000 000	0.000 000	0.974 537
		116	旅游业	0.000 000	0.000 000	0.000 000	0.000 000	1.000 000
35	研究与试验发展业	117	研究与试验发展业	0.000 000	0.038 462	0.000 000	0.000 000	0.961 538
36	综合技术服务业	118	专业技术服务业	0.000 000	0.000 000	0.285 714	0.000 000	0.714 286
		119	科技交流和推广服务业	0.000 000	0.000 000	0.000 000	0.076 923	0.923 077
		120	地质勘查业	0.000 000	0.000 000	0.000 000	0.076 923	0.923 077
37	水利、环境和公共设施管理业	121	水利管理业	0.000 000	0.000 000	0.000 000	0.000 000	1.000 000
		122	环境管理业	0.000 000	0.000 000	0.500 000	0.000 000	0.500 000
		123	公共设施管理业	0.000 000	0.000 000	0.000 000	0.076 923	0.923 077
38	居民服务和其他服务业	124	居民服务业	0.083 333	0.000 000	0.916 667	0.000 000	0.000 000
		125	其他服务业	0.004 762	0.014 286	0.066 667	0.061 905	0.852 381
39	教育	126	教育	0.000 000	0.023 810	0.000 000	0.000 000	0.976 191

续表

序号	I 级分类	序号	II 级分类	协调者	中介者	守门人	发言人	联络官
40	卫生、社会保障和社会福利业	127	卫生	0.000 000	0.033 333	0.333 333	0.000 000	0.633 333
		128	社会保障业	0.000 000	0.000 000	0.000 000	0.111 111	0.888 889
		129	社会福利业	0.000 000	0.000 000	0.000 000	0.250 000	0.750 000
		130	新闻出版业	0.035 714	0.071 429	0.166 667	0.000 000	0.833 333
41	文化、体育和娱乐业	131	广播、电视、电影和音像业	0.000 000	0.062 500	0.464 286	0.035 714	0.392 857
		132	文化艺术业	0.000 000	0.062 500	0.000 000	0.062 500	0.875 000
		133	体育	0.000 000	0.000 000	0.000 000	0.000 000	1.000 000
		134	娱乐业	0.027 778	0.027 778	0.222 222	0.083 333	0.638 889
42	公共管理和社会组织	135	公共管理和社会组织	0.000 000	0.000 000	0.000 000	0.000 000	1.000 000

附表 4 ICDN1-AU（阈值 2%）网络指标统计

序号	产业部门	度	出度	入度	点权	出权	入权	拓扑集聚系数	加权集聚系数	拓扑介数	流介数
31	皮革、毛皮、羽毛（绒）及其制品业	1	1	0	0.042 063	0.042 063	0.000 000	0.000 000	0.000 000	0.000	0.000
33	家具制造业	3	0	3	0.118 041	0.000 000	0.118 041	0.000 000	0.000 000	0.000	0.000
48	橡胶制品业	2	2	0	0.064 885	0.064 885	0.000 000	1.000 000	0.019 090	0.000	0.000
49	塑料制品业	2	2	0	0.058 493	0.058 493	0.000 000	0.000 000	0.000 000	0.000	0.000
59	钢压延加工业	7	7	0	0.722 818	0.722 818	0.000 000	0.733 333	0.029 757	0.000	0.000
64	锅炉及原动机制造业	5	1	4	0.340 094	0.059 530	0.280 564	0.800 000	0.024 721	0.500	0.000
66	起重运输设备制造业	5	0	5	0.364 021	0.000 000	0.364 021	0.900 000	0.024 043	0.000	0.000

续表

序号	产业部门	度	出度	入度	点权	出权	入权	折扑集聚系数	加权集聚系数	折扑介数	流介数
67	泵、阀门、压缩机及类似机械的制造业	6	3	3	0.235 545	0.078 581	0.156 964	0.800 000	0.017 606	0.000	0.000
68	其他通用设备制造业	7	5	2	0.474 942	0.334 587	0.140 355	0.761 905	0.022 233	0.000	1.000
71	农、林、牧、渔专用机械制造业	6	0	6	0.340 851	0.000 000	0.340 851	0.600 000	0.016 943	0.000	0.000
74	汽车制造业	16	11	5	0.671 324	0.497 264	0.174 060	0.241 758	0.005 064	59.000	53.500
81	其他电气机械及器材制造业	1	0	1	0.034 097	0.000 000	0.034 097	0.000 000	0.000 000	0.000	0.000
97	道路运输业	3	1	2	0.137 055	0.032 779	0.104 276	1.000 000	0.019 591	17.000	11.833
98	城市公共交通业	1	0	1	0.068 311	0.000 000	0.068 311	0.000 000	0.000 000	0.000	0.000
106	计算机服务业	3	0	3	0.078 618	0.000 000	0.078 618	1.000 000	0.016 023	0.000	0.000
108	批发零售业	10	9	2	0.312 538	0.220 246	0.092 292	0.377 778	0.006 151	44.000	61.833
114	租赁业	2	0	2	0.061 672	0.000 000	0.061 672	1.000 000	0.019 699	0.000	0.000
115	商务服务业	3	2	2	0.152 793	0.086 858	0.065 935	1.000 000	0.019 357	6.000	0.833
117	研究与试验发展业	0	0	0	0.000 000	0.000 000	0.000 000	0.000 000	0.000 000	0.000	0.000
119	科技交流和推广服务业	0	0	0	0.000 000	0.000 000	0.000 000	0.000 000	0.000 000	0.000	0.000
122	环境管理业	2	0	2	0.058 052	0.000 000	0.058 052	1.000 000	0.018 778	0.000	0.000
123	公共设施管理业	2	0	2	0.054 648	0.000 000	0.054 648	1.000 000	0.018 184	0.000	0.000
125	其他服务业	6	4	2	0.186 190	0.100 557	0.085 633	0.400 000	0.007 412	5.500	2.000
135	公共管理和社会组织	1	0	1	0.020 271	0.000 000	0.020 271	0.000 000	0.000 000	0.000	0.000

附表 5 ICDN1-MTS（阈值 2%）网络指标统计

序号	产业部门	度	出度	入度	点权	出权	入权	拓扑集聚系数	加权集聚系数	拓扑介数	流介数
2	林业	2	1	1	0.050 905	0.020 193	0.030 712	0.000 000	0.000 000	29.000	29.000
5	农、林、牧、渔服务业	1	1	0	0.030 712	0.030 712	0.000 000	0.000 000	0.000 000	0.000	0.000
9	有色金属矿采选业	1	0	1	0.025 961	0.000 000	0.025 961	0.000 000	0.000 000	0.000	0.000
26	毛纺织和染整精加工业	1	0	1	0.026 690	0.000 000	0.026 690	0.000 000	0.000 000	0.000	0.000
35	印刷业和记录媒介的复制业	6	4	2	0.208 416	0.147 102	0.061 314	0.200 000	0.004 401	26.000	14.000
42	涂料、油墨、颜料及类似产品制造业	4	2	2	0.195 628	0.088 842	0.106 786	0.000 000	0.000 000	9.500	2.000
44	专用化学产品制造业	6	5	1	0.240 866	0.220 673	0.020 193	0.200 000	0.003 680	56.000	56.000
54	陶瓷制品制造业	1	0	1	0.049 071	0.000 000	0.049 071	0.000 000	0.000 000	0.000	0.000
63	金属制品业	10	10	0	0.375 292	0.375 292	0.000 000	0.166 667	0.002 366	4.000	0.000
73	铁路运输设备制造业	4	1	3	0.125 734	0.046 302	0.079 432	1.000 000	0.023 310	2.500	0.000
74	汽车制造业	2	1	1	0.071 094	0.042 276	0.028 818	0.214 286	0.003 876	5.500	0.000
79	电线、电缆、光缆及电工器材制造业	8	7	1	0.306 970	0.272 659	0.034 311	0.500 000	0.010 304	0.000	0.000
80	家用电力和非电力器具制造业	5	1	4	0.193 927	0.023 522	0.170 405	0.666 667	0.010 875	0.000	0.000
82	通信设备制造业	3	1	2	0.119 883	0.026 428	0.093 455	0.666 667	0.010 875	0.000	0.000
83	雷达及广播设备制造业	3	0	3	0.084 398	0.000 000	0.084 398	0.333 333	0.007 812	6.867	0.250
84	电子计算机制造业	7	5	2	0.295 081	0.236 295	0.058 786	0.333 333	0.005 364	4.367	0.000
86	家用视听设备制造业	3	1	2	0.086 101	0.024 720	0.061 381	0.190 476	0.003 719	5.600	0.000
88	仪器仪表制造业	7	5	2	0.228 238	0.169 174	0.059 064				

续表

序号	产业部门	度	出度	入度	点权	出权	入权	拓扑集聚系数	加权集聚系数	拓扑介数	流介数
95	建筑业	3	0	3	0.088 808	0.000 000	0.088 808	0.333 333	0.005 518	0.000	0.000
96	铁路运输业	2	0	2	0.102 973	0.000 000	0.102 973	0.000 000	0.000 000	0.000	0.000
100	航空运输业	3	2	1	0.085 686	0.057 711	0.027 975	0.333 333	0.004 567	0.500	0.000
107	软件业	6	0	6	0.314 463	0.000 000	0.314 463	0.400 000	0.010 439	0.000	0.000
108	批发零售业	15	13	3	0.486 150	0.367 071	0.119 079	0.123 810	0.002 464	126.800	127.667
109	住宿业	4	1	3	0.108 471	0.023 203	0.085 268	0.666 667	0.011 488	5.167	0.000
110	餐饮业	6	5	1	0.152 024	0.122 509	0.029 515	0.200 000	0.002 911	14.667	9.000
111	银行业、证券业和其他金融活动	11	11	1	0.410 425	0.372 037	0.038 388	0.254 545	0.004 918	31.700	0.333
113	房地产业	4	2	2	0.110 767	0.066 932	0.043 835	0.833 333	0.014 055	0.000	0.917
115	商务服务业	14	7	9	0.660 278	0.290 641	0.369 637	0.230 769	0.005 203	185.833	188.167
117	研究与试验发展业	6	0	6	0.195 022	0.000 000	0.195 022	0.133 333	0.002 189	0.000	0.000
118	专业技术服务业	5	1	4	0.185 767	0.052 296	0.133 471	0.200 000	0.003 587	2.000	0.000
119	科技交流和推广服务业	6	0	6	0.208 834	0.000 000	0.208 834	0.266 667	0.004 641	0.000	0.000
120	地质勘查业	6	0	6	0.202 614	0.000 000	0.202 614	0.200 000	0.003 386	0.000	0.000
121	水利管理业	0	0	0	0.000 000	0.000 000	0.000 000	0.000 000	0.000 000	0.000	0.000
126	教育	5	0	5	0.125 931	0.000 000	0.125 931	0.300 000	0.004 509	0.000	0.000

附表6 ICDN1-PEU&M（阈值2%）网络指标统计

序号	产业部门	度	出度	入度	点权	出权	入权	拓扑集聚系数	加权集聚系数	拓扑介数	流介数
6	煤炭开采和洗选业	10	6	5	0.836 402	0.658 450	0.177 952	0.200 000	0.006 373	124.633	21.500
7	石油和天然气开采业	7	5	3	1.484 779	1.328 225	0.156 554	0.142 857	0.005 813	224.950	479.833
8	黑色金属矿采选业	7	3	4	0.787 460	0.526 608	0.260 852	0.333 333	0.014 722	56.983	17.200
9	有色金属矿采选业	7	1	6	0.356 825	0.075 359	0.281 466	0.190 476	0.006 253	109.167	136.250
10	非金属矿及其他矿采选业	11	6	5	0.708 836	0.509 665	0.199 171	0.272 727	0.008 472	57.583	19.167
37	石油及核燃料加工业	23	23	1	2.944 307	2.287 015	0.657 292	0.114 286	0.004 404	212.050	154.250
38	炼焦业	7	3	4	0.671 771	0.205 318	0.466 453	0.238 095	0.009 496	46.783	87.167
39	基础化学原料制造业	9	6	4	1.222 286	0.918 098	0.304 188	0.416 667	0.021 028	59.917	51.333
40	肥料制造业	6	0	6	0.395 094	0.000 000	0.395 094	0.400 000	0.014 850	0.000	0.000
42	涂料、油墨、颜料及类似产品制造业	5	1	4	0.407 027	0.049 071	0.357 956	0.600 000	0.028 524	3.000	0.000
43	合成材料制造业	6	4	3	0.731 673	0.261 223	0.470 450	0.533 333	0.028 703	2.667	3.000
44	专用化学产品制造业	7	6	3	0.553 848	0.237 793	0.316 055	0.190 476	0.010 944	122.333	120.667
47	化学纤维制造业	3	0	3	0.351 573	0.000 000	0.351 573	0.333 333	0.024 872	0.000	0.000
53	玻璃及玻璃制品制造业	5	0	5	0.272 287	0.000 000	0.272 287	0.500 000	0.016 162	0.000	0.000
54	陶瓷制品制造业	3	0	3	0.249 390	0.000 000	0.249 390	0.666 667	0.019 152	0.000	0.000
55	耐火材料制品制造业	5	0	5	0.213 475	0.000 000	0.213 475	0.600 000	0.014 438	0.000	0.000
56	石墨及其他非金属矿物制品制造业	6	1	5	0.255 176	0.029 837	0.225 339	0.400 000	0.009 265	6.000	0.333
57	炼铁业	3	1	2	0.423 524	0.045 910	0.377 614	0.666 667	0.030 982	0.000	4.667
59	钢压延加工业	7	6	2	0.676 297	0.531 681	0.144 616	0.333 333	0.013 424	301.600	363.567
60	铁合金冶炼业	6	1	6	0.479 499	0.022 077	0.457 422	0.400 000	0.019 383	203.917	304.033

| 附 录 |

续表

序号	产业部门	度	出度	入度	点权	出权	入权	拓扑集聚系数	加权集聚系数	拓扑介数	流介数
68	其他通用设备制造业	11	9	2	0.447 049	0.306 694	0.140 355	0.218 182	0.005 519	123.667	36.533
69	矿山、冶金、建筑专用设备制造业	7	4	3	0.371 503	0.104 048	0.267 455	0.333 333	0.009 321	89.400	35.783
72	其他专用设备制造业	3	0	3	0.185 949	0.000 000	0.185 949	0.666 667	0.019 881	0.000	0.000
92	电力、热力的生产和供应业	14	13	2	1.232 463	1.087 124	0.145 339	0.241 758	0.009 316	91.483	73.450
93	燃气生产和供应业	2	0	2	0.563 137	0.000 000	0.563 137	0.000 000	0.000 000	0.000	0.000
96	铁路运输业	2	0	2	0.103 031	0.000 000	0.103 031	1.000 000	0.023 509	0.000	0.000
97	道路运输业	7	6	1	0.338 586	0.166 372	0.172 214	0.238 095	0.007 172	8.983	4.450
98	城市公共交通业	2	1	1	0.194 791	0.029 349	0.165 442	0.000 000	0.000 000	20.000	20.750
99	水上运输业	3	1	2	0.290 038	0.020 725	0.269 313	0.333 333	0.018 614	112.017	112.033
100	航空运输业	3	1	2	0.366 432	0.026 021	0.340 411	0.666 667	0.037 903	5.000	0.000
101	管道运输业	2	0	2	0.183 852	0.000 000	0.183 852	1.000 000	0.034 774	0.000	0.000
102	装卸搬运和其他运输服务业	6	2	4	0.404 325	0.064 207	0.340 118	0.200 000	0.012 060	95.200	76.583
108	批发零售业	6	4	2	0.142 981	0.089 477	0.053 504	0.200 000	0.003 003	141.667	148.617
112	保险业	4	3	1	0.136 367	0.107 018	0.029 349	0.000 000	0.000 000	37.000	37.250
114	租赁业	2	0	2	0.121 857	0.000 000	0.121 857	0.000 000	0.014 559	0.000	0.000
120	地质勘查业	3	0	3	0.133 936	0.000 000	0.133 936	0.333 333	0.000 000	0.000	0.000
122	环境管理业	1	0	1	0.065 215	0.000 000	0.065 215	0.000 000	0.000 000	0.000	0.000
124	居民服务业	2	0	2	0.049 137	0.000 000	0.049 137	0.000 000	0.000 000	0.000	0.000
129	社会福利业	0	0	0	0.000 000	0.000 000	0.000 000	0.000 000	0.000 000	0.000	0.000
135	公共管理和社会组织	1	0	1	0.022 552	0.000 000	0.022 552	0.000 000	0.000 000	0.000	0.000

197

附表7　ISTN-CN07 网络指标统计

序号	产业部门	流介数	随机游走中介性	累计首达介数
1	农业	301.569	0.012 692	5.876 902
2	林业	314.647	0.001 020	0.466 326
3	畜牧业	307.401	0.011 088	5.540 565
4	渔业	308.09	0.003 396	1.569 830
5	农、林、牧、渔服务业	183.243	0.001 770	0.808 250
6	煤炭开采和洗选业	414.33	0.009 214	4.355 036
7	石油和天然气开采业	363.577	0.007 588	3.276 995
8	黑色金属矿采选业	169.501	0.003 446	1.580 763
9	有色金属矿采选业	197.549	0.002 336	1.062 976
10	非金属矿及其他矿采选业	261.659	0.003 813	1.739 699
11	谷物磨制业	257.028	0.002 923	1.326 808
12	饲料加工业	201.377	0.004 778	2.215 408
13	植物油加工业	370.259	0.002 756	1.676 567
14	制糖业	205.294	0.000 583	0.293 196
15	屠宰及肉类加工业	235.068	0.006 133	3.234 825
16	水产品加工业	208.229	0.003 080	1.603 162
17	其他食品加工业	291.098	0.003 962	1.960 201
18	方便食品制造业	172.027	0.001 764	1.040 142
19	液体乳及乳制品制造业	194.212	0.001 984	1.434 343
20	调味品、发酵制品制造业	184.676	0.001 441	0.790 301
21	其他食品制造业	282.429	0.004 803	2.603 204
22	酒精及酒的制造业	345.343	0.002 592	1.274 638
23	软饮料及精制茶加工业	420.87	0.003 898	1.818 286
24	烟草制品业	424.205	0.002 044	1.022 625
25	棉、化纤纺织及印染精加工业	375.284	0.009 019	6.165 691
26	毛纺织和染整精加工业	231.644	0.001 869	0.955 683
27	麻纺织、丝绢纺织及精加工业	229.502	0.001 739	0.988 548
28	纺织制成品制造业	304.785	0.004 173	2.131 786
29	针织品、编织品及其制品制造业	271.57	0.005 755	3.653 210
30	纺织、服装、鞋、帽制造业	418.979	0.016 747	7.781 495

| 附　录 |

续表

序号	产业部门	流介数	随机游走中介性	累计首达介数
31	皮革、毛皮、羽毛（绒）及其制品业	307.563	0.008 734	8.678 479
32	木材加工及木、竹、藤、棕、草制品业	408.041	0.003 943	2.445 110
33	家具制造业	355.363	0.005 141	2.231 139
34	造纸及纸制品业	432.96	0.005 100	2.977 763
35	印刷业和记录媒介的复制业	392.347	0.002 904	1.302 711
36	文教体育用品制造业	342.08	0.003 451	1.617 644
37	石油及核燃料加工业	437.141	0.010 553	4.776 829
38	炼焦业	193.398	0.002 764	1.206 405
39	基础化学原料制造业	388.661	0.007 259	3.573 282
40	肥料制造业	258.962	0.003 009	1.493 930
41	农药制造业	231.192	0.000 819	0.427 234
42	涂料、油墨、颜料及类似产品制造业	392.611	0.002 488	1.237 068
43	合成材料制造业	412.345	0.005 368	2.451 198
44	专用化学产品制造业	429.794	0.005 560	2.650 155
45	日用化学产品制造业	415.111	0.002 163	1.129 503
46	医药制造业	403.45	0.006 478	3.574 190
47	化学纤维制造业	305.756	0.002 522	1.386 440
48	橡胶制品业	367.858	0.003 510	1.789 757
49	塑料制品业	418.723	0.007 618	4.327 974
50	水泥、石灰和石膏制造业	325.598	0.005 431	2.480 803
51	水泥及石膏制品制造业	275.688	0.003 198	1.440 826
52	砖瓦、石材及其他建筑材料制造业	304.04	0.004 422	2.073 425
53	玻璃及玻璃制品制造业	379.495	0.003 016	1.467 941
54	陶瓷制品制造业	252.868	0.001 405	0.624 647
55	耐火材料制品制造业	333.132	0.001 447	0.656 442
56	石墨及其他非金属矿物制品制造业	332.271	0.001 325	0.661 662
57	炼铁业	167.963	0.002 436	1.091 554
58	炼钢业	179.224	0.004 818	2.125 826
59	钢压延加工业	376.885	0.022 637	10.904 815
60	铁合金冶炼业	167.493	0.001 140	0.539 682

续表

序号	产业部门	流介数	随机游走中介性	累计首达介数
61	有色金属冶炼及合金制造业	253.686	0.008 051	3.787 711
62	有色金属压延加工业	297.768	0.006 678	3.091 488
63	金属制品业	450.65	0.016 287	8.173 047
64	锅炉及原动机制造业	308.236	0.003 863	2.114 710
65	金属加工机械制造业	312.456	0.002 868	1.426 062
66	起重运输设备制造业	248.258	0.003 188	1.804 343
67	泵、阀门、压缩机及类似机械的制造业	332.02	0.003 707	1.936 307
68	其他通用设备制造业	437.9	0.011 701	6.279 592
69	矿山、冶金、建筑专用设备制造业	270.763	0.004 781	2.476 608
70	化工、木材、非金属加工专用设备制造业	217.511	0.002 364	1.268 904
71	农、林、牧、渔专用机械制造业	149.363	0.001 672	1.207 289
72	其他专用设备制造业	371.733	0.006 292	3.287 445
73	铁路运输设备制造业	216.526	0.001 512	0.934 868
74	汽车制造业	433.131	0.020 817	22.566 937
75	船舶及浮动装置制造业	96.238	0.003 739	2.414 339
76	其他交通运输设备制造业	337.053	0.005 320	3.792 155
77	电机制造业	317.619	0.003 027	1.468 855
78	输配电及控制设备制造业	278.025	0.005 690	3.119 211
79	电线、电缆、光缆及电工器材制造业	338.67	0.005 799	2.608 830
80	家用电力和非电力器具制造业	371.56	0.006 710	4.093 385
81	其他电气机械及器材制造业	378.853	0.003 904	1.808 802
82	通信设备制造业	254.901	0.006 479	7.848 594
83	雷达及广播设备制造业	82.587	0.001 612	1.381 088
84	电子计算机制造业	340.413	0.010 310	10.076 130
85	电子元器件制造业	303.536	0.007 637	4.369 300
86	家用视听设备制造业	122.936	0.002 348	1.346 744
87	其他电子设备制造业	58.936	0.000 698	0.340 963
88	仪器仪表制造业	379.725	0.003 119	1.459 845
89	文化、办公用机械制造业	268.214	0.001 728	0.857 881
90	工艺品及其他制造业	455.646	0.006 813	3.344 821

| 附 录 |

续表

序号	产业部门	流介数	随机游走中介性	累计首达介数
91	废品废料	291.464	0.000 392	0.196 300
92	电力、热力的生产和供应业	452.879	0.019 840	13.125 288
93	燃气生产和供应业	351.605	0.000 942	0.440 967
94	水的生产和供应业	370.395	0.001 048	0.478 481
95	建筑业	395.677	0.070 128	38.254 200
96	铁路运输业	453.515	0.004 062	1.751 752
97	道路运输业	447.448	0.011 767	5.373 468
98	城市公共交通业	349.563	0.002 421	1.045 078
99	水上运输业	441.325	0.006 713	3.198 876
100	航空运输业	418.602	0.004 618	2.129 996
101	管道运输业	285.445	0.000 686	0.303 881
102	装卸搬运和其他运输服务业	434.39	0.005 212	2.231 542
103	仓储业	337.362	0.000 803	0.381 185
104	邮政业	326.839	0.001 992	0.891 777
105	电信和其他信息传输服务业	427.861	0.008 549	3.707 324
106	计算机服务业	280.824	0.002 245	1.006 347
107	软件业	31.89	0.002 049	0.925 374
108	批发零售业	454.206	0.033 700	14.115 573
109	住宿业	415.966	0.004 623	2.011 833
110	餐饮业	453.183	0.020 145	8.200 904
111	银行业、证券业和其他金融活动	439.434	0.008 928	4.027 003
112	保险业	399.988	0.008318	4.133 630
113	房地产业	423.578	0.014 162	6.225 595
114	租赁业	243.936	0.000 446	0.201 993
115	商务服务业	448.701	0.016 188	7.171 339
116	旅游业	312.566	0.004 343	2.412 581
117	研究与试验发展业	413.784	0.002 079	0.914 189
118	专业技术服务业	430.885	0.003 235	1.476 545
119	科技交流和推广服务业	286.756	0.000 904	0.395 770
120	地质勘查业	66.884	0.000 915	0.418 525

续表

序号	产业部门	流介数	随机游走中介性	累计首达介数
121	水利管理业	235.682	0.000 535	0.259 257
122	环境管理业	375.732	0.001 233	0.545 542
123	公共设施管理业	159.13	0.002 275	0.983 881
124	居民服务业	330.486	0.006 802	3.648 065
125	其他服务业	438.868	0.009 170	3.896 726
126	教育	414.509	0.018 643	9.700 624
127	卫生	415.573	0.026 799	11.629 372
128	社会保障业	244.147	0.000 351	0.160 811
129	社会福利业	—	—	—
130	新闻出版业	282.086	0.000 777	0.343 637
131	广播、电视、电影和音像业	359.266	0.002 432	1.191 711
132	文化艺术业	290.875	0.001 281	1.001 410
133	体育	—	—	—
134	娱乐业	405.299	0.001 778	0.769 004
135	公共管理和社会组织	326.397	0.035 638	15.292 012

附表 8 ISTN-CN02 网络指标统计

序号	产业部门	流介数	随机游走中介性	累计首达介数
1	农业	285.555	0.019 482	7.936 890
2	林业	247.266	0.002 766	1.158 567
3	木材及竹材采运业	246.011	0.000 795	0.312 852
4	畜牧业	250.665	0.017 267	8.248 346
5	渔业	177.833	0.005 443	2.495 551
6	农、林、牧、渔服务业	186.245	0.001 644	0.646 601
7	煤炭开采和洗选业	420.713	0.009 568	3.731 899
8	石油和天然气开采业	280.681	0.005 031	1.918 482
9	黑色金属矿采选业	104.127	0.001 760	0.718 261
10	有色金属矿采选业	151.698	0.002 043	0.810 770
11	采盐业	81.487	0.000 313	0.130 928
12	其他非金属矿采选业	265.260	0.003 772	1.501 063

| 附 录 |

续表

序号	产业部门	流介数	随机游走中介性	累计首达介数
13	谷物磨制业	149.549	0.003 495	1.359 060
14	饲料加工业	182.975	0.006 856	2.744 131
15	植物油加工业	141.814	0.002 763	1.459 913
16	制糖业	92.417	0.000 834	0.367 568
17	屠宰及肉类加工业	156.776	0.008 785	3.459 516
18	水产品加工业	108.110	0.003 585	1.504 756
19	其他食品加工和食品制造业	213.017	0.012 109	6.721 355
20	酒精及酒制造业	215.531	0.002 858	1.223 590
21	其他饮料制造业	155.823	0.003 128	1.378 925
22	烟草制品业	71.205	0.001 074	0.583 845
23	棉、化纤纺织及印染精加工业	346.090	0.009 083	5.169 987
24	毛纺织和染整精加工业	253.267	0.003 124	1.455 291
25	麻纺织、丝绢纺织及精加工业	199.587	0.002 018	1.113 919
26	纺织制成品制造业	323.722	0.002 600	1.111 190
27	针织品、编织品及其制品制造业	275.996	0.005 805	2.836 088
28	纺织、服装、鞋、帽制造业	397.106	0.019 119	7.811 832
29	皮革、毛皮、羽毛（绒）及其制品业	235.669	0.010 628	16.786 611
30	木材加工及木、竹、藤、棕、草制品业	367.658	0.004 924	2.497 773
31	家具制造业	332.569	0.005 898	2.266 884
32	造纸及纸制品业	426.551	0.007 019	3.461 371
33	印刷业和记录媒介的复制业	404.581	0.004 937	1.964 450
34	文化用品制造业	267.761	0.000 918	0.360 407
35	玩具体育娱乐用品制造业	203.283	0.004 362	3.198 851
36	石油及核燃料加工业	457.278	0.009 301	3.658 654
37	炼焦业	145.715	0.001 717	0.668 157
38	基础化学原料制造业	387.486	0.005 195	2.210 129
39	肥料制造业	218.940	0.003 671	1.493 659
40	农药制造业	162.772	0.001 020	0.444 064
41	涂料、颜料、油墨及类似产品制造业	393.441	0.003 217	1.504 254
42	合成材料制造业	357.559	0.003 440	1.358 560

续表

序号	产业部门	流介数	随机游走中介性	累计首达介数
43	专用化学产品制造业	428.869	0.005 317	2.321 143
44	日用化学产品制造业	359.110	0.002 499	1.155 830
45	医药制造业	307.141	0.006 906	3.557 791
46	化学纤维制造业	315.719	0.002 049	0.974 741
47	橡胶制品业	412.161	0.003 737	1.564 564
48	塑料制品业	451.254	0.010 409	5.116 825
49	水泥、石灰和石膏制造业	371.496	0.006 321	2.427 073
50	玻璃及玻璃制品制造业	385.163	0.002 525	1.042 023
51	陶瓷制品制造业	189.423	0.001 586	0.625 197
52	耐火材料制品制造业	280.766	0.001 819	0.717 317
53	其他非金属矿物制品制造业	385.191	0.003 248	1.328 492
54	炼铁业	151.775	0.002 358	0.935 864
55	炼钢业	239.259	0.005 192	2.036 066
56	钢压延加工业	424.493	0.016 950	6.764 012
57	铁合金冶炼业	174.870	0.001 090	0.455 472
58	有色金属冶炼业	234.722	0.005 051	2.115 121
59	有色金属压延加工业	312.134	0.004 636	1.829 690
60	金属制品业	463.527	0.014 948	6.397 220
61	锅炉及原动机制造业	267.662	0.002 710	1.306 885
62	金属加工机械制造业	319.534	0.002 059	0.864 572
63	其他通用设备制造业	469.124	0.015 172	6.824 797
64	农、林、牧、渔、专用机械制造业	130.214	0.001 995	1.115 156
65	其他专用设备制造业	438.062	0.011 518	4.912 373
66	铁路运输设备制造业	163.034	0.001 271	0.609 393
67	汽车制造业	421.280	0.009 714	5.051 180
68	汽车零部件及配件制造业	418.686	0.006 857	3.556 069
69	船舶及浮动装置制造业	109.935	0.002 030	0.878 904
70	其他交通运输设备制造业	279.646	0.004 273	2.937 648
71	电机制造业	322.453	0.002 695	1.131 996
72	家用器具制造业	345.711	0.005 592	2.714 446

序号	产业部门	流介数	随机游走中介性	累计首达介数
73	其他电气机械及器材制造业	435.983	0.010 923	4.278 843
74	通信设备制造业	295.827	0.006 555	4.955 771
75	电子计算机整机制造业	287.467	0.006 428	2.851 318
76	其他电子计算机设备制造业	305.756	0.004 524	1.962 798
77	电子元器件制造业	364.377	0.004 945	2.113 792
78	家用视听设备制造业	268.397	0.003 823	1.677 994
79	其他通信、电子设备制造业	172.574	0.001 349	0.607 591
80	仪器仪表制造业	385.325	0.002 659	1.076 012
81	文化、办公用机械制造业	227.771	0.001 737	0.731 955
82	工艺美术品制造业	305.295	0.003 785	1.778 446
83	其他工业	423.451	0.002 876	1.163 499
84	废品废料	0.000	0.000 000	0.000 000
85	电力、热力的生产和供应业	475.236	0.016 807	6.547 702
86	燃气生产和供应业	208.744	0.001 309	0.552 190
87	水的生产和供应业	380.411	0.001 342	0.543 290
88	建筑业	391.583	0.090 384	31.074 970
89	铁路旅客运输业	346.404	0.003 877	1.544 089
90	铁路货运业	453.827	0.006 870	2.620 115
91	道路运输业	467.447	0.011 576	4.643 514
92	城市公共交通运输业	297.269	0.002 682	1.049 089
93	水上运输业	465.758	0.009 736	3.931 332
94	航空旅客运输业	363.805	0.004 197	1.607 550
95	航空货运业	252.512	0.001 288	0.569 542
96	管道运输业	159.431	0.000 387	0.159 972
97	仓储业	210.677	0.001 944	0.829 882
98	邮政业	323.270	0.003 684	1.405 675
99	信息传输服务业	422.396	0.010 625	4.038 376
100	计算机服务和软件业	370.387	0.006 999	2.692 265
101	批发和零售贸易业	481.378	0.067 677	24.891 500
102	住宿业	418.343	0.010 131	4.000 436

续表

序号	产业部门	流介数	随机游走中介性	累计首达介数
103	餐饮业	463.416	0.029 853	10.683 426
104	金融业	468.796	0.019 124	7.824 203
105	保险业	371.314	0.009 948	3.845 933
106	房地产业	383.054	0.024 589	9.705 954
107	租赁业	229.710	0.000 384	0.156 949
108	商务服务业	462.238	0.018 141	6.959 135
109	旅游业	86.128	0.003 118	2.884 293
110	科学研究事业	304.453	0.003 007	1.230 239
111	专业技术及其他科技服务业	376.470	0.005 823	2.373 016
112	地质勘查业	140.134	0.001 581	0.625 994
113	水利管理业	165.986	0.001 843	0.809 044
114	环境资源与公共设施管理业	315.197	0.004 363	1.716 489
115	居民服务和其他服务业	478.132	0.021 022	8.565 131
116	教育事业	454.238	0.032 467	12.492 016
117	卫生事业	375.712	0.014 852	5.729 550
118	社会保障和社会福利业	31.186	0.001 099	0.424 446
119	文化艺术和广播电影电视业	399.254	0.003 987	1.789 554
120	体育事业	0.000	0.000 000	0.000 000
121	娱乐业	375.988	0.003 337	1.272 858
122	公共管理和社会组织	0.000	0.000 000	0.000 000

附表9 ISTN-CN97 网络指标统计

序号	产业部门	流介数	随机游走中介性	累计首达介数
1	农业	251.969	0.025 563	13.571 237
2	林业	209.589	0.001 611	0.859 558
3	畜牧业	211.239	0.020 749	11.148 812
4	渔业	113.111	0.006 331	3.552 320
5	其他农业	254.750	0.002 715	1.490 819
6	煤炭开采和洗选业	404.622	0.009 257	4.609 054
7	石油开采业	176.003	0.002 913	1.429 409

| 附 录 |

续表

序号	产业部门	流介数	随机游走中介性	累计首达介数
8	天然气开采业	80.738	0.000 323	0.174 637
9	有色金属矿采选业	66.700	0.001 461	0.772 582
10	黑色金属矿采选业	128.107	0.002 977	1.790 797
11	采盐业	40.094	0.000 290	0.153 447
12	其他非金属矿采选业	241.893	0.005 785	3.018 119
13	木材及竹材采运业	183.172	0.000 821	0.413 663
14	谷物磨制业	176.223	0.014 813	8.485 763
15	制糖业	82.936	0.001 071	0.596 281
16	屠宰及肉类加工业	121.566	0.010 663	5.523 580
17	水产品加工业	89.359	0.004 067	2.160 190
18	其他食品加工和食品制造业	163.237	0.012 493	9.248 278
19	酒精及酒制造业	211.913	0.006 244	4.037 917
20	其他饮料制造业	132.532	0.004 618	2.585 604
21	烟草制品业	55.302	0.002 510	2.337 559
22	棉、化纤纺织及印染精加工业	320.647	0.010 412	7.809 084
23	毛纺织和染整精加工业	214.785	0.004 188	2.750 180
24	麻纺织、丝绢纺织及精加工业	182.704	0.000 501	0.268 202
25	纺织制成品制造业	207.461	0.002 789	2.975 681
26	针织品、编织品及其制品制造业	188.000	0.004 584	3.062 088
27	其他纺织业	190.016	0.003 192	1.750 110
28	纺织、服装、鞋、帽制造业	366.093	0.014 100	7.481 737
29	皮革、毛皮、羽毛（绒）及其制品业	290.412	0.012 841	22.111 673
30	木材加工及木、竹、藤、棕、草制品业	251.523	0.003 044	1.800 217
31	家具制造业	278.761	0.007 935	4.451 890
32	造纸及纸制品业	375.048	0.007 635	4.742 528
33	印刷业和记录媒介的复制业	219.986	0.003 245	1.713 808
34	文化用品制造业	202.112	0.000 734	0.375 559
35	玩具体育娱乐用品制造业	124.938	0.004 524	3.695 414
36	石油及核燃料加工业	463.132	0.006 635	3.346 219
37	炼焦业	141.672	0.001 370	0.677 641

续表

序号	产业部门	流介数	随机游走中介性	累计首达介数
38	基础化学原料制造业	358.640	0.003 807	2.114 448
39	肥料制造业	180.071	0.005 331	2.779 730
40	农药制造业	110.860	0.001 876	1.101 213
41	有机化工产品制造业	414.986	0.006 505	4.403 161
42	日用化学产品制造业	360.623	0.003 183	1.978 954
43	其他化工产品制造业	376.934	0.006 679	3.489 584
44	医药制造业	229.614	0.006 456	4.228 698
45	化学纤维制造业	241.323	0.003 306	1.898 340
46	橡胶制品业	397.421	0.005 552	2.924 079
47	塑料制品业	395.848	0.008 582	5.217 078
48	水泥、石灰和石膏制造业	312.396	0.009 872	4.876 371
49	水泥及石膏制品制造业	256.027	0.004 903	2.413 527
50	砖瓦、石材及其他建筑材料制造业	315.297	0.008 274	4.416 335
51	玻璃及玻璃制品制造业	295.212	0.002 476	1.307 406
52	陶瓷制品制造业	346.477	0.002 768	1.385 977
53	耐火材料制品制造业	191.040	0.002 490	1.275 348
54	其他非金属矿物制品制造业	254.969	0.002 506	1.513 670
55	炼铁业	148.312	0.002 262	1.116 195
56	炼钢业	206.949	0.002 537	1.289 941
57	钢压延加工业	347.957	0.013 439	7.604 164
58	铁合金冶炼业	183.443	0.001 258	0.692 863
59	有色金属冶炼业	180.460	0.005 394	2.912 178
60	有色金属压延加工业	228.697	0.003 766	1.885 627
61	金属制品业	457.694	0.019 701	11.130 524
62	锅炉及原动机制造业	241.905	0.002 731	1.701 159
63	金属加工机械制造业	266.226	0.002 122	1.160 969
64	其他通用设备制造业	468.156	0.011 692	6.562 881
65	农、林、牧、渔专用机械制造业	106.915	0.003 774	3.174 509
66	其他专用设备制造业	432.724	0.010 405	5.748 609
67	铁路运输设备制造业	115.134	0.001 180	0.804 481

续表

序号	产业部门	流介数	随机游走中介性	累计首达介数
68	汽车制造业	457.958	0.008 388	7.823 854
69	船舶及浮动装置制造业	66.661	0.001 779	1.064 014
70	飞机制造业	28.156	0.000 335	0.219 174
71	自行车制造业	47.156	0.001 798	12.262 519
72	其他交通运输设备制造业	222.887	0.003 797	6.467 585
73	电机制造业	315.366	0.002 098	1.115 201
74	家用器具制造业	204.609	0.006 647	4.631 229
75	其他电气机械及器材制造业	443.170	0.014 030	7.349 287
76	电子计算机整机制造业	159.531	0.002 756	1.904 932
77	其他电子计算机设备制造业	215.842	0.004 084	2.286 230
78	电子元器件制造业	220.797	0.004 139	2.385 082
79	其他通信、电子设备制造业	223.761	0.003 300	3.061 625
80	仪器仪表制造业	350.922	0.002 065	1.112 475
81	文化、办公用机械制造业	171.012	0.000 975	0.508 166
82	机械及设备的保养和维修业	411.538	0.002 964	1.518 494
83	工艺美术品制造业	401.592	0.005 374	3.154 239
84	其他工业	410.843	0.004 453	2.385 777
85	废品废料	0.000	0.000 000	0.000 000
86	电力生产和供应业	451.945	0.013 601	6.790 129
87	热力生产和供应业	269.015	0.000 597	0.308 689
88	燃气生产和供应业	147.445	0.000 607	0.344 768
89	水生产和供应业	369.230	0.001 247	0.668 936
90	建筑业	391.376	0.078 369	36.585 573
91	铁路货运业	427.347	0.005 403	2.619 778
92	道路运输业	436.053	0.006 966	3.378 952
93	管道运输业	68.813	0.000 209	0.113 763
94	水上运输业	241.069	0.001 069	0.532 705
95	航空货运业	110.479	0.000 462	0.237 931
96	城市公共交通运输业	419.380	0.004 168	2.107 797
97	仓储业	146.829	0.000 436	0.233 090

续表

序号	产业部门	流介数	随机游走中介性	累计首达介数
98	邮政业	70.136	0.002 513	1.222 148
99	信息传输服务业	425.425	0.010 965	5.335 337
100	批发和零售贸易业	471.651	0.059 862	31.281 819
101	餐饮业	449.422	0.022 144	10.308 735
102	铁路旅客运输业	192.687	0.002 717	1.315 342
103	道路旅客运输业	147.254	0.002 240	1.128 677
104	水上旅客运输业	124.567	0.001 156	0.581 948
105	航空旅客运输业	185.620	0.002 640	1.295 570
106	金融业	458.715	0.017 486	9.577 341
107	保险业	395.301	0.003 953	1.987 881
108	房地产业	317.858	0.009 825	4.874 304
109	环境资源与公共设施管理业	233.733	0.007 911	4.693 282
110	居民服务和其他服务业	415.815	0.009 915	4.919 712
111	住宿业	328.411	0.006 168	3.106 957
112	旅游业	36.095	0.004 628	14.503 377
113	娱乐业	312.406	0.003 289	1.594 376
114	其他服务业	447.506	0.017 162	8.437 957
115	卫生事业	228.532	0.012 896	6.526 243
116	体育事业	0.000	0.000 000	0.000 000
117	社会保障和社会福利业	106.628	0.001 414	0.694 386
118	教育事业	365.915	0.026 860	13.342 114
119	文化艺术和广播电影电视业	157.827	0.003 554	2.787 729
120	科学研究事业	157.278	0.002 004	1.021 540
121	专业技术及其他科技服务业	308.237	0.003 966	2.070 715
122	农业技术服务业	72.628	0.001 658	0.842 336
123	地质勘查业	208.792	0.003 681	2.018 750
124	公共管理和社会组织	0.000	0.000 000	0.000 000

附 录

附表10 ISTN-OECD05 网络随机游走中心性统计

序号	产业部门	Argentina	Australia	Austria	Belgium	Brazil	Canada	Chile	China	Chinese Taipei
1	C01T05 Agriculture, hunting, forestry and fishing	—	0.015 568	0.020 530	6.128 810	4.020 623	0.021 872	0.055 718	0.026 707	0.008 479
2	C10T14 Mining and quarrying	—	0.020 020	0.002 619	0.247 989	2.547 054	0.024 602	0.043 041	0.027 240	0.001 083
3	C15T16 Food products, beverages and tobacco	—	0.036 644	0.030 512	22.641 523	11.039 003	0.027 745	0.073 474	0.025 607	0.011 745
4	C17T19 Textiles, textile products, leather and footwear	—	0.004 400	0.006 133	4.708 451	4.296 466	0.002 509	0.009 279	0.031 135	0.010 027
5	C20 Wood and products of wood and cork	—	0.003 944	0.013 563	1.544 973	0.463 065	0.012 822	0.014 832	0.007 757	0.000 839
6	C21T22 Pulp, paper, paper products, printing and publishing	—	0.011 853	0.017 414	3.778 186	1.642 800	0.021 394	0.018 773	0.015 028	0.005 943
7	C23 Coke, refined petroleum products and nuclear fuel	—	0.009 691	0.004 269	8.033 541	3.281 405	0.017 725	0.029 003	0.014 448	0.004 650
8	C24 Chemicals and chemical products	—	0.015 042	0.012 421	14.590 929	4.218 570	0.015 957	0.019 266	0.040 040	0.015 814
9	C25 Rubber and plastics products	—	0.004 885	0.008 934	2.451 704	1.235 993	0.009 113	0.008 021	0.015 316	0.010 433

续表

序号	产业部门	Argentina	Australia	Austria	Belgium	Brazil	Canada	Chile	China	Chinese Taipei
10	C26 Other non-metallic mineral products	—	0.005 809	0.008 805	2.485 323	0.821 012	0.003 715	0.006 230	0.008 426	0.004 511
11	C27 Basic metals	—	0.017 120	0.014 434	8.523 022	2.412 288	0.012 309	0.008 109	0.033 790	0.019 725
12	C28 Fabricated metal products except machinery and equipment	—	0.011 375	0.016 375	5.329 881	1.070 565	0.010 241	0.007 606	0.014 415	0.012 638
13	C29 Machinery and equipment n.e.c	—	0.008 029	0.028 402	5.136 672	2.063 642	0.010 242	0.006 669	0.047 354	0.035 797
14	C30 Office, accounting and computing machinery	—	—	0.001 039	0.119 380	0.821 117	0.000 748	—	0.025 884	0.021 324
15	C31 Electrical machinery and apparatus n.e.c	—	0.005 020	0.011 807	1.712 508	0.786 982	0.002 668	0.000 334	0.026 205	0.010 783
16	C32 Radio, television and communication equipment	—	—	0.008 998	1.076 738	1.625 053	0.004 724	—	0.013 943	0.064 081
17	C33 Medical, precision and optical instruments	—	0.001 723	0.003 407	0.482 204	0.234 143	—	—	0.004 254	0.010 837
18	C34 Motor vehicles, trailers and semi-trailers	—	0.013 267	0.025 398	33.499 987	8.044 579	0.026 241	0.001 654	0.017 898	0.007 884
19	C35 Other transport equipment	—	0.003 676	0.006 183	0.957 914	2.241 907	0.006 902	—	0.013 225	0.006 232

序号	产业部门	Argentina	Australia	Austria	Belgium	Brazil	Canada	Chile	China	Chinese Taipei
20	C36T37 Manufacturing n. e. c.; recycling	—	0.007 194	0.011 721	2.720 360	0.797 996	0.007 695	0.004 136	0.011 691	0.008 283
21	C40t41 Electricity, gas and water supply	—	0.017 189	0.009 244	3.454 786	2.015 748	0.011 615	0.011 410	0.025 144	0.004 775
22	C45 Construction	—	0.081 828	0.055 181	30.689 815	2.660 817	0.072 884	0.057 852	0.076 349	0.040 209
23	C50T52 Wholesale and retail trade; repairs	—	0.101 712	0.087 573	26.607 656	5.051 676	0.082 904	0.098 932	0.035 298	0.071 844
24	C55 Hotels and restaurants	—	0.039 380	0.034 180	7.627 169	3.151 420	0.031 871	0.040 114	0.030 940	0.015 896
25	C60T63 Transport and storage	—	0.058 416	0.052 705	18.289 662	4.494 164	0.034 275	0.059 657	0.036 249	0.018 922
26	C64 Post and telecommunications	—	0.027 862	0.011 654	3.148 403	2.931 046	0.003 406	0.011 503	0.021 922	0.006 878
27	C65T67 Finance and insurance	—	0.012 374	0.018 835	5.714 558	2.994 829	0.042 731	0.014 870	0.019 855	0.011 862
28	C70 Real estate activities	—	0.032 976	0.037 860	6.239 646	0.749 225	0.045 650	0.013 611	0.013 232	0.023 706
29	C71 Renting of machinery and equipment	—	—	0.003 554	1.265 940	—	0.004 397	—	—	0.002 602
30	C72 Computer and related activities	—	0.021 284	0.006 105	1.690 876	—	0.014 845	—	—	0.004 145
31	C73 Research and development	—	—	0.001 275	0.601 244			—	0.002 871	0.011 013

续表

序号	产业部门	Argentina	Australia	Austria	Belgium	Brazil	Canada	Chile	China	Chinese Taipei
32	C74 Other Business Activities	—	0.060 134	0.030 368	13.871 481	2.203 335	0.025 287	0.047 019	0.039 423	0.016 523
33	C75 Public admin. and defence; compulsory social security	—	0.039 745	0.026 167	4.928 900	5.261 641	0.084 753	0.031 928	—	0.020 143
34	C80 Education	—	0.013 030	0.008 771	1.549 024	2.024 659	0.015 235	0.015 280	0.021 171	0.010 152
35	C85 Health and social work	—	0.016 658	0.025 117	29.771 486	3.074 736	0.022 351	0.014 432	0.023 074	0.010 056
36	C90T93 Other community, social and personal services	—	0.019 894	0.017 249	6.661 675	2.211 615	0.035 790	0.021 458	0.026 738	0.016 371
37	C95 Private households with employed persons	—	0.011 004	—	—	—	—	—	—	—

附表 10 的续表（1）

序号	Czech Republic	Denmark	Estonia	Finland	France	Germany	Greece	Hungary	India	Indonesia	Ireland	Israel
1	0.020 244	0.039 532	0.032 949	0.012 902	0.021 526	0.014 700	0.020 057	0.030 872	0.055 063	0.031 148	0.019 667	0.013 656
2	0.007 263	0.002 683	0.004 762	0.002 390	0.001 887	0.003 015	0.003 920	0.002 070	0.008 652	0.012 660	0.003 760	0.001 370
3	0.025 669	0.052 058	0.036 841	0.018 336	0.040 347	0.026 665	0.054 623	0.040 657	0.059 576	0.055 570	0.030 678	0.024 113
4	0.004 704	0.004 148	0.011 369	0.002 171	0.006 521	0.003 768	0.010 129	0.006 532	0.042 619	0.025 181	0.000 735	0.003 450
5	0.007 898	0.004 766	0.035 781	0.014 699	0.003 530	0.003 569	0.003 594	0.004 097	0.002 863	0.007 980	0.002 183	0.001 099
6	0.007 824	0.010 121	0.010 989	0.034 922	0.012 020	0.009 235	0.009 492	0.009 196	0.007 746	0.009 648	0.015 020	0.005 117

续表

序号	Czech Republic	Denmark	Estonia	Finland	France	Germany	Greece	Hungary	India	Indonesia	Ireland	Israel
7	0.006 397	0.003 227	0.002 040	0.004 122	0.008 070	0.004 645	0.013 018	0.008 770	0.010 432	0.007 041	—	0.005 061
8	0.010 154	0.025 340	0.006 276	0.009 460	0.025 993	0.020 489	0.010 522	0.014 353	0.037 646	0.013 997	0.020 708	0.011 483
9	0.012 173	0.009 135	0.005 914	0.005 891	0.012 210	0.011 609	0.004 298	0.010 851	0.013 419	0.027 696	0.002 271	0.005 167
10	0.009 487	0.005 987	0.009 731	0.005 337	0.006 650	0.005 920	0.007 772	0.008 306	0.010 907	0.007 475	0.002 958	0.002 088
11	0.014 978	0.002 321	0.000 570	0.009 928	0.009 767	0.011 902	0.007 616	0.008 845	0.017 832	0.007 687	0.000 944	0.001 435
12	0.015 018	0.011 925	0.011 901	0.011 328	0.013 481	0.015 052	0.011 690	0.012 872	0.008 116	0.010 521	0.002 163	0.006 350
13	0.020 146	0.019 155	0.005 828	0.026 806	0.016 504	0.028 554	0.005 467	0.021 273	0.019 530	0.008 894	0.001 894	0.004 930
14	0.009 108	0.000 726	0.000 833	0.000 048	0.000 840	0.001 842	0.000 037	0.013 744	0.011 328	—	0.014 065	—
15	0.011 515	0.013 171	0.006 246	0.009 498	0.008 593	0.012 516	0.002 732	0.021 071	0.022 581	0.010 735	0.003 249	0.002 129
16	0.004 458	0.002 222	0.008 037	0.030 455	0.007 234	0.003 993	0.001 514	0.029 243	0.013 455	0.021 804	0.006 753	0.012 726
17	0.001 980	0.004 921	0.002 677	0.005 900	0.005 652	0.006 084	0.000 597	0.003 172	0.001 883	0.000 805	0.006 765	0.017 641
18	0.033 530	0.002 382	0.003 740	0.002 812	0.032 078	0.055 434	0.001 540	0.034 944	0.019 853	0.006 173	0.001 251	0.000 472
19	0.004 653	0.004 757	0.004 906	0.005 891	0.011 889	0.005 991	0.004 602	0.002 184	0.002 895	0.008 015	0.000 596	0.004 444
20	0.008 317	0.010 080	0.024 782	0.004 911	0.009 217	0.006 653	0.005 677	0.005 053	—	0.006 360	0.003 939	0.007 913
21	0.015 394	0.010 068	0.015 250	0.009 735	0.015 450	0.016 239	0.007 162	0.019 878	0.017 946	0.007 321	0.005 103	0.011 869
22	0.046 692	0.073 075	0.077 184	0.067 885	0.047 072	0.030 453	0.081 628	0.040 057	0.059 962	0.111 994	0.058 816	0.023 644
23	0.069 453	0.085 840	0.087 085	0.076 330	0.089 210	0.046 371	0.121 003	0.077 092	0.024 617	0.094 336	0.022 839	0.048 542
24	0.018 725	0.033 162	0.031 207	0.018 141	0.034 070	0.019 610	0.092 418	0.023 735	0.044 055	0.043 126	0.035 246	0.028 630
25	0.038 612	0.041 253	0.061 539	0.041 284	0.028 344	0.023 409	0.084 515	0.028 162	0.102 557	0.064 870	0.026 761	0.028 285
26	0.005 146	0.017 927	0.009 277	0.028 672	0.011 813	0.006 311	0.006 132	0.011 234	0.006 994	0.011 662	0.009 718	0.012 057

续表

序号	Czech Republic	Denmark	Estonia	Finland	France	Germany	Greece	Hungary	India	Indonesia	Ireland	Israel
27	0.016 325	0.016 561	0.008 415	0.014 262	0.021 973	0.010 386	0.040 889	0.012 858	0.017 891	0.025 734	0.011 872	0.106 435
28	0.034 413	0.040 675	0.045 284	0.052 246	0.024 332	0.021 097	0.033 960	0.022 535	0.000 315	0.029 310	0.020 986	0.012 255
29	0.001 823	0.009 585	0.004 965	0.002 862	0.003 914	0.001 014	0.002 967	0.001 315	0.000 053	—	0.002 865	0.003 108
30	0.006 521	0.018 829	0.004 686	0.014 745	0.010 246	0.002 488	0.008 986	0.006 961	0.026 803	—	0.014 204	0.023 548
31	0.001 273	0.003 351	0.001 850	0.003 611	0.011 685	0.003 533	0.002 266	0.002 224	—	—	0.001 172	—
32	0.035 578	0.040 406	0.028 530	0.027 399	0.051 394	0.017 300	0.059 897	0.026 587	0.009 417	0.026 932	0.022 939	0.024 707
33	0.019 082	0.041 525	0.035 696	0.044 232	0.032 209	0.025 200	0.074 912	0.014 474	—	0.046 781	0.027 638	0.066 199
34	0.009 369	0.029 709	0.019 288	0.019 162	0.013 220	0.006 516	0.014 086	0.008 917	0.007 408	0.023 872	0.009 722	0.025 925
35	0.012 353	0.047 303	0.014 009	0.026 884	0.027 542	0.023 018	0.029 887	0.016 402	0.013 456	0.013 231	0.019 899	0.028 114
36	0.019 334	0.026 232	0.023 984	0.022 478	0.028 699	0.014 617	0.056 337	0.024 243	0.016 005	0.052 692	0.009 332	0.017 518
37	—	—	—	—	—	—	—	—	—	0.000 360	—	—

附表 10 的续表（2）

序号	Italy	Japan	Korea	Luxembourg	Mexico	Netherlands	New Zealand	Norway	Poland	Portugal	Romania	Russian Federation
1	0.008 682	0.002 808	0.011 642	0.002 792	0.038 131	0.027 888	—	0.013 701	0.033 872	0.016 998	0.045 170	—
2	0.001 958	0.000 127	0.001 157	0.000 185	0.009 033	0.003 990	—	0.002 640	0.009 613	0.002 224	0.015 782	—
3	0.029 413	0.004 719	0.020 262	0.004 052	0.060 681	0.046 120	—	0.004 627	0.062 076	0.029 265	0.069 363	—
4	0.022 388	0.000 637	0.010 513	0.001 683	0.018 470	0.003 299	—	0.013 378	0.008 424	0.016 813	0.018 167	—
5	0.004 005	0.000 472	0.001 316	0.000 674	0.003 747	0.002 137	—	0.007 725	0.009 892	0.006 610	0.009 473	—

续表

序号	Italy	Japan	Korea	Luxembourg	Mexico	Netherlands	New Zealand	Norway	Poland	Portugal	Romania	Russian Federation
6	0.013 625	0.001 568	0.009 278	0.003 472	0.006 462	0.010 795	—	0.016 876	0.012 255	0.009 095	0.005 920	—
7	0.005 935	0.000 549	0.004 705	—	0.009 421	0.006 234	—	0.000 368	0.010 500	0.002 811	0.016 049	—
8	0.018 477	0.003 325	0.018 256	0.001 275	0.017 466	0.027 908	—	0.011 395	0.017 852	0.008 389	0.017 066	—
9	0.013 868	0.001 543	0.012 996	0.003 254	0.007 993	0.009 809	—	0.031 988	0.015 454	0.007 442	0.006 182	—
10	0.011 000	0.000 797	0.006 846	0.002 016	0.007 062	0.005 000	—	0.013 368	0.011 805	0.009 109	0.014 982	—
11	0.013 993	0.002 076	0.016 967	0.005 620	0.008 328	0.004 757	—	0.005 099	0.011 387	0.003 846	0.028 418	—
12	0.024 663	0.001 403	0.011 918	0.004 708	0.006 618	0.009 842	—	0.025 642	0.018 585	0.009 863	0.011 038	—
13	0.035 856	0.004 477	0.025 622	0.003 297	0.004 780	0.015 896	—	0.004 862	0.017 722	0.006 921	0.018 770	—
14	0.001 989	0.000 925	0.009 012	—	0.020 371	0.001 737	—	0.008 002	0.001 179	0.000 508	0.001 596	—
15	0.012 166	0.002 853	0.010 974	0.000 244	0.010 494	0.002 981	—	0.052 634	0.010 237	0.004 676	0.006 599	—
16	0.004 661	0.001 427	0.028 738	0.000 011	—	0.010 534	—	0.089 349	0.004 040	0.005 068	0.002 612	—
17	0.005 333	0.000 450	0.005 596	0.001 959	—	0.003 704	—	0.007 042	0.003 202	0.001 394	0.003 436	—
18	0.017 951	0.004 071	0.030 120	0.000 320	0.038 418	0.006 870	—	0.049 069	0.025 820	0.008 981	0.017 894	—
19	0.007 909	0.001 046	0.010 779	0.000 039	—	0.004 982	—	0.016 223	0.005 198	0.001 435	0.010 328	—
20	0.015 286	0.000 913	0.005 949	0.000 410	0.009 112	0.007 752	—	0.012 192	0.017 800	0.011 768	0.012 191	—
21	0.013 620	0.002 643	0.007 169	0.002 714	0.015 828	0.009 735	—	0.020 799	0.029 496	0.008 851	0.031 217	—
22	0.049 955	0.007 206	0.049 794	0.017 334	0.045 986	0.048 472	—	0.003 675	0.053 274	0.043 144	0.057 888	—
23	0.104 094	0.013 020	0.042 856	0.014 210	0.054 686	0.076 205	—	0.006 291	0.122 858	0.078 399	0.055 382	—
24	0.031 272	—	0.028 975	0.005 420	0.017 968	0.027 722	—	0.002 343	0.017 373	0.040 630	0.029 876	—
25	0.046 245	0.004 234	0.039 448	0.010 216	0.049 888	0.034 037	—	0.027 818	0.047 058	0.022 543	0.045 051	—

续表

序号	Italy	Japan	Korea	Luxembourg	Mexico	Netherlands	New Zealand	Norway	Poland	Portugal	Romania	Russian Federation
26	0.016 371	0.002 796	0.012 423	0.003 843	0.010 194	0.012 628	—	0.017 444	0.014 839	0.012 400	0.009 084	—
27	0.009 547	0.003 127	0.014 381	0.108 131	0.013 591	0.017 853	—	0.010 308	0.013 200	0.016 792	0.012 045	—
28	0.003 261	0.003 648	0.042 265	0.005 922	0.013 396	0.026 468	—	0.016 056	0.031 047	0.016 277	0.033 531	—
29	0.002 460	0.001 363	0.007 173	0.000 536	0.001 332	0.005 605	—	0.027 178	0.001 378	0.002 448	0.013 773	—
30	0.009 741	0.001 607	0.026 771	0.007 080	0.000 294	0.007 271	—	0.016 362	0.004 366	0.004 343	0.003 643	—
31	0.002 437	0.001 532	0.006 413	0.000 781	0.004 988	—	0.008 128	0.002 141	0.000 880	0.002 994	—
32	0.031 112	0.003 045	—	0.012 091	0.020 872	0.043 120	—	0.089 744	0.037 280	0.030 814	0.003 727	—
33	0.019 133	0.004 203	0.029 122	0.014 799	0.020 192	0.045 854	—	0.086 486	0.016 876	0.021 630	—	—
34	0.002 042	0.000 900	0.011 254	0.001 555	0.007 600	0.024 077	—	0.048 072	0.007 839	0.006 908	0.017 006	—
35	0.021 059	0.038 587	0.015 664	0.006 431	0.010 072	0.028 366	—	0.041 799	0.011 252	0.027 865	0.028 637	—
36	0.015 251	0.003 421	0.029 163	0.003 280	0.007 053	0.026 771	—	0.047 044	0.020 103	0.016 323	0.031 388	—
37	—	0.005 529	0.059 307	—	—	—	—	—	—	—	—	—

附表10 的续表（3）

序号	Slovak Republic	Slovenia	South Africa	Spain	Sweden	Switzerland	Thailand	Turkey	United Kingdom	United States	Viet Nam
1	0.023 243	0.019 127	0.016 570	0.017 399	0.010 429	—	0.023 241	0.029 879	0.009 187	0.012 530	—
2	0.002 476	0.003 359	0.016 582	0.002 356	0.002 784	—	0.005 784	0.004 971	0.005 797	0.008 324	—
3	0.030 062	0.026 208	0.025 460	0.039 432	0.025 049	—	0.035 427	0.047 269	0.024 019	0.030 148	—
4	0.008 269	0.016 149	0.006 686	0.008 149	0.004 732	—	0.029 015	0.057 982	0.003 507	0.003 692	—

续表

序号	Slovak Republic	Slovenia	South Africa	Spain	Sweden	Swizerland	Thailand	Turkey	United Kingdom	United States	Viet Nam
5	0.007 774	0.008 416	0.008 904	0.003 707	0.008 599	—	0.002 966	0.002 970	0.001 640	0.004 600	—
6	0.012 721	0.012 401	—	0.011 813	0.031 106	—	0.004 636	0.008 770	0.010 795	0.018 693	—
7	0.010 099	0.000 158	0.025 543	0.004 160	0.004 803	—	0.005 082	0.005 719	0.004 409	0.011 543	—
8	0.008 861	0.020 530	—	0.015 357	0.038 654	—	0.014 360	0.017 981	0.014 397	0.018 190	—
9	0.011 524	0.020 351	0.003 347	0.007 450	0.008 990	—	0.015 195	0.010 195	0.006 731	0.008 570	—
10	0.009 783	0.011 004	—	0.013 828	—	—	0.007 788	0.008 274	0.003 774	0.003 609	—
11	0.018 351	0.011 782	0.016 742	0.012 976	0.019 821	—	0.004 175	0.010 122	0.006 120	0.006 171	—
12	0.016 200	0.024 903	—	0.014 551	0.020 221	—	0.003 093	0.006 491	0.008 117	0.008 698	—
13	0.022 195	0.029 123	—	0.008 860	0.036 287	—	0.006 983	0.010 986	0.010 675	0.011 238	—
14	0.000 874	0.001 149	—	0.000 831	0.004 846	—	0.017 108	0.000 143	0.002 196	0.002 660	—
15	0.013 892	0.014 902	0.003 270	0.005 819	0.039 755	—	0.007 065	0.005 642	0.004 070	0.002 695	—
16	0.013 695	0.005 116	0.001 140	0.001 784	0.005 796	—	0.004 292	0.005 090	0.003 392	0.006 358	—
17	0.003 148	0.005 989	—	0.001 604	0.011 637	—	0.001 605	0.001 003	0.003 328	0.004 816	—
18	0.021 427	0.026 284	0.013 502	0.017 171	0.066 059	—	0.023 244	0.010 426	0.014 508	0.017 774	—
19	0.003 598	0.002 463	—	0.004 573	0.023 091	—	0.002 600	0.001 122	0.005 700	0.006 735	—
20	0.013 723	0.017 026	0.005 788	0.009 866	0.008 890	—	0.017 868	0.012 763	0.006 401	0.008 438	—
21	0.025 188	0.012 289	0.005 478	0.010 889	0.018 789	—	0.010 124	0.007 000	0.010 574	0.007 682	—
22	0.047 015	0.070 213	0.013 633	0.080 072	0.036 008	—	0.025 924	0.028 409	0.039 234	0.045 549	—
23	0.082 171	0.079 725	0.028 752	0.074 529	0.075 018	—	0.075 481	0.065 785	0.087 120	0.073 558	—
24	0.010 944	0.020 601	0.009 795	0.056 123	0.018 302	—	0.038 552	0.035 904	0.028 900	0.039 623	—

续表

序号	Slovak Republic	Slovenia	South Afica	Spain	Sweden	Switzerland	Thailand	Turkey	United Kingdom	United States	Viet Nam
25	0.032 842	0.042 456	0.024 557	0.044 024	0.089 424	—	0.032 340	0.060 204	0.036 743	0.023 225	—
26	0.007 585	0.009 224	0.007 232	0.014 510	—	—	0.006 488	0.012 841	0.013 253	0.018 245	—
27	0.011 398	0.011 679	0.012 535	0.011 997	0.020 840	—	0.020 102	0.024 570	0.043 756	0.030 533	—
28	0.018 261	0.015 631	0.018 032	0.032 745	0.051 043	—	0.004 511	0.017 905	0.041 622	0.057 619	—
29	0.002 950	0.000 427	—	0.004 672	0.005 167	—	—	0.000 311	0.005 097	0.012 704	—
30	0.005 216	0.004 557	—	0.003 998	0.028 426	—	—	0.001 082	0.009 293	0.011 797	—
31	0.001 765	0.002 372	—	0.000 272	0.062 943	—	0.000 265	0.000 027	0.001 985	0.038 785	—
32	0.025 711	0.049 026	0.016 733	0.039 351	0.028 547	—	0.016 057	0.013 523	0.039 772	0.018 946	—
33	0.026 380	0.026 498	0.060 305	0.021 107	0.054 900	—	—	0.029 736	0.051 555	0.153 388	—
34	0.005 952	0.011 329	—	0.006 830	0.022 275	—	—	0.007 150	0.014 369	0.009 090	—
35	0.011 214	0.017 736	0.032 920	0.021 507	0.049 216	—	0.006 314	0.014 731	0.038 818	0.059 797	—
36	0.014 091	0.017 453	0.010 801	0.023 010	0.040 700	—	0.015 648	0.020 500	0.021 299	0.056 279	—
37							0.010 852				

附表11 ISTN-OECD05 网络累计首达介数统计

序号	产业部门	Argentina	Australia	Austria	Belgium	Brazil	Canada	Chile	China	Chinese Taipei
1	C01T05 Agriculture, hunting, forestry and fishing	—	2.147 319	4.458 395	6.128 810	4.020 623	4.221 425	17.625 761	2.558 212	2.639 539
2	C10T14 Mining and quarrying	—	2.756 064	0.408 301	0.247 989	2.547 054	3.837 156	10.669 187	1.869 842	0.216 384

220

序号	产业部门	Argentina	Australia	Austria	Belgium	Brazil	Canada	Chile	China	Chinese Taipei
3	C15T16 Food products, beverages and tobacco	—	5.770 172	7.554 986	22.641 523	11.039 003	7.057 714	33.246 999	2.980 492	4.276 898
4	C17T19 Textiles, textile products, leather and footwear	—	0.680 823	1.617 159	4.708 451	4.296 466	0.596 564	3.887 555	7.272 669	6.413 241
5	C20 Wood and products of wood and cork	—	0.507 588	3.271 046	1.544 973	0.463 065	2.297 841	4.776 997	0.811 267	0.204 397
6	C21T22 Pulp, paper, paper products, printing and publishing	—	1.536 814	3.581 932	3.778 186	1.642 800	3.862 147	5.228 576	1.423 536	1.418 821
7	C23 Coke, refined petroleum products and nuclear fuel	—	1.116 775	0.637 348	8.033 541	3.281 405	2.668 188	5.615 733	1.026 670	0.821 425
8	C24 Chemicals and chemical products	—	1.986 641	2.179 086	14.590 929	4.218 570	3.077 812	4.557 084	3.930 289	5.402 871
9	C25 Rubber and plastics products	—	0.568 310	1.390 310	2.451 704	1.235 993	1.410 974	1.698 964	1.090 037	1.943 388
10	C26 Other non-metallic mineral products	—	0.727 900	1.524 950	2.485 323	0.821 012	0.631 224	1.433 290	0.606 885	0.897 051
11	C27 Basic metals	—	2.566 507	3.436 466	8.523 022	2.412 288	2.435 867	1.909 298	3.072 941	5.759 055
12	C28 Fabricated metal products except machinery and equipment	—	1.322 265	3.036 004	5.329 881	1.070 565	1.600 014	1.540 546	1.097 748	2.527 435

续表

序号	产业部门	Argentina	Australia	Austria	Belgium	Brazil	Canada	Chile	China	Chinese Taipei
13	C29 Machinery and equipment n. e. c	—	0.939 947	5.930 680	5.136 672	2.063 642	1.765 140	1.365 947	4.037 223	8.828 083
14	C30 Office, accounting and computing machinery	—	—	0.189 563	0.119 380	0.821 117	0.218 916	—	3.462 286	4.472 682
15	C31 Electrical machinery and apparatus n. e. c	—	0.602 817	2.079 145	1.712 508	0.786 982	0.440 887	0.114 398	2.198 365	2.490 904
16	C32 Radio, television and communication equipment	—	—	1.996 057	1.076 738	1.625 053	0.894 033	—	1.290 511	54.677 667
17	C33 Medical, precision and optical instruments	—	0.222 518	0.594 885	0.482 204	0.234 143	—	—	0.331 298	2.392 584
18	C34 Motor vehicles, trailers and semi-trailers	—	2.222 541	16.416 223	33.499 987	8.044 579	19.749 793	0.418 461	1.857 299	5.123 452
19	C35 Other transport equipment	—	0.467 210	1.714 555	0.957 914	2.241 907	2.679 519	—	1.212 877	4.459 559
20	C36T37 Manufacturing n. e. c; recycling	—	0.796 829	2.433 707	2.720 360	0.797 996	1.227 836	0.922 487	0.838 330	1.514 464
21	C40t41 Electricity, gas and water supply	—	2.207 263	3.433 423	3.454 786	2.015 748	1.613 526	4.100 078	1.803 518	0.905 667
22	C45 Construction	—	24.321 951	9.667 551	30.689 815	2.660 817	8.873 013	9.829 617	4.569 555	6.084 199

序号	产业部门	Argentina	Australia	Austria	Belgium	Brazil	Canada	Chile	China	Chinese Taipei
23	C50T52 Wholesale and retail trade; repairs	—	11.538 022	13.084 676	26.607 656	5.051 676	11.287 869	18.884 644	2.256 499	10.631 870
24	C55 Hotels and restaurants	—	4.115 775	5.083 400	7.627 169	3.151 420	4.364 852	7.463 865	2.100 252	2.504 025
25	C60T63 Transport and storage	—	6.691 364	10.396 700	18.289 662	4.494 164	6.201 105	15.880 350	2.722 978	4.395 651
26	C64 Post and telecommunications	—	2.984 238	2.710 958	3.148 403	2.931 046	0.519 816	4.236 729	1.479 263	1.481 988
27	C65T67 Finance and insurance	—	2.054 192	3.878 991	5.714 558	2.994 829	7.956 314	3.535 656	1.421 977	2.554 607
28	C70 Real estate activities	—	4.737 545	6.174 971	6.239 646	0.749 225	6.224 676	2.715 985	0.929 312	3.845 541
29	C71 Renting of machinery and equipment	—	—	0.597 265	1.265 940	—	0.651 604	—	—	0.455 450
30	C72 Computer and related activities	—	2.597 020	1.899 616	1.690 876	—	2.342 720	—	—	0.708 960
31	C73 Research and development	—	—	0.234 371	0.601 244	—		—	0.250 885	1.832 862
32	C74 Other Business Activities	—	6.664 994	5.674 880	13.871 481	2.203 335	3.664 542	9.661 071	2.767 481	2.732 082
33	C75 Public admin. and defence; compulsory social security	—	5.132 381	4.719 732	4.928 900	5.261 641	16.177 470	6.039 300	—	3.131 707

续表

序号	产业部门	Argentina	Australia	Austria	Belgium	Brazil	Canada	Chile	China	Chinese Taipei
34	C80 Education	—	1.575 439	1.337 826	1.549 024	2.024 659	2.222 614	3.152 526	1.436 736	1.650 607
35	C85 Health and social work	—	2.349 367	9.084 200	29.771 486	3.074 736	3.346 203	12.836 699	1.613 110	1.674 959
36	C90T93 Other community, social and personal services	—	2.959 108	3.297 065	6.661 675	2.211 615	5.860 156	4.592 180	1.991 008	3.299 051
37	C95 Private households with employed persons	—	1.208 001	—	—	—	—	—	—	—

附表 11 的续表 （1）

序号	Czech Republic	Denmark	Estonia	Finland	France	Germany	Greece	Hungary	India	Indonesia	Ireland	Israel
1	4.031 882	9.933 534	8.932 331	12.773 648	4.091 100	2.845 755	25.913 870	7.788 004	76.572 153	7.041 465	9.231 530	4.650 688
2	1.042 736	0.486 426	1.024 143	1.782 515	0.279 476	0.520 037	3.786 825	0.324 788	6.604 969	2.845 812	1.297 262	0.373 981
3	10.926 312	19.761 200	14.462 847	21.527 564	9.152 504	9.081 397	67.495 179	10.956 989	89.348 513	18.217 167	16.066 754	12.047 321
4	1.220 259	1.213 458	7.893 005	2.283 945	1.666 420	1.421 820	14.905 157	2.072 519	110.935 166	12.259 435	0.344 731	1.838 827
5	1.488 886	0.959 784	12.584 895	13.053 626	0.594 792	0.833 237	4.275 273	0.709 376	2.248 834	1.841 941	0.833 733	0.388 230
6	1.896 981	2.469 650	3.137 977	44.623 211	2.120 600	2.308 839	11.517 355	1.835 072	8.968 460	3.134 594	6.301 108	1.814 386
7	1.007 594	0.580 036	0.457 768	3.462 440	1.206 128	0.984 072	13.539 745	1.713 251	8.168 812	1.388 433	—	1.531 046
8	1.784 624	6.249 249	1.733 526	9.450 645	5.356 569	4.721 647	12.060 657	2.485 583	45.758 633	3.123 880	12.004 216	4.006 188
9	2.121 702	1.674 218	1.426 057	4.549 295	1.757 830	2.089 332	4.259 408	1.634 252	12.052 685	5.961 811	0.818 609	1.410 255
10	1.870 248	1.105 080	2.347 606	4.351 113	1.002 434	1.129 412	8.312 528	1.344 951	9.409 529	1.496 755	1.045 615	0.639 233

| 附 录 |

续表

序号	Czech Republic	Denmark	Estonia	Finland	France	Germany	Greece	Hungary	India	Indonesia	Ireland	Israel
11	2.870 590	0.474 339	0.158 736	14.446 891	1.725 681	2.689 611	12.142 278	1.621 924	17.951 559	1.710 195	0.345 451	0.497 746
12	3.389 273	2.331 038	3.150 238	9.555 319	2.175 215	3.022 320	11.719 230	2.141 207	6.597 868	2.059 105	0.731 830	1.829 169
13	4.494 525	4.612 239	1.400 909	34.110 995	2.605 768	8.448 362	5.857 088	3.515 538	18.104 996	3.191 216	0.694 868	1.369 109
14	6.076 604	0.165 551	0.300 810	0.076 323	0.165 998	0.447 159	0.076 131	4.515 687	13.367 663	—	23.671 716	—
15	2.962 676	3.136 524	1.868 931	9.405 606	1.292 884	3.079 617	2.751 931	3.914 687	22.313 182	2.503 415	1.238 485	0.590 026
16	1.444 322	0.481 360	12.094 107	96.496 132	1.169 222	1.005 978	1.677 994	15.828 385	18.584 323	13.713 457	3.445 026	5.145 611
17	0.689 920	1.086 986	0.851 766	6.190 427	0.820 861	1.340 874	0.629 918	0.490 575	1.559 892	0.222 285	4.677 362	6.194 505
18	20.795 288	0.476 679	1.077 102	4.302 855	12.985 792	51.201 563	1.551 174	21.821 243	24.497 460	2.311 007	0.467 761	0.171 362
19	0.759 752	0.960 172	1.529 239	6.629 410	5.015 288	1.898 738	4.924 755	0.371 149	2.456 221	3.790 624	0.282 761	1.596 680
20	2.063 883	2.277 049	6.570 920	4.331 231	1.323 289	1.658 760	6.353 034	0.813 127	—	1.626 018	1.380 511	26.417 482
21	3.070 575	1.913 073	3.582 949	7.257 067	2.906 324	3.240 839	7.499 361	3.168 024	18.878 674	1.792 189	2.260 648	3.271 870
22	14.468 666	10.860 233	18.739 808	59.333 455	10.909 101	5.705 079	69.849 903	5.948 859	51.739 644	18.840 208	93.222 693	5.430 922
23	10.234 746	14.815 840	18.798 004	57.944 543	11.796 488	7.926 510	109.178 799	11.384 686	18.067 763	16.764 928	6.813 937	11.898 024
24	2.591 582	5.682 122	6.329 274	12.782 816	4.714 022	3.112 115	76.917 307	3.796 231	32.883 135	8.325 187	11.339 953	6.785 804
25	8.518 273	15.250 967	28.707 455	37.660 038	5.025 658	6.008 222	155.306 010	4.225 663	72.796 658	13.271 155	12.212 818	11.677 672
26	1.180 294	3.750 888	3.464 410	24.743 001	2.001 703	1.675 765	6.447 744	1.663 986	5.821 169	2.599 769	4.619 669	4.523 852
27	2.961 234	4.211 407	2.698 473	11.387 556	4.040 598	3.104 454	40.465 863	2.441 091	15.245 847	6.648 702	8.778 197	41.610 492
28	5.366 238	6.682 071	10.335 772	41.110 888	4.051 759	3.849 358	31.674 987	3.137 356	0.528 244	5.488 791	6.853 087	3.271 976
29	0.299 664	1.642 138	1.083 439	2.067 449	0.642 430	0.229 223	2.899 566	0.219 082	0.097 235	—	1.285 913	0.801 090
30	1.268 469	3.724 133	1.173 776	12.261 585	1.526 003	0.579 715	9.692 121	1.025 118	32.814 469	—	6.744 475	13.074 254
31	0.220 872	0.589 556	0.449 926	2.602 066	1.657 320	0.672 080	2.652 081	0.340 765	—	—	0.400 637	—

225

续表

序号	Czech Republic	Denmark	Estonia	Finland	France	Germany	Greece	Hungary	India	Indonesia	Ireland	Israel
32	6.337 795	7.411 339	6.737 315	20.877 635	8.111 994	3.428 376	62.631 141	4.221 183	9.309 063	5.146 084	7.764 436	6.878 324
33	2.993 873	7.482 151	8.111 626	30.941 281	4.427 311	4.350 134	68.169 903	2.491 879	—	9.059 752	9.440 001	18.470 522
34	1.484 156	8.092 070	5.027 977	15.251 303	1.736 261	2.093 261	13.560 879	1.535 548	5.597 677	8.257 426	4.756 110	7.514 556
35	1.739 885	12.248 024	5.833 257	61.896 706	6.326 982	14.174 626	33.010 717	4.835 154	10.065 800	2.587 243	49.624 336	35.821 178
36	4.803 610	5.162 364	6.817 204	21.460 580	5.139 761	3.393 188	70.676 876	4.272 340	14.134 200	9.537 357	4.358 115	8.089 663
37	—	—	—	—	—	—	—	—	—	0.113 585	—	—

附表 11 的续表 (2)

序号	Italy	Japan	Korea	Luxembourg	Mexico	Netherlands	New Zealand	Norway	Poland	Portugal	Romania	Russian Federation
1	1.458 680	4.444 430	1.746 060	13.319 333	15.772 542	6.044 912	—	2.313 611	7.964 481	5.544 412	10.912 623	—
2	0.303 374	0.148 109	0.177 855	0.853 919	2.046 376	0.615 044	—	0.491 480	1.335 347	0.578 706	2.037 347	—
3	6.198 650	18.546 535	3.750 283	19.383 772	53.677 374	17.615 001	—	0.835 502	19.460 988	12.888 169	15.773 834	—
4	9.966 655	0.944 460	3.803 771	16.502 389	8.636 245	0.863 401	—	2.292 854	2.007 574	23.281 692	3.718 056	—
5	0.794 313	0.505 361	0.243 385	4.523 246	0.957 053	0.378 230	—	1.371 143	1.873 538	2.897 379	1.433 971	—
6	2.494 639	1.905 572	1.830 896	17.734 369	1.857 943	2.232 351	—	2.871 621	2.349 259	3.176 056	0.954 021	—
7	0.916 125	0.528 994	0.620 231	—	2.063 550	1.036 195	—	0.104 584	1.484 473	0.783 117	1.922 842	—
8	3.956 226	4.009 298	3.876 782	6.914 361	4.735 080	10.220 052	—	1.997 848	3.027 395	2.699 258	2.291 287	—
9	2.172 015	1.750 440	1.738 952	18.469 178	1.802 628	1.501 658	—	5.540 851	2.446 488	1.961 036	0.947 691	—
10	1.797 113	0.793 672	1.012 887	11.484 029	1.658 030	0.798 696	—	2.377 553	1.876 126	2.491 087	1.974 139	—

| 附 录 |

续表

序号	Italy	Japan	Korea	Luxembourg	Mexico	Netherlands	New Zealand	Norway	Poland	Portugal	Romania	Russian Federation
11	2.447 481	3.547 430	4.300 561	57.942 572	2.330 396	0.855 180	—	0.943 842	1.895 569	1.229 867	4.737 964	—
12	4.175 678	1.323 838	1.707 598	25.716 271	1.550 335	1.857 627	—	5.253 695	2.938 785	2.942 226	1.509 970	—
13	6.776 326	7.900 931	5.148 875	18.721 718	1.201 741	3.379 550	—	0.874 104	2.857 044	2.447 303	2.382 122	—
14	0.327 067	2.277 657	1.500 546	—	11.097 417	0.399 566	—	1.424 005	0.232 673	0.176 422	0.274 391	—
15	1.966 851	4.382 717	1.724 750	1.105 838	2.867 724	0.518 159	—	11.136 150	1.575 274	1.362 015	1.017 298	—
16	0.853 293	1.688 541	15.669 302	0.089 777	—	2.217 180	—	14.429 901	1.028 697	3.115 339	0.356 443	—
17	0.891 554	0.626 647	0.828 285	10.825 449	—	0.673 917	—	1.230 486	0.497 215	0.445 361	0.473 978	—
18	3.338 251	39.319 629	17.271 238	1.403 891	19.666 162	2.927 698	—	8.134 737	9.012 345	11.327 979	2.928 732	—
19	1.553 216	2.007 159	1.959 038	0.208 956	—	1.303 553	—	2.840 884	1.432 976	0.611 906	1.960 596	—
20	2.584 483	0.916 557	0.857 374	1.846 292	2.269 957	1.286 397	—	2.174 677	3.149 238	3.924 237	1.538 644	—
21	2.246 925	2.404 427	1.064 380	13.582 558	4.257 405	2.293 731	—	3.638 857	4.139 731	4.346 966	4.765 469	—
22	9.153 228	6.068 903	5.598 633	67.983 931	34.119 305	11.607 800	—	0.671 934	11.597 947	34.248 226	12.079 505	—
23	15.908 456	10.599 852	5.194 458	78.828 825	11.026 564	11.436 941	—	1.123 606	17.025 132	18.744 657	8.530 232	—
24	4.322 796	—	3.373 476	21.672 199	3.823 698	3.794 053	—	0.446 987	2.406 223	9.790 394	3.786 870	—
25	7.956 210	4.452 496	6.146 164	93.802 166	10.759 007	7.459 615	—	4.656 444	7.817 116	7.462 538	7.891 309	—
26	2.263 913	2.923 882	2.155 720	17.356 432	2.557 096	2.441 658	—	3.044 475	2.294 989	4.749 858	1.394 872	—
27	1.948 883	3.071 372	2.631 639	3 557.460 935	3.564 487	3.913 221	—	1.830 764	2.593 572	4.561 319	1.558 427	—
28	1.297 510	3.279 730	5.165 799	28.959 542	3.038 414	4.991 466	—	2.813 022	4.403 150	4.141 193	6.377 993	—
29	0.374 245	1.237 259	0.927 597	2.325 097	0.332 352	0.806 745	—	4.598 656	0.230 143	0.642 106	2.367 118	—
30	1.534 536	1.486 297	3.419 831	37.831 128	0.109 262	1.334 777	—	3.751 208	0.728 692	1.215 178	0.516 310	—

续表

序号	Italy	Japan	Korea	Luxembourg	Mexico	Netherlands	New Zealand	Norway	Poland	Portugal	Romania	Russian Federation
31	0.398 423	1.331 705	0.814 461	3.985 019	—	0.924 930	—	2.457 942	0.385 654	0.252 134	0.487 727	—
32	4.821 023	2.865 399	—	52.348 006	4.882 307	7.383 259	—	22.643 949	5.770 523	9.582 972	0.582 295	—
33	2.569 969	3.593 485	3.518 493	52.951 477	4.252 950	8.580 298	—	19.190 636	2.350 365	5.380 936	—	—
34	0.442 487	0.811 589	1.397 104	8.370 550	1.828 444	3.606 460	—	8.818 824	1.659 852	1.942 061	2.627 361	—
35	25.756 710	732.845 456	2.637 502	47.104 509	2.217 281	6.836 930	—	18.047 054	4.163 092	49.323 143	3.257 274	—
36	2.885 004	3.540 904	3.991 014	50.322 692	1.687 372	5.331 501	—	12.096 424	3.051 845	6.269 245	5.216 910	—
37		4.563 620	6.954 672	—								

附表 11 的续表（3）

序号	Slovak Republic	Slovenia	South Afica	Spain	Sweden	Switzerland	Thailand	Turkey	United Kingdom	United States	Viet Nam
1	5.806 551	10.640 414	2.754 962	5.822 323	0.872 568	—	7.722 725	63.663 915	1.707 523	1.955 593	—
2	0.409 484	1.244 990	2.266 381	0.664 693	0.255 332	—	1.543 834	7.391 790	0.986 137	1.031 523	—
3	8.925 377	17.546 451	8.236 905	20.129 199	2.032 135	—	19.857 341	152.854 183	5.577 834	5.291 060	—
4	2.683 084	18.614 102	1.342 330	4.636 308	0.402 705	—	37.320 651	468.537 992	0.916 673	0.634 910	—
5	1.931 347	4.157 860	1.819 768	1.408 217	0.690 015	—	0.949 041	5.478 021	0.367 750	0.641 748	—
6	3.221 384	8.116 365	—	4.154 133	2.324 731	—	2.033 885	17.115 365	2.359 264	2.595 867	—
7	1.722 547	0.097 482	4.730 252	1.456 824	0.407 957	—	1.467 374	9.163 979	0.725 449	1.436 530	—
8	1.717 473	11.183 752	—	5.660 996	2.934 941	—	5.128 436	32.374 330	3.321 682	2.850 472	—
9	2.431 805	9.190 088	0.535 725	2.487 808	0.723 654	—	4.376 699	16.572 713	1.175 377	1.004 760	—

序号	Slovak Republic	Slovenia	South Africa	Spain	Sweden	Swizerland	Thailand	Turkey	United Kingdom	United States	Viet Nam
10	1.812 061	4.376 703	—	3.951 664	—	—	2.320 335	14.255 479	0.653 994	0.462 530	—
11	3.641 242	5.520 908	3.746 546	3.792 571	1.499 951	—	1.360 340	21.347 735	1.195 912	0.920 558	—
12	2.934 103	11.664 057	—	4.218 631	1.551 575	—	0.830 845	10.204 873	1.375 322	1.054 812	—
13	4.313 783	14.529 572	—	2.678 061	2.733 580	—	2.871 988	19.975 660	2.059 314	1.453 078	—
14	0.173 550	0.540 180	—	0.310 644	0.408 986	—	44.395 280	0.258 083	0.467 232	0.400 942	—
15	4.124 557	6.565 203	0.557 374	1.909 679	2.953 919	—	3.663 870	10.389 960	0.760 339	0.344 384	—
16	5.714 073	2.765 830	0.226 763	0.667 082	0.483 248	—	5.983 961	17.768 928	0.639 920	0.908 654	—
17	0.560 209	3.020 108	—	0.484 502	0.933 112	—	1.563 527	1.873 348	0.564 644	0.608 082	—
18	22.782 572	26.295 808	3.578 471	15.553 957	4.868 222	—	31.457 390	27.198 434	3.990 843	5.030 950	—
19	0.838 679	1.932 282	—	1.816 807	1.776 405	—	1.379 970	1.800 522	1.445 336	1.038 828	—
20	2.481 006	7.414 528	0.848 590	2.861 318	0.714 924	—	12.548 756	20.980 382	1.091 202	1.018 793	—
21	7.504 204	5.912 729	1.016 403	3.774 188	1.481 868	—	3.209 135	19.018 880	2.706 932	0.858 912	—
22	18.616 106	59.000 271	3.903 342	71.497 247	2.666 547	—	6.509 249	47.637 427	15.626 783	4.510 204	—
23	13.596 705	28.983 922	3.917 307	20.310 372	5.712 853	—	19.225 031	91.588 510	13.220 969	7.922 910	—
24	1.708 776	7.359 969	1.330 004	14.306 616	1.419 061	—	10.234 172	51.630 801	4.471 911	4.233 488	—
25	7.319 586	24.542 122	3.258 699	16.596 795	6.708 811	—	10.472 423	128.883 753	7.686 144	2.914 596	—
26	1.691 470	5.628 503	1.449 624	4.976 307	—	—	2.271 617	20.654 181	2.314 283	2.992 152	—
27	2.377 224	5.612 680	2.782 178	4.490 458	1.640 117	—	5.415 950	42.368 037	8.337 529	5.935 119	—
28	3.175 274	5.797 554	2.416 696	8.757 880	3.769 055	—	1.196 464	26.082 430	6.484 112	6.848 150	—
29	0.488 030	0.195 396	—	1.301 028	0.436 251	—	—	0.501 117	0.833 202	1.419 894	—

续表

续表

序号	Slovak Republic	Slovenia	South Africa	Spain	Sweden	Switzerland	Thailand	Turkey	United Kingdom	United States	Viet Nam
30	1.014 215	2.088 569	—	1.535 052	2.221 148	—	—	1.633 647	1.531 042	1.329 022	—
31	0.316 396	0.922 230	—	0.112 443	4.633 824	—	0.112 334	0.080 990	0.351 363	4.510 150	—
32	4.482 923	20.467 380	2.356 657	10.762 558	2.330 544	—	4.069 996	20.458 622	7.793 141	2.098 869	—
33	5.899 485	10.818 596	78.981 347	5.724 277	4.184 644	—	—	47.448 059	7.358 363	17.331 347	—
34	1.104 543	4.532 877	—	1.893 189	1.760 417	—	1.697 378	11.354 665	3.096 415	1.041 730	—
35	2.414 424	10.045 778	4.665 162	11.851 286	7.605 177	—	5.164 823	31.795 338	37.224 143	9.492 492	—
36	3.822 237	9.340 550	1.479 437	9.516 822	4.765 474	—	—	48.246 538	5.085 165	6.688 014	—
37	—	—	—	—	—	—	2.770 650	—	—	—	—

附录 12　ISTN-REGION07 网络随机游走中心性

序号	产品部门	1 安徽	2 北京	3 福建	4 甘肃	5 广东	6 广西	7 贵州	8 海南	9 河北
1	农、林、牧、渔业	0.069 607	0.007 427	0.070 676	0.048 298	0.019 358	0.044 681	0.041 096	0.099 672	0.038 666
2	煤炭开采和洗选业	0.016 789	0.001 598	0.005 473	0.015 671	0.000 000	0.000 734	0.042 464	0.000 000	0.005 649
3	石油和天然气开采业	0.000 000	0.000 395	0.000 000	0.014 542	0.000 989	0.000 000	0.000 000	0.000 000	0.007 397
4	金属矿采选业	0.004 035	0.000 144	0.002 057	0.010 267	0.000 966	0.005 857	0.003 620	0.001 810	0.009 236
5	非金属矿采选业	0.002 461	0.000 101	0.001 906	0.002 594	0.000 722	0.002 625	0.004 359	0.000 852	0.004 944
6	食品制造及烟草加工业	0.050 875	0.012 679	0.040 331	0.037 335	0.015 747	0.045 015	0.039 691	0.037 449	0.034 063
7	纺织业	0.017 319	0.001 004	0.015 784	0.002 628	0.009 589	0.004 524	0.001 007	0.004 886	0.028 422
8	服装皮革羽绒及其制品业	0.017 342	0.001 992	0.039 786	0.004 268	0.016 919	0.004 603	0.000 602	0.001 542	0.029 442

续表

序号	产品部门	1 安徽	2 北京	3 福建	4 甘肃	5 广东	6 广西	7 贵州	8 海南	9 河北
9	木材加工及家具制造业	0.008 468	0.001 070	0.013 949	0.000 857	0.013 359	0.007 486	0.002 427	0.003 214	0.008 128
10	造纸印刷及文教用品制造业	0.006 459	0.003 314	0.013 653	0.003 399	0.015 801	0.007 322	0.001 998	0.026 268	0.006 692
11	石油加工、炼焦及核燃料加工业	0.003 631	0.005 771	0.003 085	0.032 048	0.003 248	0.000 468	0.007 621	0.032 623	0.012 885
12	化学工业	0.032 606	0.014 133	0.030 111	0.021 396	0.026 605	0.023 178	0.050 066	0.036 185	0.029 714
13	非金属矿物制品业	0.015 635	0.004 781	0.011 325	0.014 825	0.009 313	0.012 853	0.016 896	0.010 003	0.033 073
14	金属冶炼及压延加工业	0.032 791	0.006 014	0.012 458	0.077 124	0.005 576	0.042 145	0.059 399	0.011 484	0.062 273
15	金属制品业	0.008 048	0.002 694	0.007 405	0.005 301	0.016 908	0.003 068	0.005 186	0.007 182	0.014 420
16	通用、专用设备制造业	0.024 835	0.014 240	0.020 332	0.017 022	0.021 254	0.016 025	0.008 869	0.000 993	0.031 337
17	交通运输设备制造业	0.024 262	0.014 172	0.013 217	0.002 746	0.023 092	0.026 887	0.017 492	0.015 485	0.012 654
18	电气、机械及器材制造业	0.031 459	0.005 850	0.014 056	0.008 481	0.041 136	0.008 808	0.010 817	0.009 750	0.015 734
19	通信设备、计算机及其他电子设备制造业	0.003 732	0.031 974	0.033 519	0.001 474	0.050 763	0.002 924	0.003 257	0.004 662	0.002 211
20	仪器仪表及文化办公用机械制造业	0.002 458	0.004 139	0.005 258	0.000 422	0.015 631	0.000 535	0.000 761	0.000 390	0.000 952
21	其他制造业	0.002 295	0.000 743	0.010 620	0.002 161	0.006 101	0.001 814	0.002 888	0.001 233	0.006 486
22	废品废料	0.000 791	0.000 062	0.000 011	0.000 078	0.000 302	0.000 084	0.000 010	0.000 480	0.000 055
23	电力、热力的生产和供应业	0.028 839	0.006 294	0.012 348	0.029 477	0.008 768	0.013 541	0.056 522	0.023 986	0.014 590
24	燃气生产和供应业	0.000 397	0.000 396	0.000 088	0.000 507	0.000 262	0.000 117	0.001 433	0.002 021	0.000 343
25	水的生产和供应业	0.000 616	0.001 241	0.000 887	0.000 824	0.001 601	0.002 128	0.001 223	0.003 161	0.000 509

续表

序号	产品部门	1 安徽	2 北京	3 福建	4 甘肃	5 广东	6 广西	7 贵州	8 海南	9 河北
26	建筑业	0.061 009	0.046 909	0.068 604	0.169 446	0.038 798	0.082 204	0.101 478	0.221 276	0.068 101
27	交通运输及仓储业	0.059 239	0.040 131	0.031 471	0.072 482	0.024 230	0.032 810	0.059 062	0.057 905	0.052 469
28	邮政业	0.002 833	0.003 072	0.001 292	0.008 299	0.000 910	0.004 793	0.005 377	0.003 061	0.002 062
29	信息传输、计算机服务和软件业	0.006 082	0.063 876	0.008 756	0.027 502	0.011 214	0.010 423	0.020 423	0.020 093	0.014 815
30	批发和零售贸易业	0.030 533	0.066 603	0.016 724	0.041 725	0.018 241	0.035 226	0.043 893	0.027 000	0.022 852
31	住宿和餐饮业	0.032 030	0.028 967	0.034 955	0.060 346	0.021 255	0.029 960	0.058 336	0.044 374	0.012 634
32	金融保险业	0.036 538	0.047 298	0.015 351	0.042 234	0.011 293	0.043 469	0.047 420	0.022 226	0.026 125
33	房地产业	0.006 696	0.025 228	0.008 920	0.031 873	0.018 601	0.026 170	0.013 929	0.065 068	0.014 693
34	租赁和商务服务业	0.026 487	0.066 997	0.014 438	0.017 335	0.016 461	0.015 055	0.017 526	0.044 870	0.012 599
35	旅游业	0.001 530	0.020 890	0.000 466	0.012 459	0.000 793	0.001 054	0.000 896	0.000 972	0.001 105
36	科学研究事业	0.006 207	0.085 874	0.004 785	0.010 012	0.006 328	0.007 610	0.005 938	0.010 560	0.009 891
37	综合技术服务业	0.003 298	0.009 115	0.002 839	0.002 715	0.001 723	0.001 371	0.000 439	0.003 992	0.001 980
38	其他社会服务业	0.025 377	0.008 077	0.014 161	0.009 636	0.006 687	0.009 603	0.008 304	0.009 351	0.008 974
39	教育事业	0.028 803	0.023 957	0.002 557	0.021 009	0.005 222	0.013 299	0.006 231	0.015 732	0.010 180
40	卫生、社会保障和社会福利业	0.022 602	0.012 779	0.007 889	0.022 400	0.006 634	0.012 128	0.019 047	0.018 013	0.014 662
41	文化、体育和娱乐业	0.008 287	0.018 680	0.006 941	0.006 860	0.002 976	0.026 064	0.008 872	0.011 426	0.002 465
42	公共管理和社会组织	0.040 027	0.031 052	0.012 354	0.048 820	0.014 338	0.035 476	0.047 304	0.036 298	0.015 694

附表 12 的续表（1）

序号	10 河南	11 黑龙江	12 湖北	13 湖南	14 吉林	15 江苏	16 江西	17 辽宁	18 内蒙古	19 宁夏	20 青海	21 山东
1	0.035 031	0.067 110	0.043 037	0.082 902	0.033 545	0.012 291	0.064 582	0.024 897	0.076 764	0.036 469	0.021 202	0.036 289
2	0.029 932	0.017 319	0.000 901	0.010 282	0.003 915	0.001 547	0.010 422	0.005 528	0.031 101	0.031 778	0.008 256	0.025 159
3	0.010 701	0.026 321	0.000 657	0.000 000	0.008 754	0.000 689	0.000 000	0.009 805	0.001 200	0.000 158	0.021 263	0.016 705
4	0.010 595	0.000 900	0.004 200	0.008 200	0.001 969	0.000 500	0.011 355	0.009 032	0.011 627	0.003 871	0.034 407	0.013 582
5	0.012 549	0.001 575	0.006 889	0.004 277	0.000 706	0.001 137	0.006 844	0.001 961	0.005 474	0.000 207	0.001 488	0.002 952
6	0.037 808	0.066 599	0.044 471	0.054 520	0.023 824	0.010 248	0.042 017	0.021 708	0.066 335	0.028 141	0.012 932	0.047 000
7	0.009 612	0.004 058	0.018 647	0.015 200	0.001 025	0.028 003	0.018 585	0.003 758	0.025 941	0.018 373	0.001 629	0.018 682
8	0.009 050	0.010 309	0.024 504	0.016 919	0.000 547	0.030 886	0.018 047	0.009 241	0.014 018	0.004 156	0.002 184	0.019 662
9	0.011 213	0.008 596	0.007 288	0.013 864	0.008 564	0.005 601	0.019 323	0.008 078	0.008 423	0.000 455	0.000 330	0.005 435
10	0.010 393	0.006 155	0.011 564	0.013 696	0.001 320	0.010 913	0.023 369	0.003 459	0.003 110	0.016 803	0.000 365	0.011 611
11	0.013 766	0.035 507	0.009 690	0.007 133	0.007 971	0.002 912	0.003 730	0.030 023	0.011 545	0.018 032	0.003 444	0.022 279
12	0.037 719	0.028 521	0.036 253	0.031 279	0.030 384	0.046 464	0.050 055	0.027 694	0.020 232	0.058 725	0.073 033	0.054 828
13	0.058 885	0.007 264	0.024 814	0.011 623	0.005 422	0.010 715	0.011 717	0.019 611	0.015 761	0.017 095	0.008 685	0.027 870
14	0.045 749	0.007 468	0.028 894	0.036 221	0.006 357	0.031 835	0.056 684	0.047 992	0.052 979	0.052 953	0.113 862	0.052 672
15	0.016 308	0.004 048	0.020 080	0.006 987	0.001 575	0.018 425	0.005 153	0.015 441	0.000 227	0.008 917	0.003 165	0.017 258
16	0.067 193	0.025 449	0.030 741	0.034 001	0.005 004	0.046 960	0.012 626	0.053 767	0.013 262	0.035 342	0.003 284	0.048 771
17	0.022 807	0.011 770	0.050 395	0.015 152	0.058 075	0.026 349	0.010 434	0.040 220	0.008 615	0.002 674	0.002 116	0.014 835
18	0.014 512	0.008 970	0.008 919	0.011 261	0.000 917	0.040 699	0.014 793	0.023 789	0.003 211	0.008 212	0.002 078	0.030 428
19	0.002 674	0.002 423	0.008 970	0.005 884	0.000 993	0.044 343	0.004 797	0.013 383	0.002 006	0.002 269	0.000 000	0.015 293
20	0.003 560	0.001 664	0.004 234	0.002 633	0.000 074	0.015 149	0.002 633	0.004 555	0.000 172	0.003 848	0.000 259	0.003 884

续表

序号	10 河南	11 黑龙江	12 湖北	13 湖南	14 吉林	15 江苏	16 江西	17 辽宁	18 内蒙古	19 宁夏	20 青海	21 山东
21	0.012 259	0.001 074	0.004 106	0.003 057	0.000 403	0.003 053	0.006 135	0.001 827	0.000 474	0.000 787	0.000 567	0.006 370
22	0.002 813	0.000 177	0.000 184	0.002 867	0.000 094	0.000 210	0.000 077	0.000 333	0.000 146	0.002 654	0.000 126	0.000 506
23	0.034 395	0.032 862	0.019 024	0.017 287	0.005 542	0.015 300	0.017 029	0.023 122	0.024 758	0.041 994	0.018 838	0.020 010
24	0.001 058	0.001 379	0.000 681	0.001 405	0.001 265	0.000 495	0.000 144	0.000 563	0.001 988	0.000 965	0.000 042	0.000 804
25	0.001 173	0.003 395	0.003 052	0.001 611	0.000 238	0.000 707	0.001 570	0.001 043	0.000 436	0.000 934	0.000 517	0.001 005
26	0.061 817	0.085 823	0.086 390	0.070 762	0.035 284	0.044 435	0.102 939	0.073 863	0.087 867	0.100 524	0.140 093	0.054 945
27	0.034 721	0.038 430	0.051 931	0.028 080	0.026 529	0.018 195	0.040 821	0.039 201	0.063 198	0.051 782	0.052 332	0.034 015
28	0.001 399	0.012 952	0.001 875	0.002 400	0.002 589	0.001 341	0.004 118	0.002 011	0.001 495	0.005 235	0.002 736	0.000 489
29	0.004 200	0.010 439	0.006 899	0.011 703	0.012 924	0.010 014	0.007 738	0.011 412	0.005 772	0.027 280	0.011 881	0.005 346
30	0.022 506	0.053 976	0.024 068	0.020 866	0.028 610	0.017 479	0.116 427	0.046 419	0.051 790	0.038 238	0.042 352	0.028 083
31	0.023 335	0.044 694	0.032 312	0.042 400	0.024 518	0.009 388	0.025 947	0.021 339	0.041 461	0.035 848	0.023 273	0.022 142
32	0.009 253	0.029 949	0.016 255	0.017 410	0.012 110	0.010 189	0.019 486	0.027 831	0.010 988	0.040 557	0.074 938	0.008 323
33	0.012 920	0.042 326	0.016 905	0.010 166	0.007 436	0.013 766	0.007 872	0.014 982	0.012 097	0.021 620	0.004 753	0.003 229
34	0.009 034	0.024 722	0.019 824	0.014 842	0.020 967	0.017 339	0.009 105	0.009 491	0.013 743	0.020 459	0.040 751	0.018 763
35	0.001 034	0.003 974	0.001 400	0.002 027	0.001 024	0.001 860	0.000 175	0.003 201	0.003 437	0.001 096	0.000 902	0.000 530
36	0.005 207	0.005 817	0.002 698	0.006 852	0.005 696	0.005 778	0.001 947	0.005 733	0.003 218	0.009 843	0.003 977	0.000 711
37	0.001 931	0.003 723	0.001 559	0.001 533	0.001 090	0.003 541	0.001 589	0.003 432	0.000 667	0.004 779	0.006 368	0.001 076
38	0.011 727	0.008 061	0.014 832	0.022 490	0.014 424	0.011 099	0.004 696	0.011 493	0.004 175	0.013 755	0.011 000	0.016 306
39	0.012 078	0.017 625	0.018 069	0.017 900	0.010 541	0.007 372	0.009 240	0.008 665	0.016 292	0.012 099	0.005 202	0.004 326
40	0.011 590	0.016 845	0.023 568	0.022 170	0.006 934	0.011 426	0.009 283	0.022 218	0.026 835	0.020 206	0.013 945	0.014 104
41	0.003 763	0.005 778	0.009 073	0.012 129	0.005 200	0.004 151	0.004 273	0.005 275	0.005 386	0.004 454	0.002 730	0.002 464
42	0.016 821	0.022 056	0.023 724	0.038 246	0.017 410	0.016 481	0.022 981	0.006 963	0.011 749	0.038 600	0.032 907	0.011 008

附表 12 的续表（2）

序号	22 山西	23 陕西	24 上海	25 四川	26 天津	27 新疆	28 云南	29 浙江	30 重庆	31 全国
1	0.006 111	0.048 145	0.003 086	0.042 320	0.006 802	0.128 520	0.024 447	0.025 439	0.021 516	0.025 120
2	0.126 168	0.022 371	0.000 000	0.012 648	0.002 525	0.004 914	0.007 864	0.000 026	0.005 064	0.009 132
3	0.000 007	0.023 655	0.000 148	0.013 735	0.019 858	0.030 758	0.000 000	0.000 000	0.000 200	0.006 936
4	0.002 896	0.008 127	0.000 000	0.004 285	0.000 000	0.004 910	0.006 683	0.000 489	0.000 539	0.005 697
5	0.002 154	0.000 484	0.000 000	0.002 815	0.000 480	0.000 939	0.001 334	0.002 894	0.001 083	0.003 687
6	0.004 975	0.040 710	0.005 515	0.055 146	0.008 678	0.059 500	0.025 123	0.016 951	0.024 479	0.027 208
7	0.001 017	0.010 247	0.003 087	0.009 389	0.002 072	0.035 288	0.000 804	0.039 549	0.007 193	0.016 186
8	0.000 615	0.003 995	0.007 790	0.009 654	0.003 132	0.006 521	0.000 112	0.039 650	0.002 903	0.021 115
9	0.000 876	0.000 688	0.003 904	0.005 705	0.001 370	0.003 348	0.001 151	0.019 838	0.002 682	0.008 747
10	0.002 113	0.005 151	0.005 280	0.007 091	0.003 674	0.002 948	0.003 561	0.013 836	0.003 923	0.011 319
11	0.077 114	0.047 496	0.003 790	0.006 282	0.030 800	0.046 780	0.003 992	0.001 306	0.000 756	0.012 967
12	0.019 703	0.034 273	0.018 390	0.040 709	0.025 517	0.031 757	0.022 882	0.039 142	0.017 201	0.038 347
13	0.034 711	0.006 580	0.003 421	0.017 401	0.003 894	0.008 083	0.006 652	0.010 254	0.012 111	0.019 441
14	0.095 360	0.028 988	0.015 710	0.036 098	0.033 992	0.019 140	0.054 284	0.009 176	0.013 813	0.036 762
15	0.020 428	0.004 463	0.010 148	0.005 832	0.010 427	0.001 330	0.001 265	0.013 653	0.003 131	0.016 197
16	0.027 833	0.022 521	0.030 079	0.030 494	0.020 803	0.001 422	0.005 095	0.045 114	0.012 430	0.036 666
17	0.005 603	0.029 567	0.047 008	0.022 722	0.040 404	0.003 954	0.004 315	0.036 235	0.073 481	0.030 465
18	0.004 509	0.011 973	0.028 695	0.014 026	0.031 167	0.000 540	0.004 629	0.034 929	0.008 639	0.028 157
19	0.000 324	0.007 860	0.054 693	0.011 977	0.056 886	0.000 436	0.000 575	0.015 360	0.002 629	0.022 356
20	0.001 157	0.004 462	0.007 704	0.003 824	0.012 581	0.000 072	0.000 616	0.006 188	0.003 761	0.007 164
21	0.000 974	0.000 626	0.001 468	0.002 040	0.000 987	0.000 527	0.000 440	0.013 204	0.000 886	0.006 828
22	0.000 086	0.000 000	0.000 214	0.000 154	0.000 714	0.000 272	0.000 000	0.001 810	0.000 569	0.000 407

续表

序号	22 山西	23 陕西	24 上海	25 四川	26 天津	27 新疆	28 云南	29 浙江	30 重庆	31 全国
23	0.051 620	0.015 036	0.004 851	0.018 143	0.011 504	0.020 912	0.017 729	0.008 417	0.011 290	0.021 176
24	0.003 277	0.002 540	0.000 676	0.002 969	0.000 269	0.000 505	0.000 375	0.000 079	0.003 359	0.000 882
25	0.002 308	0.000 734	0.000 332	0.002 354	0.000 622	0.000 591	0.000 774	0.001 192	0.000 976	0.001 294
26	0.136 822	0.079 949	0.028 080	0.098 828	0.055 356	0.111 651	0.138 318	0.057 376	0.075 633	0.073 292
27	0.039 978	0.048 951	0.051 260	0.048 270	0.086 254	0.072 030	0.019 040	0.032 466	0.031 321	0.033 145
28	0.002 981	0.006 409	0.000 744	0.002 561	0.002 061	0.002 655	0.002 411	0.000 889	0.002 097	0.001 848
29	0.017 609	0.029 885	0.018 903	0.013 875	0.006 811	0.010 360	0.013 509	0.016 626	0.007 100	0.009 856
30	0.013 220	0.041 272	0.012 562	0.081 150	0.021 593	0.022 188	0.020 402	0.028 642	0.064 727	0.031 819
31	0.008 672	0.039 469	0.012 300	0.052 111	0.012 948	0.049 069	0.038 283	0.022 815	0.034 074	0.020 407
32	0.029 596	0.056 903	0.035 506	0.027 713	0.009 937	0.013 745	0.047 868	0.016 457	0.018 422	0.015 779
33	0.008 858	0.006 352	0.013 190	0.009 887	0.005 875	0.009 402	0.006 919	0.009 485	0.006 285	0.014 252
34	0.012 880	0.024 677	0.027 751	0.015 362	0.014 235	0.026 534	0.025 305	0.028 652	0.032 025	0.017 107
35	0.008 745	0.002 055	0.004 417	0.005 851	0.002 150	0.000 619	0.002 394	0.000 785	0.003 329	0.001 858
36	0.005 054	0.011 187	0.007 645	0.010 879	0.015 579	0.007 643	0.007 630	0.004 342	0.002 691	0.004 663
37	0.004 668	0.000 817	0.002 345	0.002 867	0.001 460	0.004 858	0.003 391	0.003 900	0.003 418	0.004 011
38	0.005 603	0.008 504	0.009 986	0.026 353	0.010 959	0.016 987	0.006 100	0.004 042	0.010 126	0.012 862
39	0.022 791	0.013 858	0.006 836	0.014 864	0.005 573	0.014 955	0.008 735	0.009 077	0.013 589	0.016 603
40	0.026 610	0.013 406	0.006 183	0.009 783	0.006 050	0.010 692	0.008 145	0.013 688	0.008 877	0.024 334
41	0.008 548	0.002 056	0.004 785	0.020 895	0.004 250	0.003 419	0.007 427	0.002 918	0.005 939	0.005 966
42	0.029 794	0.027 543	0.015 613	0.000 000	0.006 758	0.066 745	0.032 682	0.023 339	0.029 742	0.033 433

附表13　ISTN-REGION07 网络累计首达介数

序号	产品部门	1 安徽	2 北京	3 福建	4 甘肃	5 广东	6 广西	7 贵州	8 海南	9 河北
1	农、林、牧、渔业	30.676 787	11.085 426	258.092 741	51.085 356	12.498 375	90.572 449	251.880 237	54.317 124	41.826 540
2	煤炭开采和洗选业	4.731 658	3.351 747	14.691 344	8.873 447	—	0.609 189	155.228 089	—	4.283 126
3	石油和天然气开采业	—	0.481 517	—	8.407 572	0.486 974	—	—	—	5.190 567
4	金属矿采选业	1.185 362	0.197 124	6.551 734	6.124 799	0.458 866	4.727 405	10.678 709	1.164 779	7.391 172
5	非金属矿采选业	0.737 213	0.146 903	5.411 952	1.586 227	0.367 463	2.088 725	12.839 470	0.385 817	3.717 092
6	食品制造及烟草加工业	23.511 805	22.842 850	274.457 654	36.101 770	15.347 643	86.340 300	179.828 456	20.630 596	64.051 695
7	纺织业	9.186 405	1.629 928	77.774 309	2.814 577	8.957 699	6.766 227	3.595 045	2.208 247	44.031 507
8	服装、皮革、羽绒及其制品业	6.589 118	2.830 742	311.018 420	2.570 066	24.209 572	5.481 275	1.790 721	0.555 987	70.975 099
9	木材加工及家具制造业	3.509 933	1.532 334	52.446 250	0.622 637	11.528 047	8.851 694	7.985 392	2.019 053	18.827 081
10	造纸印刷及文教用品制造业	2.262 237	4.321 534	62.318 507	2.437 589	13.047 741	7.696 010	6.805 457	10.086 827	7.515 803
11	石油加工、炼焦及核燃料加工业	0.985 279	7.206 462	8.400 821	23.365 998	1.650 154	0.418 637	25.909 074	10.169 427	9.084 161
12	化学工业	13.381 201	19.601 343	146.041 131	15.715 630	19.208 095	26.179 672	245.977 058	20.910 290	35.359 293
13	非金属矿物制品业	4.781 948	5.836 485	59.057 853	8.851 413	6.151 147	11.033 195	51.386 845	3.719 678	36.751 781
14	金属冶炼及压延加工业	11.029 955	7.682 045	51.200 796	44.528 130	3.461 664	56.835 635	239.138 540	4.076 059	82.693 422
15	金属制品业	2.187 954	3.205 297	22.088 595	3.234 824	9.745 895	2.467 279	15.776 360	3.414 134	11.833 028
16	通用、专用设备制造业	7.548 242	22.749 477	139.278 776	11.149 749	12.429 474	16.621 395	28.559 982	0.367 740	24.437 695
17	交通运输设备制造业	17.055 543	65.874 430	229.130 025	1.632 039	40.429 723	114.794 781	57.790 709	11.821 293	17.878 468
18	电气、机械及器材制造业	12.247 751	7.675 753	40.471 375	5.112 098	37.051 801	7.855 432	32.395 433	4.790 609	14.567 873

续表

序号	产品部门	1 安徽	2 北京	3 福建	4 甘肃	5 广东	6 广西	7 贵州	8 海南	9 河北
19	通信设备、计算机及其他电子设备制造业	1.296 434	74.581 501	218.542 177	0.971 772	105.073 414	3.947 493	11.558 390	1.567 987	1.687 925
20	仪器仪表及文化办公用机械制造业	0.669 299	6.047 874	17.061 828	0.281 656	9.397 409	0.455 830	2.325 149	0.167 179	0.722 565
21	其他制造业	0.764 937	0.933 931	27.807 197	1.287 690	3.608 832	1.569 130	15.177 774	0.453 038	4.697 502
22	废品废料	0.240 772	0.109 785	0.066 295	0.080 586	0.187 108	0.107 333	0.063 984	0.196 090	0.075 620
23	电力、热力的生产和供应业	7.621 225	16.235 841	56.945 705	21.432 341	5.930 038	18.803 894	297.638 418	7.597 835	11.266 086
24	燃气生产和供应业	0.146 068	0.474 802	0.361 421	0.330 354	0.253 954	0.168 146	7.419 769	0.734 841	0.311 427
25	水的生产和供应业	0.195 877	1.408 337	2.736 584	0.517 230	0.756 992	1.698 482	3.538 454	1.085 898	0.393 526
26	建筑业	14.253 136	53.043 223	153.313 027	77.900 799	14.493 820	70.802 512	244.725 558	47.881 617	40.882 666
27	交通运输及仓储业	17.840 669	65.730 515	86.189 892	43.879 586	10.935 129	27.560 925	162.753 730	23.080 942	34.008 359
28	邮政业	0.849 545	3.620 380	3.674 477	5.184 548	0.428 999	4.380 792	17.169 192	1.087 625	1.611 857
29	信息传输、计算机服务和软件业	1.861 923	117.689 204	26.985 869	20.030 839	5.596 599	10.031 315	81.944 035	7.142 001	11.142 347
30	批发和零售贸易业	7.571 786	69.093 846	43.587 719	24.099 577	7.401 758	25.960 226	120.390 002	8.700 611	15.357 501
31	住宿和餐饮业	8.224 487	30.951 369	94.194 243	34.584 731	9.683 601	23.225 691	160.176 505	14.531 953	8.801 200
32	金融保险业	9.095 821	57.336 510	51.472 686	24.051 253	6.599 820	34.290 941	125.093 610	7.218 916	17.530 841
33	房地产业	1.766 992	33.934 312	23.802 848	20.265 605	7.785 706	21.696 126	40.078 563	20.355 548	10.176 323
34	租赁和商务服务业	6.727 884	85.041 398	39.850 280	10.424 050	7.010 684	11.887 145	50.300 081	14.515 738	9.259 451
35	旅游业	0.430 063	27.976 884	1.292 838	7.290 391	0.378 133	0.855 251	2.605 391	0.360 485	0.804 040

续表

序号	产品部门	1 安徽	2 北京	3 福建	4 甘肃	5 广东	6 广西	7 贵州	8 海南	9 河北
36	科学研究事业	1.614 983	135.358 316	13.027 002	5.765 010	2.701 546	5.928 991	17.388 048	3.494 335	6.827 792
37	综合技术服务业	0.913 516	10.354 868	7.750 912	1.605 423	0.753 224	1.105 220	1.297 082	1.361 116	1.649 890
38	其他社会服务业	6.564 074	9.113 671	38.126 335	5.638 384	2.962 436	7.549 167	23.654 545	3.146 011	6.293 549
39	教育事业	6.942 770	48.426 319	6.965 404	13.984 377	2.252 047	11.745 659	18.089 288	5.471 024	7.605 798
40	卫生、社会保障和社会福利业	5.804 544	38.420 624	21.579 673	12.835 250	2.834 751	9.567 773	54.000 702	5.917 070	10.413 974
41	文化、体育和娱乐业	2.211 547	24.132 466	19.133 390	4.058 407	1.295 688	24.143 787	25.809 286	3.878 055	1.774 074
42	公共管理和社会组织	9.245 377	36.143 218	54.969 972	26.474 750	6.137 919	34.160 851	130.463 742	11.546 729	11.296 184

附表 13 的续表（1）

序号	10 河南	11 黑龙江	12 湖北	13 湖南	14 吉林	15 江苏	16 江西	17 辽宁	18 内蒙古	19 宁夏	20 青海	21 山东
1	9.720 996	45.282 926	22.943 158	23.649 179	83.214 051	6.496 423	81.079 270	13.359 126	101.552 300	29.311 721	56.792 408	15.865 729
2	6.602 406	6.596 734	0.353 322	1.802 906	5.134 265	0.702 023	8.202 041	1.494 878	23.102 907	18.167 786	10.386 350	8.734 943
3	1.945 426	8.296 604	0.263 520	—	9.790 564	0.324 068	—	2.601 700	0.858 578	0.115 955	51.612 057	5.601 987
4	2.499 002	0.344 688	1.601 943	1.452 260	2.385 733	0.247 416	9.247 798	2.787 892	10.183 233	1.991 487	46.041 216	5.474 671
5	2.762 262	0.621 589	2.666 960	0.753 379	0.969 708	0.526 073	5.775 498	0.591 186	4.697 604	0.140 981	1.928 707	1.027 048
6	14.463 332	47.719 294	33.194 471	16.608 904	49.876 290	6.551 840	63.292 340	15.433 533	100.969 659	19.563 191	26.877 072	38.761 309
7	3.291 070	1.679 507	16.632 664	4.040 079	1.511 430	32.158 881	34.309 043	1.541 384	51.032 708	29.719 069	2.498 819	17.490 308
8	2.690 017	3.414 772	14.840 259	3.602 862	0.697 498	25.829 707	31.129 159	3.803 143	10.047 324	2.357 439	2.831 022	9.151 822

续表

序号	10 河南	11 黑龙江	12 湖北	13 湖南	14 吉林	15 江苏	16 江西	17 辽宁	18 内蒙古	19 宁夏	20 青海	21 山东
9	4.335 058	4.333 872	3.330 347	3.338 690	24.807 783	4.112 571	29.036 315	3.827 682	8.518 330	0.299 634	0.457 360	3.299 276
10	3.238 683	2.762 967	5.014 710	3.392 954	1.635 700	6.487 829	30.164 309	1.166 371	2.653 572	11.020 201	0.517 796	8.385 164
11	2.488 134	11.438 379	3.377 575	1.137 874	8.618 628	1.279 184	2.877 098	11.031 845	8.210 142	11.332 812	4.389 742	8.140 972
12	10.504 836	13.703 539	15.910 056	7.339 539	42.751 848	34.072 108	63.087 756	12.222 841	16.307 514	55.054 315	141.081 294	29.597 135
13	16.680 123	2.706 765	9.632 162	2.448 258	6.972 639	5.201 531	10.864 277	6.375 532	12.042 677	9.109 728	11.849 799	11.513 676
14	14.473 210	2.569 793	11.547 308	7.654 688	7.248 802	20.111 001	57.165 196	18.802 455	61.081 619	33.446 259	317.528 267	24.261 189
15	3.730 056	1.410 086	8.457 793	1.192 662	1.808 928	9.334 419	4.091 136	4.754 173	0.192 313	4.973 024	4.229 318	6.333 283
16	17.643 231	10.822 064	13.362 151	7.440 080	5.586 345	33.738 496	14.633 318	24.656 237	9.333 436	23.943 572	4.271 533	22.548 743
17	6.906 156	8.699 304	23.613 217	3.333 478	578.467 735	22.323 120	11.944 137	26.618 574	12.357 145	1.418 984	2.735 759	8.512 370
18	3.116 013	3.062 994	3.390 347	2.324 100	1.072 495	23.131 389	16.665 763	7.646 436	2.270 332	4.687 907	2.828 111	12.496 749
19	0.587 753	0.886 987	6.900 484	1.017 198	1.271 593	86.048 307	9.113 639	6.229 163	3.411 809	1.206 076	—	15.651 180
20	0.745 561	0.587 975	1.719 323	0.447 971	0.115 072	7.951 206	2.347 840	1.284 904	0.153 224	2.087 908	0.365 727	1.341 436
21	3.151 353	0.379 455	1.544 902	0.523 664	0.463 344	1.406 640	5.983 325	0.528 505	0.360 166	0.435 944	0.757 672	2.297 370
22	0.565 637	0.091 942	0.099 766	0.564 509	0.156 924	0.129 333	0.094 877	0.123 951	0.136 811	1.479 400	0.197 634	0.207 769
23	8.943 485	15.892 920	6.623 110	2.784 091	6.945 859	9.146 545	14.939 016	10.261 217	22.718 708	37.835 611	36.620 003	7.402 878
24	0.328 128	1.204 142	0.362 262	0.296 608	1.482 293	0.255 952	0.149 503	0.191 466	1.390 704	0.760 344	0.089 755	0.302 116
25	0.249 989	1.206 139	1.110 952	0.295 479	0.289 828	0.340 767	1.228 301	0.311 681	0.364 621	0.511 026	0.693 936	0.381 407
26	10.168 794	23.015 518	53.101 329	18.492 099	35.217 265	24.960 981	66.595 949	24.504 937	50.227 739	43.808 121	157.117 881	16.734 648
27	7.485 995	13.305 343	18.683 165	4.691 271	29.973 467	8.106 016	32.463 537	11.301 931	44.455 526	27.495 019	68.174 270	12.348 363
28	0.291 165	4.701 596	0.713 642	0.429 822	2.869 599	0.620 552	3.425 339	0.611 858	1.169 659	3.054 345	3.662 398	0.199 964

序号	10 河南	11 黑龙江	12 湖北	13 湖南	14 吉林	15 江苏	16 江西	17 辽宁	18 内蒙古	19 宁夏	20 青海	21 山东
29	0.845 249	3.833 722	2.631 103	2.161 235	16.083 246	4.592 096	7.064 576	3.886 366	4.526 709	14.743 093	15.910 928	1.938 934
30	3.944 338	16.059 553	8.453 751	3.401 680	28.776 220	7.220 964	73.989 495	11.509 148	32.046 246	18.964 374	54.668 890	8.970 485
31	4.188 214	13.919 118	12.027 391	6.637 013	26.375 369	4.005 085	19.840 438	5.555 294	30.065 903	18.764 329	29.256 617	7.393 903
32	1.839 352	9.245 171	5.915 463	2.900 865	13.015 659	4.541 258	14.464 930	7.889 591	7.426 163	19.338 395	93.605 594	2.872 892
33	2.407 242	13.076 201	6.041 924	1.649 661	8.271 738	6.012 170	6.018 621	3.985 414	8.112 540	11.342 374	6.797 431	1.111 575
34	1.668 025	8.162 109	7.431 541	2.494 720	22.636 126	7.682 906	6.922 118	2.565 535	11.109 457	10.546 890	50.407 354	6.535 436
35	0.222 526	1.308 619	0.523 127	0.438 245	1.128 057	0.834 126	0.169 273	0.905 323	2.387 531	0.594 177	1.184 882	0.210 549
36	0.968 734	1.887 220	1.048 744	1.315 639	5.894 032	2.680 908	1.508 717	1.664 187	2.236 111	5.010 677	8.094 892	0.271 135
37	0.384 808	1.504 410	0.820 152	0.273 554	1.197 710	1.689 662	1.237 627	0.921 790	0.492 050	2.462 206	8.216 163	0.389 847
38	2.139 544	2.623 978	5.760 767	3.784 007	15.229 210	5.180 180	3.579 811	3.251 470	2.894 076	7.051 372	14.423 691	5.624 732
39	2.488 217	6.059 478	6.787 683	3.123 338	12.019 306	3.650 919	7.804 700	2.644 911	12.880 013	6.633 289	7.095 650	1.539 070
40	2.128 518	6.043 537	8.449 731	3.521 598	7.354 905	4.919 846	7.205 032	5.839 439	17.687 920	10.833 127	17.528 847	4.674 512
41	0.735 897	1.892 169	3.269 580	2.186 289	5.491 805	1.903 169	3.295 082	1.575 723	3.879 596	2.338 155	3.540 866	0.861 126
42	3.750 454	6.927 571	8.350 842	5.425 081	18.915 314	6.952 957	16.003 997	1.863 607	8.833 175	19.903 343	39.240 670	3.566 568

附表 13 的续表 (2)

序号	22 山西	23 陕西	24 上海	25 四川	26 天津	27 新疆	28 云南	29 浙江	30 重庆	31 全国
1	35.618 850	28.685 761	2.114 293	26.241 519	3.952 651	183.328 145	43.535 524	47.078 466	18.489 356	7.359 193
2	495.226 644	6.348 151	—	3.821 442	1.093 580	4.142 807	5.192 416	0.074 661	2.627 887	2.075 161

续表

序号	22 山西	23 陕西	24 上海	25 四川	26 天津	27 新疆	28 云南	29 浙江	30 重庆	31 全国
3	0.063 661	6.644 951	0.122 732	3.882 164	8.620 793	28.529 924	4.460 775	—	0.123 778	1.443 954
4	11.230 544	2.649 604	—	1.300 860	—	5.241 455	0.911 031	0.901 764	0.274 568	1.254 334
5	8.392 425	0.175 235	7.044 263	0.845 443	0.226 442	0.813 657	41.760 134	4.385 984	0.518 836	0.828 938
6	31.005 068	24.993 906	3.247 493	31.445 610	8.524 242	76.826 657	0.607 446	62.014 368	20.806 502	10.027 761
7	4.645 865	4.341 436	6.632 042	4.850 953	1.127 956	36.779 846	0.110 198	159.193 499	5.759 591	7.301 679
8	2.468 950	1.180 562	3.785 115	4.686 496	1.686 791	6.068 808	0.860 184	168.284 706	3.500 028	7.737 124
9	3.401 384	0.258 372	4.650 035	1.994 847	0.697 746	3.474 141	2.935 605	48.094 911	1.542 097	3.096 189
10	9.341 005	2.215 981	2.183 743	2.764 771	1.900 267	2.821 405	2.633 303	40.077 807	2.851 307	3.347 575
11	298.020 910	22.239 943	18.782 663	1.879 253	15.023 065	47.527 484	20.356 833	1.986 630	0.395 949	2.760 220
12	107.990 321	12.126 038	2.178 282	16.990 341	13.773 186	33.270 658	4.390 296	112.960 017	11.795 240	12.189 599
13	156.989 416	2.011 996	11.100 380	5.384 688	1.677 673	7.108 934	37.606 299	18.407 065	5.751 945	4.583 990
14	621.001 485	9.251 349	6.138 886	13.787 883	21.549 724	17.422 708	0.881 099	17.806 264	7.960 686	10.362 201
15	79.997 003	1.423 707	30.372 974	1.789 454	4.473 451	1.151 429	4.161 663	22.990 820	1.480 724	3.856 207
16	118.699 767	7.857 804	70.715 593	13.334 825	12.386 532	1.225 236	3.999 714	107.770 988	7.159 293	10.877 536
17	24.343 662	28.739 440	21.491 002	10.611 326	71.027 344	0.528 069	3.248 295	116.197 081	186.041 215	13.959 291
18	17.333 665	4.332 384	216.887 471	4.265 091	14.992 511	3.641 287	0.448 809	75.448 868	4.647 403	7.181 424
19	1.302 146	3.169 450	5.880 178	7.346 468	107.633 095	0.403 004	0.452 367	56.960 258	1.964 628	16.297 591
20	4.434 205	1.423 792	1.046 308	1.462 167	5.274 849	0.095 347	0.325 451	10.658 613	2.676 739	1.664 253
21	5.436 895	0.218 786	—	0.644 686	0.477 670	0.471 935	—	20.970 675	0.427 678	1.621 441
22	0.363 797	—	0.194 419	0.086 981	0.415 905	0.261 648	—	3.598 673	0.315 888	0.126 543

| 附 录 |

续表

序号	22 山西	23 陕西	24 上海	25 四川	26 天津	27 新疆	28 云南	29 浙江	30 重庆	31 全国
23	224.625 567	5.161 247	3.210 488	5.986 133	5.679 063	19.047 534	20.859 977	18.736 231	6.248 898	6.550 793
24	15.561 552	0.788 766	0.491 480	1.263 701	0.188 955	0.659 601	0.312 476	0.183 655	2.228 654	0.226 061
25	8.978 816	0.251 126	0.246 275	0.698 797	0.296 705	0.531 616	0.546 616	1.841 569	0.465 391	0.308 330
26	472.798 527	20.672 096	15.284 370	24.120 642	19.990 343	100.747 965	314.146 317	82.771 682	28.973 261	18.765 710
27	151.263 866	14.704 854	44.403 675	14.053 167	33.970 306	59.461 503	12.457 646	49.759 851	14.327 495	7.137 954
28	11.340 948	2.297 708	0.468 813	0.788 404	1.160 012	2.556 832	1.685 836	1.424 875	1.207 171	0.422 578
29	71.856 108	10.699 264	11.414 435	5.050 149	2.908 561	9.259 401	9.154 599	25.093 504	3.483 602	2.142 503
30	59.915 437	11.046 571	7.661 436	21.444 728	8.081 298	17.879 026	12.742 470	40.631 381	26.021 527	6.280 450
31	32.431 994	11.371 802	6.832 480	14.751 317	5.228 467	40.959 677	23.855 226	36.213 317	15.237 259	4.182 790
32	107.376 188	16.231 202	22.499 818	7.638 325	3.865 070	11.241 057	28.061 044	24.133 398	8.175 201	3.448 361
33	35.082 311	1.907 748	9.370 198	2.837 282	2.377 587	8.260 349	4.615 257	14.090 880	2.846 083	2.986 232
34	61.868 677	7.282 690	19.194 499	4.537 613	5.627 141	22.997 015	18.001 065	44.672 720	14.318 107	3.636 463
35	36.507 171	0.630 437	2.788 772	1.732 625	0.884 006	0.548 134	1.595 771	1.209 896	1.525 526	0.418 310
36	19.575 283	3.232 487	6.331 261	3.950 701	6.058 655	6.294 977	5.031 807	6.590 145	1.217 563	1.035 997
37	18.059 044	0.270 766	1.412 434	0.974 053	0.606 683	4.491 840	2.259 036	5.900 936	1.546 004	0.887 474
38	21.415 472	2.483 773	5.838 762	7.731 413	4.325 678	13.984 824	4.008 408	6.135 067	4.632 458	2.849 938
39	118.845 624	4.266 287	4.081 040	4.666 479	2.332 693	14.831 658	5.901 512	13.632 202	6.535 388	4.121 920
40	182.073 030	3.760 876	3.619 729	2.827 784	2.437 820	8.824 949	5.370 038	21.164 284	3.952 566	5.012 927
41	32.391 393	0.631 368	2.829 213	6.990 229	1.730 425	2.875 057	5.019 482	4.842 924	2.721 930	1.355 051
42	183.383 363	7.673 957	9.148 634	—	2.646 699	45.273 618	19.575 632	35.389 814	21.446 412	6.755 770

附表 14 ISTN-REGION02 网络随机游走中心性

序号	产品部门	1 安徽	2 北京	3 福建	4 甘肃	5 广东	6 广西	7 贵州	8 海南	9 河北
1	农、林、牧、渔业	0.069 161	0.008 319	0.050 574	0.063 396	0.024 641	0.040 666	0.044 413	0.192 815	0.043 033
2	煤炭开采和洗选业	0.009 730	0.001 479	0.002 480	0.004 684	0.000 191	0.000 910	0.014 531	0.000 002	0.006 190
3	石油和天然气开采业	—	—	—	0.001 014	0.002 262	—	0.000 012	0.000 313	0.001 948
4	金属矿采选业	0.003 835	0.000 079	0.004 969	0.003 342	0.000 527	0.007 777	0.001 326	0.002 301	0.013 155
5	非金属矿采选业	0.004 761	0.000 079	0.003 697	0.002 768	0.001 340	0.004 092	0.004 898	0.000 903	0.003 009
6	食品制造及烟草加工业	0.054 515	0.016 027	0.037 407	0.045 046	0.023 360	0.046 751	0.067 577	0.073 233	0.039 749
7	纺织业	0.019 624	0.003 231	0.026 017	0.004 615	0.011 121	0.004 748	0.001 524	0.002 266	0.027 543
8	服装、皮革、羽绒及其制品业	0.014 919	0.004 029	0.023 697	0.006 102	0.024 785	0.007 437	0.006 204	0.001 857	0.029 312
9	木材加工及家具制造业	0.015 075	0.002 225	0.026 637	0.001 418	0.010 259	0.011 547	0.002 455	0.014 758	0.007 944
10	造纸印刷及文教用品制造业	0.011 079	0.005 434	0.018 475	0.005 159	0.014 656	0.014 227	0.005 686	0.002 310	0.019 603
11	石油加工、炼焦及核燃料加工业	0.001 638	0.013 596	0.004 524	0.012 710	0.004 966	0.001 693	0.000 983	0.000 703	0.005 479
12	化学工业	0.026 403	0.029 732	0.053 520	0.031 157	0.024 851	0.040 265	0.054 522	0.021 668	0.045 307
13	非金属矿物制品业	0.028 825	0.007 772	0.010 647	0.017 274	0.014 361	0.018 513	0.018 444	0.001 732	0.037 888
14	金属冶炼及压延加工业	0.015 053	0.007 462	0.015 053	0.040 123	0.007 665	0.013 612	0.040 715	0.001 214	0.043 009
15	金属制品业	0.005 454	0.004 420	0.017 063	0.007 881	0.015 237	0.006 392	0.007 434	0.002 124	0.017 641
16	通用、专用设备制造业	0.020 498	0.016 056	0.025 335	0.014 099	0.020 151	0.023 316	0.007 320	0.001 046	0.033 267
17	交通运输设备制造业	0.018 260	0.011 815	0.019 308	0.003 086	0.010 040	0.012 658	0.013 319	0.014 742	0.012 126
18	电气、机械及器材制造业	0.016 800	0.008 470	0.027 449	0.007 975	0.039 927	0.005 176	0.011 240	0.000 719	0.012 600

续表

序号	产品部门	1 安徽	2 北京	3 福建	4 甘肃	5 广东	6 广西	7 贵州	8 海南	9 河北
19	通信设备、计算机及其他电子设备制造业	0.004 570	0.062 671	0.034 355	0.003 612	0.044 394	0.001 856	0.004 817	0.000 258	0.004 160
20	仪器仪表及文化办公用机械制造业	0.002 832	0.010 551	0.019 080	0.003 732	0.015 093	0.001 680	0.000 855	0.001 067	0.011 794
21	其他制造业	0.009 750	0.000 642	0.012 581	0.005 792	0.004 246	0.007 714	0.003 151	0.000 032	0.000 039
22	废品废料	—	—	—	—	—	—	—	—	—
23	电力、热力的生产和供应业	0.013 299	0.004 254	0.009 753	0.015 855	0.022 942	0.004 476	0.020 828	0.001 775	0.008 668
24	燃气生产和供应业	0.000 544	0.000 514	0.003 086	0.002 366	0.000 838	0.000 676	0.000 872	0.000 308	0.000 264
25	水的生产和供应业	0.001 188	0.000 734	0.001 735	0.000 778	0.001 372	0.000 619	0.000 798	0.001 401	0.000 425
26	建筑业	0.083 269	0.069 984	0.062 936	0.103 706	0.059 806	0.078 211	0.151 622	0.047 615	0.102 458
27	交通运输及仓储业	0.031 113	0.033 123	0.044 043	0.034 468	0.035 504	0.022 063	0.040 962	0.025 354	0.033 077
28	邮政业	0.001 563	0.003 770	0.000 894	0.003 025	0.001 163	0.002 042	0.005 062	0.008 434	0.001 531
29	信息传输、计算机服务和软件业	0.005 873	0.057 829	0.008 435	0.015 065	0.017 759	0.008 619	0.015 130	0.059 532	0.009 974
30	批发和零售贸易业	0.096 105	0.030 638	0.065 984	0.113 024	0.040 267	0.076 804	0.086 315	0.153 714	0.114 356
31	住宿和餐饮业	0.054 068	0.025 192	0.028 848	0.059 918	0.033 164	0.054 588	0.114 761	0.101 649	0.015 490
32	金融保险业	0.047 530	0.055 665	0.042 785	0.046 677	0.020 581	0.020 006	0.034 846	0.031 834	0.012 610
33	房地产业	0.081 969	0.049 147	0.045 366	0.084 978	0.028 911	0.033 709	0.024 233	0.027 618	0.057 372
34	租赁和商务服务业	0.004 370	0.048 532	0.003 008	0.010 019	0.010 938	0.001 690	0.049 308	0.002 760	0.011 512

续表

序号	产品部门	1 安徽	2 北京	3 福建	4 甘肃	5 广东	6 广西	7 贵州	8 海南	9 河北
35	旅游业	0.001 985	0.001 290	0.000 888	0.000 340	0.002 938	0.031 457	0.001 343	0.000 592	0.000 088
36	科学研究事业	0.002 313	0.015 041	0.000 270	0.003 959	0.001 316	0.001 040	0.000 908	0.002 234	0.000 342
37	综合技术服务业	0.003 511	0.057 195	0.001 491	0.001 526	0.007 931	0.005 832	0.002 037	0.001 649	0.002 209
38	其他社会服务业	0.016 311	0.006 365	0.008 862	0.015 568	0.011 906	0.003 758	0.008 472	0.006 219	0.003 537
39	教育事业	0.016 832	0.015 020	0.008 684	0.025 131	0.007 910	0.017 816	0.018 185	0.011 018	0.005 302
40	卫生、社会保障和社会福利业	0.010 115	0.008 184	0.015 954	0.017 640	0.009 639	0.017 679	0.010 440	0.004 169	0.007 319
41	文化、体育和娱乐业	0.002 238	0.025 357	0.006 380	0.005 295	0.003 304	0.004 053	0.001 583	0.005 163	0.001 592
42	公共管理和社会组织	0.013 417	0.020 773	0.021 540	0.027 806	0.013 976	0.039 109	0.042 053	0.014 103	—

附表 14 的续表（1）

序号	10 河南	11 黑龙江	12 湖北	13 湖南	14 吉林	15 江苏	16 江西	17 辽宁	18 内蒙古	19 宁夏	20 青海	21 山东
1	0.027 953	0.072 078	0.055 629	0.050 302	0.065 605	0.032 384	0.081 243	0.036 904	0.128 407	0.045 057	0.026 403	0.033 749
2	0.017 223	0.011 329	0.000 651	0.006 739	0.001 379	0.001 902	0.003 847	0.010 568	0.030 213	0.023 963	0.006 191	0.020 936
3	0.005 024	0.015 697	0.000 953	—	0.000 752	0.000 138	—	0.010 426	0.001 257	0.021 822	0.045 689	0.005 970
4	0.008 372	0.001 367	0.004 411	0.005 465	0.000 416	0.000 354	0.004 255	0.006 076	0.003 570	0.016 544	0.007 648	0.007 229
5	0.007 232	0.002 737	0.011 287	0.005 523	0.000 830	0.001 099	0.003 449	0.005 285	0.003 873	0.012 053	0.002 378	0.004 495
6	0.022 806	0.088 157	0.059 069	0.056 804	0.074 801	0.020 749	0.061 685	0.023 915	0.077 744	0.030 741	0.033 954	0.083 088
7	0.010 514	0.004 835	0.026 765	0.010 235	0.006 155	0.029 739	0.010 147	0.006 606	0.035 757	0.001 408	0.005 204	0.023 685

| 附 录 |

续表

序号	10 河南	11 黑龙江	12 湖北	13 湖南	14 吉林	15 江苏	16 江西	17 辽宁	18 内蒙古	19 宁夏	20 青海	21 山东
8	0.009 836	0.008 456	0.027 486	0.013 242	0.003 173	0.027 242	0.009 119	0.010 216	0.028 830	0.009 242	0.001 480	0.013 252
9	0.017 836	0.017 109	0.009 104	0.012 517	0.006 701	0.007 104	0.010 384	0.005 162	0.005 001	0.000 769	0.000 036	0.004 200
10	0.008 931	0.009 967	0.011 065	0.013 356	0.003 927	0.010 223	0.007 112	0.007 118	0.009 006	0.015 417	0.002 550	0.015 181
11	0.008 325	0.022 605	0.004 266	0.003 717	0.003 587	0.004 341	0.003 347	0.034 579	0.006 903	0.026 580	0.024 171	0.027 344
12	0.034 271	0.027 796	0.037 917	0.035 607	0.020 024	0.051 011	0.023 590	0.033 775	0.022 922	0.053 907	0.036 392	0.056 842
13	0.060 609	0.013 273	0.025 678	0.025 412	0.049 567	0.019 722	0.018 030	0.022 919	0.023 132	0.019 142	0.018 405	0.023 902
14	0.026 032	0.006 896	0.027 534	0.025 900	0.008 239	0.019 613	0.015 110	0.063 745	0.025 150	0.074 840	0.061 157	0.027 911
15	0.017 583	0.006 950	0.013 061	0.015 535	0.001 513	0.019 335	0.003 580	0.017 061	0.001 358	0.014 104	0.005 937	0.009 955
16	0.044 548	0.019 263	0.021 696	0.022 397	0.005 686	0.033 426	0.008 284	0.049 244	0.007 948	0.018 327	0.010 889	0.054 767
17	0.017 319	0.010 297	0.033 416	0.020 993	0.038 502	0.017 679	0.009 300	0.039 403	0.003 048	0.001 496	0.001 620	0.028 774
18	0.018 892	0.005 292	0.007 348	0.012 126	0.001 550	0.021 878	0.006 419	0.017 519	0.002 237	0.005 482	0.006 836	0.031 983
19	0.003 823	0.001 232	0.004 217	0.006 591	0.001 435	0.026 568	0.001 566	0.014 443	0.000 897	0.000 684	0.000 164	0.009 028
20	0.001 368	0.004 011	0.005 581	0.001 489	0.001 280	0.005 533	0.003 068	0.004 215	0.000 100	0.002 575	0.001 516	0.001 903
21	0.020 598	0.001 275	0.007 137	0.009 950	0.000 017	0.007 665	0.006 168	0.001 698	0.001 258	0.000 124	—	0.008 388
22	—	—	—	—	—	—	—	—	—	0.002 420	—	—
23	0.025 027	0.024 494	0.014 065	0.011 147	0.001 717	0.011 388	0.019 100	0.014 198	0.032 096	0.035 244	0.017 082	0.015 556
24	0.000 251	0.002 156	0.000 979	0.000 229	0.000 115	0.000 597	0.001 793	0.000 942	0.001 382	0.000 456	—	0.000 204
25	0.001 389	0.002 408	0.003 796	0.001 500	0.000 536	0.002 038	0.002 092	0.002 356	0.002 049	0.001 579	0.000 598	0.000 460
26	0.090 782	0.075 056	0.084 239	0.094 716	0.072 642	0.064 389	0.101 258	0.073 696	0.074 904	0.157 615	0.178 929	0.071 635
27	0.060 117	0.032 862	0.031 009	0.060 020	0.040 157	0.018 907	0.034 627	0.039 376	0.053 591	0.106 583	0.160 593	0.030 977

续表

序号	10 河南	11 黑龙江	12 湖北	13 湖南	14 吉林	15 江苏	16 江西	17 辽宁	18 内蒙古	19 宁夏	20 青海	21 山东
28	0.002 325	0.003 233	0.000 932	0.001 328	0.001 093	0.000 933	0.002 134	0.001 234	0.002 529	0.007 275	0.001 662	0.001 639
29	0.009 442	0.015 449	0.006 033	0.014 516	0.010 652	0.007 757	0.009 019	0.013 898	0.006 817	0.014 661	0.007 757	0.007 694
30	0.065 762	0.053 213	0.052 289	0.090 238	0.071 008	0.081 117	0.039 070	0.081 621	0.030 430	0.043 561	0.054 126	0.070 233
31	0.017 683	0.065 589	0.038 731	0.039 717	0.046 121	0.009 821	0.051 082	0.025 521	0.054 517	0.046 990	0.040 249	0.038 329
32	0.002 567	0.037 430	0.057 421	0.033 469	0.016 191	0.018 734	0.022 856	0.032 975	0.030 197	0.021 964	0.016 071	0.036 427
33	0.063 445	0.053 940	0.011 282	0.001 998	0.011 847	0.045 544	0.019 867	0.040 459	0.049 831	0.004 616	0.051 817	0.038 179
34	0.010 550	0.009 639	0.008 636	0.011 719	0.035 319	0.003 361	0.010 791	0.004 936	0.003 549	0.002 880	0.001 471	0.003 331
35	0.000 635	0.001 188	0.001 866	0.000 544	0.001 322	0.000 032	0.000 867	0.001 972	0.000 987	0.000 659	0.001 037	0.001 943
36	0.000 801	0.001 813	0.001 910	0.002 015	0.001 489	0.001 824	0.002 903	0.008 448	0.002 242	0.001 837	0.002 339	0.000 882
37	0.007 358	0.009 340	0.004 358	0.004 433	0.003 606	0.004 080	0.001 883	0.001 920	0.000 649	0.007 476	0.007 853	0.007 244
38	0.010 640	0.016 346	0.015 607	0.014 826	0.001 328	0.007 460	0.014 700	0.029 407	0.005 887	0.010 222	0.004 770	0.002 896
39	0.010 872	0.013 341	0.012 317	0.030 174	0.004 761	0.009 724	0.017 839	0.012 408	0.003 789	0.016 785	0.005 490	0.001 434
40	0.018 779	0.008 223	0.005 381	0.035 965	0.004 500	0.010 284	0.010 389	0.013 117	0.006 242	0.020 054	0.014 306	0.007 222
41	0.002 754	0.007 284	0.005 969	0.005 926	0.001 511	0.004 060	0.005 704	0.005 343	0.005 726	0.004 972	0.001 008	0.006 587
42	0.016 812	0.033 590	0.015 473	0.038 626	0.015 491	0.013 366	0.035 867	0.026 559	0.018 653	0.029 289	0.029 545	0.022 591

附表 14 的续表（2）

序号	22 山西	23 陕西	24 上海	25 四川	26 天津	27 新疆	28 云南	29 浙江	30 重庆	31 全国
1	0.018 053	0.039 673	0.018 464	0.043 468	0.020 813	0.116 969	0.070 382	0.011 305	0.015 399	0.040 391

续表

序号	22 山西	23 陕西	24 上海	25 四川	26 天津	27 新疆	28 云南	29 浙江	30 重庆	31 全国
2	0.089 282	0.010 555	0.000 407	0.007 519	0.000 068	0.003 728	0.006 204	0.000 119	0.007 250	0.009 731
3	—	0.016 070	0.000 400	0.005 722	0.006 104	0.008 524	0.000 015	—	0.000 170	0.005 011
4	0.004 895	0.006 787	—	0.001 369	—	0.000 963	0.007 442	0.000 646	0.016 143	0.003 821
5	0.004 788	0.002 600	0.000 003	0.013 618	0.000 672	0.000 594	0.006 569	0.001 987	0.003 407	0.004 051
6	0.010 279	0.034 689	0.018 245	0.046 450	0.022 056	0.097 952	0.084 711	0.013 900	0.015 177	0.032 138
7	0.003 480	0.011 516	0.010 367	0.005 826	0.014 369	0.024 406	0.001 455	0.038 178	0.005 690	0.018 142
8	0.001 829	0.008 425	0.024 264	0.006 196	0.023 114	0.004 420	0.001 360	0.047 794	0.002 721	0.024 987
9	0.001 429	0.002 818	0.008 359	0.007 576	0.006 890	0.003 807	0.004 601	0.010 081	0.000 767	0.010 346
10	0.003 148	0.012 206	0.014 279	0.009 569	0.013 660	0.002 607	0.005 898	0.012 899	0.001 878	0.015 985
11	0.051 845	0.022 259	0.005 140	0.001 444	0.013 219	0.015 398	0.000 854	0.001 214	0.000 328	0.011 473
12	0.025 668	0.049 497	0.035 380	0.028 495	0.035 697	0.017 861	0.036 473	0.038 971	0.025 399	0.041 091
13	0.035 157	0.019 507	0.008 046	0.028 960	0.006 370	0.010 569	0.012 519	0.014 608	0.016 144	0.015 949
14	0.049 266	0.013 631	0.015 756	0.022 026	0.014 114	0.006 507	0.026 579	0.008 250	0.013 499	0.028 405
15	0.020 055	0.005 170	0.011 968	0.006 308	0.014 609	0.002 537	0.006 357	0.022 817	0.002 245	0.015 250
16	0.019 845	0.031 072	0.032 120	0.011 904	0.019 572	0.002 447	0.007 510	0.037 517	0.017 604	0.031 932
17	0.005 499	0.023 823	0.049 885	0.011 331	0.018 899	0.001 688	0.003 851	0.022 539	0.069 459	0.021 101
18	0.004 093	0.014 616	0.025 206	0.008 680	0.029 192	0.002 672	0.003 779	0.032 929	0.007 246	0.019 916
19	0.000 515	0.021 422	0.023 910	0.020 645	0.049 121	0.000 045	0.000 535	0.016 776	0.001 285	0.021 180
20	0.000 974	0.008 301	0.007 685	0.001 029	0.005 751	0.000 226	0.001 091	0.007 754	0.005 199	0.006 012
21	0.003 911	0.001 047	0.002 181	0.002 385	0.006 780	0.000 082	0.000 797	0.009 504	0.000 568	0.006 572

续表

序号	22 山西	23 陕西	24 上海	25 四川	26 天津	27 新疆	28 云南	29 浙江	30 重庆	31 全国
22	—	—	—	—	—	—	—	—	—	—
23	0.029 427	0.016 661	0.005 689	0.025 625	0.005 140	0.009 222	0.010 487	0.008 336	0.004 687	0.017 864
24	0.001 423	0.000 566	0.000 842	0.001 011	0.000 956	0.001 683	0.000 539	0.000 135	0.000 497	0.001 285
25	0.001 382	0.001 576	0.001 018	0.001 250	0.000 650	0.001 199	0.001 200	0.000 977	0.000 509	0.001 378
26	0.135 292	0.119 888	0.046 741	0.107 969	0.041 340	0.081 652	0.087 903	0.050 344	0.062 302	0.100 839
27	0.091 442	0.089 303	0.054 662	0.045 260	0.021 555	0.045 264	0.070 524	0.023 879	0.016 938	0.039 549
28	0.003 764	0.002 861	0.012 046	0.000 963	0.000 910	0.001 711	0.001 267	0.000 666	0.007 044	0.003 707
29	0.015 342	0.036 428	0.013 882	0.014 396	0.009 751	0.020 752	0.007 884	0.008 987	0.005 323	0.017 235
30	0.054 147	0.089 875	0.046 218	0.025 016	0.077 268	0.063 709	0.054 179	0.048 506	0.109 530	0.064 813
31	0.016 085	0.042 975	0.024 933	0.043 518	0.021 742	0.060 511	0.058 692	0.015 846	0.013 488	0.034 298
32	0.025 076	0.027 762	0.043 480	0.046 798	0.021 809	0.017 926	0.006 071	0.018 370	0.009 432	0.027 879
33	0.015 419	0.041 195	0.014 066	0.029 528	0.041 703	0.004 273	0.008 963	0.019 306	0.073 576	0.025 631
34	0.011 247	0.005 949	0.013 857	0.006 727	0.009 275	0.029 874	0.002 731	0.015 508	0.044 630	0.018 344
35	0.001 792	0.000 727	0.005 654	0.005 832	0.000 082	0.001 502	0.006 458	0.003 384	0.004 238	0.002 470
36	0.008 385	0.005 232	0.005 966	0.003 697	0.000 665	0.000 970	0.001 753	0.002 775	0.000 664	0.002 678
37	0.012 959	0.003 441	0.005 856	0.014 864	0.006 206	0.002 438	0.012 531	0.004 000	0.005 556	0.009 016
38	0.016 370	0.004 682	0.008 251	0.044 281	0.020 995	0.007 115	0.004 714	0.004 786	0.021 024	0.023 479
39	0.037 125	0.016 339	0.009 259	0.036 431	0.006 487	0.029 235	0.033 348	0.010 200	0.007 725	0.032 600
40	0.025 325	0.009 282	0.007 786	0.010 569	0.005 637	0.012 611	0.022 755	0.012 005	0.005 915	0.013 426
41	0.020 456	0.004 474	0.011 115	0.006 149	0.001 130	0.004 439	0.008 070	0.005 295	0.001 475	0.007 309
42	0.041 258	—	0.022 572	0.051 096	—	0.044 360	0.078 744	0.028 744	0.012 468	—

附表 15 ISTN-REGION02 网络累计首达介数

序号	产品部门	1 安徽	2 北京	3 福建	4 甘肃	5 广东	6 广西	7 贵州	8 海南	9 河北
1	农、林、牧、渔业	24.512 039	15.930 876	17.646 951	32.200 321	15.349 184	25.831 868	155.118 290	3 385.605 579	100.394 957
2	煤炭开采和洗选业	2.237 264	1.861 045	0.696 809	1.320 554	0.105 080	0.286 266	36.015 755	0.063 996	8.112 739
3	石油和天然气开采业	—	—	—	0.315 329	0.854 564	—	0.064 150	3.643 991	2.529 611
4	金属矿采选业	0.936 778	0.107 650	2.341 282	1.068 430	0.242 633	2.359 464	3.275 295	37.429 564	22.753 257
5	非金属矿采选业	1.368 742	0.108 566	1.107 341	0.862 977	0.542 445	1.158 743	12.235 274	10.643 409	3.957 781
6	食品制造及烟草加工业	25.292 386	24.212 548	18.577 619	14.737 824	14.433 646	22.241 827	247.283 388	1 045.963 486	94.424 649
7	纺织业	6.758 194	4.177 949	12.450 008	3.030 982	8.604 865	2.068 792	3.684 765	35.357 660	94.873 563
8	服装、皮革、羽绒及其制品业	4.308 913	3.793 268	17.777 946	1.823 255	24.638 524	2.327 034	15.396 465	27.674 728	81.503 093
9	木材加工及家具制造业	4.755 952	2.425 832	7.658 351	0.472 016	5.539 349	3.427 279	6.702 407	202.820 800	13.012 542
10	造纸印刷及文教用品制造业	2.969 896	5.345 298	6.937 367	1.606 173	9.301 758	5.087 653	15.117 042	31.749 711	54.245 837
11	石油加工、炼焦及核燃料加工业	0.390 068	16.836 620	1.970 222	4.356 576	1.965 169	0.500 731	2.302 007	8.092 952	6.948 439
12	化学工业	8.073 546	37.281 107	22.502 309	11.422 149	14.715 772	14.321 904	159.291 547	375.612 139	96.783 845
13	非金属矿物制品业	7.287 947	7.286 813	3.609 376	4.746 397	5.852 733	5.802 035	44.528 551	22.466 160	61.441 989
14	金属冶炼及压延加工业	3.510 289	7.062 962	5.040 858	11.776 679	3.451 960	3.905 684	134.852 507	15.323 832	72.601 544
15	金属制品业	1.282 326	4.228 003	5.916 410	2.182 472	6.666 400	1.861 152	17.519 794	25.241 023	25.354 724
16	通用、专用设备制造业	5.224 314	20.259 113	8.033 558	4.448 461	7.755 676	8.412 570	17.544 511	12.426 817	49.674 274
17	交通运输设备制造业	9.420 057	24.681 134	6.536 585	0.947 666	7.540 674	8.495 538	43.118 202	622.613 511	21.579 607

续表

序号	产品部门	1 安徽	2 北京	3 福建	4 甘肃	5 广东	6 广西	7 贵州	8 海南	9 河北
18	电气、机械及器材制造业	4.473 651	10.572 814	8.497 676	2.574 900	23.855 803	1.573 473	26.107 356	8.413 087	19.705 705
19	通信设备、计算机及其他电子设备制造业	1.778 256	209.547 636	15.162 215	2.278 686	75.664 180	0.593 446	14.727 429	3.776 100	6.849 779
20	仪器仪表及文化办公用机械制造业	0.693 839	12.010 397	5.171 634	1.066 509	7.161 379	0.503 395	2.113 916	18.026 374	16.816 158
21	其他制造业	2.125 874	0.636 103	3.438 410	1.781 271	3.620 390	2.150 669	7.324 180	0.404 709	0.086 718
22	废品废料	—	—	—	—	—	—	—	—	—
23	电力、热力的生产和供应业	2.949 392	3.765 315	3.320 079	6.667 905	10.036 846	1.286 312	51.973 035	23.513 720	13.674 116
24	燃气生产和供应业	0.185 625	0.514 299	1.214 345	0.705 174	0.736 344	0.240 165	3.382 545	3.987 176	0.427 199
25	水的生产和供应业	0.312 197	0.782 254	0.528 172	0.257 620	0.592 781	0.208734	1.902 458	16.252 349	0.594 992
26	建筑业	15.335 110	52.509 903	14.527 285	30.488 199	19.149 836	18.946 533	307.614 192	450.536 343	114.619 323
27	交通运输及仓储业	9.002 653	31.896 607	13.480 791	9.974 249	14.928 186	6.110 874	91.846 151	351.879 360	43.229 329
28	邮政业	0.371 530	3.344 159	0.272 212	0.885 962	0.455 385	0.604 996	11.757 141	97.924 687	2.013 788
29	信息传输、计算机服务和软件业	1.402 938	58.439 107	2.261 620	4.582 046	7.871 301	2.413 297	39.401 738	840.757 020	14.317 494
30	批发和零售贸易业	18.125 471	25.356 647	17.467 314	30.530 549	13.396 790	19.440 345	197.453 635	1 450.660 273	127.528 242
31	住宿和餐饮业	11.110 195	21.385 509	7.444 613	16.110 150	11.708 438	14.375 326	248.091 913	1 404.594 824	19.786 103
32	金融保险业	10.548 471	66.966 826	10.577 105	12.303 675	7.282 753	5.425 815	77.794 490	359.143 631	15.920 282

续表

序号	产品部门	1 安徽	2 北京	3 福建	4 甘肃	5 广东	6 广西	7 贵州	8 海南	9 河北
33	房地产业	16.006 335	49.284 741	11.099 038	21.569 453	11.543 113	8.970 277	57.459 736	318.263 893	70.811 396
34	租赁和商务服务业	0.980 850	43.902 474	0.831 920	2.861 770	5.295 404	0.504 627	109.011 127	32.469 369	15.354 918
35	旅游业	1.490 817	1.166 409	0.330 049	0.151 648	7.882 358	31.363 301	3.481 639	10.825 859	0.159 710
36	科学研究事业	0.544 238	14.711 882	0.108 361	1.147 764	0.535 253	0.331 848	2.152 987	25.912 850	0.476 167
37	综合技术服务业	0.786 460	48.906 655	0.430 999	0.564 429	3.104 932	1.631 390	4.776 588	22.849 190	3.119 250
38	其他社会服务业	3.487 844	5.651 575	2.350 280	4.411 867	4.589 087	1.065 002	19.550 682	126.339 940	4.650 550
39	教育事业	3.617 348	13.986 512	2.646 644	16.921 752	2.918 742	5.164 774	47.039 684	129.095 823	7.329 325
40	卫生、社会保障和社会福利业	2.340 359	7.513 293	4.157 379	6.123 360	3.557 781	4.632 901	24.640 523	48.664 593	9.610 708
41	文化、体育和娱乐业	0.510 811	23.130 432	1.761 707	1.521 854	1.294 034	1.163 045	3.696 437	60.584 146	2.129 215
42	公共管理和社会组织	2.821 646	19.878 588	5.390 513	11.651 888	5.754 358	46.216 470	98.931 380	151.025 875	—

附表 15 的续表（1）

序号	10 河南	11 黑龙江	12 湖北	13 湖南	14 吉林	15 江苏	16 江西	17 辽宁	18 内蒙古	19 宁夏	20 青海	21 山东
1	13.882 658	23.497 532	17.569 591	31.521 735	254.984 461	64.006 098	32.668 107	9.631 802	100.123 231	47.646 502	68.741 401	14.129 696
2	6.337 119	2.416 064	0.181 868	2.155 553	2.948 833	2.350 000	0.832 192	1.747 682	19.904 041	11.481 529	7.161 679	6.867 529
3	1.508 079	2.916 683	0.246 286	—	1.665 413	0.203 427	—	1.732 329	0.701 897	10.090 274	58.634 367	2.892 323
4	2.922 535	0.297 817	1.028 841	1.734 787	0.955 339	0.467 734	0.974 923	1.109 924	2.231 523	7.798 781	9.090 424	2.467 156
5	2.447 944	0.587 806	2.744 296	1.768 105	1.825 743	1.518 188	0.923 301	0.896 755	2.305 587	6.262 340	2.731 284	1.522 933

续表

序号	10 河南	11 黑龙江	12 湖北	13 湖南	14 吉林	15 江苏	16 江西	17 辽宁	18 内蒙古	19 宁夏	20 青海	21 山东
6	17.359 687	38.082 423	26.450 916	34.306 762	486.403 881	59.644 118	27.639 515	5.871 944	84.081 725	21.477 707	55.327 076	37.173 924
7	4.666 883	1.443 723	13.682 637	5.904 232	17.093 849	67.657 829	6.247 115	1.704 899	50.530 220	0.863 804	6.564 918	12.910 124
8	5.466 277	2.030 285	12.074 492	6.703 124	7.715 872	147.140 330	3.750 068	3.502 482	16.896 337	5.451 817	1.711 174	5.653 937
9	9.616 497	4.616 796	2.574 226	4.682 860	15.984 838	12.945 349	2.756 996	1.143 366	4.359 396	0.420 700	0.078 588	1.572 252
10	3.862 876	2.611 191	3.409 203	4.907 748	9.097 037	18.594 281	2.480 077	1.533 637	5.280 183	9.778 818	2.926 161	6.559 589
11	2.415 843	6.082 735	0.977 691	1.186 534	8.841 957	5.743 070	0.721 779	6.438 636	3.684 009	15.104 482	29.505 636	9.654 026
12	14.821 200	7.327 351	11.645 770	13.293 921	48.575 985	108.939 088	6.981 729	8.900 024	14.689 937	32.638 713	55.849 070	23.098 818
13	25.298 481	2.663 296	6.259 258	8.033 332	130.550 435	28.305 442	4.620 265	4.612 569	15.480 764	10.090 495	21.066 023	8.004 848
14	10.336 280	1.405 604	7.174 623	9.408 421	19.767 752	39.018 697	4.160 142	13.277 562	18.389 916	37.767 305	67.078 023	9.491 937
15	5.756 464	1.577 761	3.441 424	5.017 550	3.212 454	29.743 628	0.887 242	3.222 124	1.014 505	6.683 289	7.021 900	3.387 190
16	20.224 399	4.413 441	5.649 593	8.420 218	12.841 376	67.233 458	2.005 866	12.770 990	4.483 585	9.744 654	17.328 415	24.358 320
17	8.482 489	3.144 183	22.594 181	8.871 224	384.335 434	35.459 603	4.030 005	10.153 335	2.252 077	0.762 052	1.896 271	15.388 911
18	6.365 727	1.141 013	1.833 991	3.947 871	3.399 819	37.769 185	1.394 738	3.326 293	1.489 972	2.721 599	8.159 725	15.200 019
19	1.896 519	0.356 053	1.675 971	3.609 905	3.518 861	94.123 465	0.563 409	6.130 286	0.849 194	0.367 164	0.224 393	5.074 403
20	0.435 297	0.834 887	1.444 105	0.596 013	2.835 280	7.977 359	0.735 336	0.730 575	0.088 918	1.369 432	1.757 892	0.665 506
21	8.027 098	0.299 477	1.721 955	4.097 592	0.071 259	10.066 794	1.441 094	0.313 555	0.703 900	0.095 296	—	2.921 681
22	—	—	—	—	—	—	—	—	—	1.192 652	—	—
23	9.215 224	4.735 696	3.216 944	4.178 129	3.896 923	19.172 222	4.107 420	2.524 343	19.499 630	16.274 705	18.774 340	5.315 560
24	0.115 041	0.578 519	0.445 833	0.107 590	0.306 734	0.969 044	0.404 628	0.228 113	0.773 645	0.288 730	—	0.103 820
25	0.510 186	0.494 395	0.892 143	0.490 195	1.189 846	2.827 411	0.468 177	0.423 592	1.117 259	0.801 089	0.727 342	0.193 011

续表

序号	10 河南	11 黑龙江	12 湖北	13 湖南	14 吉林	15 江苏	16 江西	17 辽宁	18 内蒙古	19 宁夏	20 青海	21 山东
26	23.890 911	12.731 723	18.601 005	25.116 778	166.459 581	69.389 099	24.667 914	10.764 819	30.156 298	63.369 261	235.156 722	20.996 842
27	18.859 284	6.390 092	7.101 894	16.917 305	89.337 202	25.895 496	8.284 833	7.026 301	27.632 404	47.989 383	197.705 096	11.688 294
28	0.713 467	0.666 428	0.246 142	0.432 702	2.370 103	1.171 172	0.459 242	0.238 407	1.399 192	3.498 520	1.931 788	0.586 431
29	3.018 412	3.210 044	2.262 271	5.461 679	27.063 432	10.054 173	1.942 247	2.506 698	3.762 565	8.254 270	9.350 795	2.596 064
30	18.571 076	9.508 301	11.236 663	25.159 352	135.362 331	88.515 501	9.093 897	12.592 883	14.300 008	21.058 081	62.969 653	21.298 401
31	5.151 985	12.000 843	8.649 506	11.617 627	97.629 205	12.096 685	10.586 841	4.152 838	28.544 394	21.442 751	44.440 742	12.914 932
32	0.778 907	6.862 123	13.019 734	9.672 614	33.806 369	22.179 800	4.581 793	5.269 188	15.287 970	10.424 875	18.103 554	11.506 403
33	18.937 700	11.567 257	2.808 589	0.728 760	27.535 630	80.231 010	4.163 608	6.746 991	21.945 614	2.261 555	75.147 012	11.943 828
34	3.135 963	1.987 972	1.983 311	3.819 875	71.540 707	4.596 732	3.072 142	0.849 273	1.885 122	1.493 559	1.699 294	1.146 085
35	0.495 618	0.270 556	0.527 052	0.253 843	3.550 852	0.195 001	7.833 432	0.366 640	0.726 826	0.354 231	1.431 802	0.677 833
36	0.271 495	0.384 793	0.485 809	0.649 448	3.395 985	2.437 143	0.710 734	1.507 836	1.253 829	0.957 974	2.731 955	0.332 475
37	4.489 411	1.791 466	1.083 610	1.862 715	7.551 234	5.648 099	0.416 765	0.404 228	0.376 667	4.329 630	10.147 574	2.390 997
38	3.135 952	3.121 130	3.489 677	4.335 677	3.009 798	10.590 767	2.936 764	5.095 698	3.068 014	5.006 307	5.412 484	1.007 762
39	3.521 502	2.616 438	2.978 905	9.278 579	10.355 557	12.664 030	4.008 802	2.160 329	2.306 583	15.740 661	12.731 744	0.508 646
40	5.829 411	1.591 073	1.310 878	13.955 784	9.660 630	12.563 624	2.317 175	2.249 697	3.250 032	10.653 353	15.683 813	2.432 010
41	0.855 221	1.466 982	1.526 483	1.819 203	3.338 985	4.990 391	1.329 246	0.943 630	4.190 225	3.147 633	1.203 246	2.824 748
42	4.873 229	7.065 525	3.481 254	10.749 204	34.332 368	21.654 143	6.425 143	4.190 259	9.889 339	17.717 476	29.947 947	21.260 256

附表15 的续表（2）

序号	22 山西	23 陕西	24 上海	25 四川	26 天津	27 新疆	28 云南	29 浙江	30 重庆	31 全国
1	7.281 380	17.094 029	205.718 221	21.448 667	31.571 359	353.842 707	258.850 663	8.445 018	18.984 840	7.867 636
2	20.658 965	2.278 459	3.775 908	1.753 346	0.103 975	4.587 603	13.493 755	0.109 220	4.284 427	1.326 098
3	—	3.708 931	3.712 057	1.199 432	7.086 196	11.123 753	0.065 807	—	0.132 964	0.682 408
4	1.254 940	1.495 394	—	0.328 115	—	1.660 645	15.853 117	0.438 736	8.710 282	0.553 718
5	1.369 972	0.648 764	0.062 905	2.882 070	0.674 171	0.768 008	12.672 993	1.315 062	2.003 555	0.582 782
6	3.359 794	14.311 221	349.713 932	18.497 363	52.457 271	223.367 450	350.451 780	15.777 064	19.248 088	6.739 449
7	1.035 686	5.026 724	156.753 314	2.194 742	22.973 656	46.708 880	3.815 440	65.109 429	5.943 093	4.559 292
8	0.478 864	2.112 340	361.816 281	1.912 550	86.543 443	5.924 247	2.772 835	75.869 603	2.510 765	6.368 201
9	0.376 447	0.874 897	102.926 656	2.056 251	12.348 101	5.303 308	10.162 814	7.606 616	0.513 176	1.991 555
10	0.840 701	4.692 528	200.320 137	2.719 744	18.035 864	3.710 433	13.643 915	14.064 412	1.370 820	2.934 084
11	12.366 591	4.912 740	47.118 172	0.335 410	14.077 679	20.388 313	1.692 186	0.855 170	0.232 732	1.543 593
12	8.885 026	13.219 765	518.531 408	7.401 249	58.344 736	26.511 228	93.136 271	38.769 107	21.229 104	7.964 721
13	9.737 026	4.689 587	77.210 416	6.828 772	6.279 522	13.587 904	25.028 306	9.991 212	9.203 273	2.222 010
14	18.094 812	3.180 753	187.054 848	5.925 483	29.121 390	8.564 156	62.400 869	6.171 980	10.018 028	4.882 023
15	4.911 637	1.179 577	130.863 696	1.491 342	17.276 585	3.213 449	12.443 479	16.060 701	1.321 677	2.260 059
16	6.046 784	8.081 507	469.085 381	3.156 877	21.649 389	3.193 005	18.180 973	37.179 766	13.144 561	5.492 605
17	1.411 995	8.861 393	1 549.607 405	2.930 171	25.657 368	2.519 611	9.035 548	22.005 801	232.216 047	4.964 221
18	1.033 659	3.473 854	369.495 276	1.932 716	52.857 298	3.578 484	7.940 958	30.009 533	4.330 276	2.938 383
19	0.172 546	7.798 858	770.403 736	7.950 275	215.797 789	0.091 172	1.344 356	16.211 422	1.022 877	7.241 030
20	0.272 169	2.554 289	95.647 167	0.249 113	7.406 707	0.314 159	2.233 444	10.679 651	6.548 496	0.863 044

续表

序号	22 山西	23 陕西	24 上海	25 四川	26 天津	27 新疆	28 云南	29 浙江	30 重庆	31 全国
21	1.095 376	0.261 443	25.518 318	0.527 463	12.139 865	0.136 753	1.582 151	6.666 016	0.370 021	0.996 598
22	—	—	—	—	—	—	—	—	—	—
23	7.960 857	3.597 730	51.282 366	5.133 333	4.870 332	12.375 285	26.339 426	5.380 857	2.779 809	2.371 810
24	0.382 472	0.195 966	7.729 573	0.297 522	2.465 406	2.635 973	1.402 741	0.122 144	0.340 880	0.218 297
25	0.362 677	0.379 934	10.818 910	0.300 075	0.738 833	1.530 914	2.415 102	0.653 785	0.328 436	0.223 479
26	28.751 897	21.974 639	415.813 496	30.781 204	36.012 482	84.583 067	138.997 539	28.905 315	30.397 816	11.615 504
27	22.337 325	19.264 316	734.442 841	9.991 076	28.401 757	53.951 516	137.735 550	15.078 167	9.737 940	5.775 513
28	0.909 646	0.665 832	118.608 781	0.268 004	0.901 191	2.156 578	2.521 818	0.442 101	4.105 930	0.516 257
29	3.726 221	9.643 664	156.247 542	3.544 305	10.701 018	27.659 231	16.642 494	5.737 605	3.296 158	2.279 370
30	13.950 661	19.230 316	425.108 485	5.152 200	68.269 883	70.769 787	96.648 744	28.673 885	53.984 586	8.123 709
31	3.657 696	8.847 703	222.158 427	8.851 352	20.191 216	73.624 797	104.541 909	9.450 554	7.465 953	4.447 822
32	5.705 941	5.874 056	461.264 946	9.365 647	21.068 032	21.685 063	11.733 657	10.947 966	5.371 308	3.856 983
33	3.607 935	8.509 071	141.502 509	6.131 806	38.708 617	5.433 674	18.019 406	11.608 694	37.540 025	3.463 499
34	2.660 783	1.443 937	131.292 346	1.455 648	8.698 957	36.996 511	5.299 926	14.301 238	27.892 344	2.431 056
35	1.772 321	0.196 137	215.378 860	1.464 849	0.128 145	2.022 832	14.272 624	68.694 540	2.434 243	0.818 470
36	2.132 959	1.285 638	57.117 987	0.890 419	0.699 909	1.285 528	3.429 544	1.837 759	0.418 665	0.407 775
37	3.275 373	1.418 889	64.414 107	3.297 117	6.304 835	3.048 566	23.783 692	2.548 991	3.214 842	1.310 024
38	3.847 066	1.127 020	75.231 373	8.866 854	20.233 955	8.615 706	9.258 267	2.924 424	15.944 005	3.379 820
39	10.535 612	4.493 109	86.981 247	8.953 918	6.627 426	38.529 586	69.679 154	6.361 613	4.663 674	4.251 655
40	7.368 458	2.290 240	78.783 433	2.922 349	5.355 858	17.734 137	48.372 649	7.675 288	3.467 470	1.795 628

续表

序号	22	23	24	25	26	27	28	29	30	31
	山西	陕西	上海	四川	天津	新疆	云南	浙江	重庆	全国
41	4.986 247	1.024 636	107.826 678	1.795 243	1.118 450	5.492 024	15.509 105	3.738 660	0.897 480	1.085 834
42	11.490 590	—	217.975 691	10.011 237	—	50.509 048	323.951 419	15.661 015	6.775 953	—

附表16 IERCN网络边权数据和IERCN-P网络指标统计

序号	企业部门	双模式网络边权数据			单模式网络指标数据	
		工业废水排放量	化学需氧量	二氧化硫排放量	工业固体废物产生量	出权	加权集聚系数
1	广州德光热交换器制造有限公司	0.000 097	0.000 162	0.000 000	0.000 000	0.010 427	0.003 480
2	广州食品添加剂有限公司	0.000 872	0.000 747	0.000 000	0.000 000	0.069 468	0.004 008
3	广州振隆药业有限公司	0.000 108	0.000 232	0.004 304	0.000 312	0.051 424	0.001 628
4	广州三和门窗有限公司	0.000 370	0.000 698	0.000 000	0.000 012	0.042 711	0.003 355
5	广州杰赛科技股份有限公司印制电路分公司	0.012 089	0.010 357	0.000 000	0.000 323	0.968 739	0.006 673
6	施师德（广州）母线有限公司	0.001 923	0.000 849	0.000 064	0.000 720	0.138 570	0.004 003
7	广州市机电工业研究所	0.000 126	0.000 073	0.000 000	0.000 206	0.008 833	0.003 606
8	百事（中国）有限公司	0.000 791	0.000 678	0.000 000	0.000 510	0.066 589	0.003 612
9	广州太平洋马口铁有限公司	0.016 673	0.014 285	0.000 000	0.000 000	1.337 223	0.007 571
10	广州帕卡濑精有限公司	0.000 088	0.000 032	0.000 000	0.000 370	0.011 563	0.002 287
11	卡夫广通食品有限公司	0.000 993	0.000 851	0.000 648	0.000 000	0.084 663	0.003 841
12	广州高露洁有限公司	0.009 824	0.008 417	0.000 000	0.003 534	0.843 552	0.006 462
13	阿克苏诺贝尔太古漆油（广州）有限公司	0.001 423	0.001 220	0.000 000	0.000 384	0.120 033	0.003 913

续表

序号	企业部门	双模式网络边权数据			单模式网络指标数据	
		工业废水排放量	化学需氧量	二氧化硫排放量	工业固体废物产生量	出权	加权集聚系数
14	广州环球自行车工业有限公司	0.001 395	0.001 195	0.000 000	0.000 099	0.112 856	0.003 871
15	广州宝洁有限公司	0.010 742	0.009 204	0.000 013	0.015 491	1.116 402	0.006 939
16	广州市香雪亚洲饮料有限公司	0.003 264	0.001 441	0.000 000	0.000 090	0.214 775	0.004 373
17	广州羊城管桩有限公司	0.002 696	0.002 310	0.000 000	0.000 000	0.214 793	0.004 775
18	广州日华化学有限公司	0.000 618	0.000 530	0.000 000	0.000 008	0.049 393	0.003 487
19	广州星光环保中心有限公司	0.001 717	0.001 471	0.000 000	0.000 003	0.136 842	0.003 939
20	箭牌糖果（中国）有限公司	0.001 344	0.001 152	0.000 000	0.001 288	0.128 936	0.003 799
21	广州百特医疗用品有限公司	0.008 942	0.007 661	0.001 005	0.000 001	0.721 315	0.006 006
22	安利（中国）日用品有限公司	0.013 437	0.011 513	0.000 000	0.000 105	1.072 367	0.006 893
23	三菱电机（广州）压缩机有限公司	0.019 690	0.016 870	0.001 243	0.013 141	1.803 933	0.008 754
24	味可美（广州）食品有限公司	0.001 825	0.001 563	0.000 000	0.000 438	0.152 952	0.004 081
25	广州昭和汽车零部件有限公司	0.005 220	0.002 304	0.000 000	0.001 015	0.358 558	0.004 973
26	广州屈臣氏食品饮料有限公司	0.003 635	0.003 114	0.000 000	0.000 357	0.295 795	0.004 680
27	三菱制药（广州）有限公司	0.014 426	0.012 360	0.000 000	0.000 018	1.149 628	0.007 049
28	广州艺爱丝纤维有限公司	0.003 121	0.002 673	0.001 208	0.000 690	0.270 988	0.004 527
29	广州麦芽有限公司	0.067 881	0.058 160	0.000 000	0.014 910	5.666 191	0.015 283
30	广州顶益食品有限公司	0.004 060	0.001 792	0.000 000	0.000 000	0.265 177	0.005 053
31	李锦记（广州）食品有限公司	0.001 669	0.001 429	0.000 000	0.000 068	0.134 121	0.003 965
32	迪爱生（广州）油墨有限公司	0.000 013	0.000 005	0.000 000	0.000 076	0.002 060	0.002 023

续表

序号	企业部门	双模式网络边权数据			单模式网络指标数据	
		工业废水排放量	化学需氧量	二氧化硫排放量	工业固体废物产生量	出权	加权集聚系数

序号	企业部门	工业废水排放量	化学需氧量	二氧化硫排放量	工业固体废物产生量	出权	加权集聚系数
33	广州漆利电子科技有限公司	0.192 278	0.249 608	0.000 000	0.006 148	18.335 089	0.028 960
34	广州西卡建筑材料有限公司	0.000 045	0.000 020	0.000 127	0.000 044	0.004 713	0.002 179
35	吉百利糖果（广州）有限公司	0.000 865	0.000 741	0.000 000	0.000 012	0.069 120	0.003 606
36	东华（广州）油墨有限公司	0.000 277	0.000 101	0.000 000	0.000 002	0.017 387	0.003 339
37	卡尔蔡司光学（中国）有限公司	0.010 691	0.009 160	0.000 000	0.000 150	0.854 370	0.006 352
38	广州旺旺食品有限公司	0.014 307	0.005 200	0.002 545	0.000 411	0.925 361	0.006 658
39	豪雅（广州）光学有限公司	0.003 347	0.002 867	0.000 000	0.000 135	0.268 986	0.004 548
40	广州顶津食品有限公司	0.013 064	0.005 766	0.000 000	0.000 271	0.858 012	0.006 417
41	广州卓德嘉薄膜有限公司	0.000 873	0.000 748	0.000 000	0.000 000	0.069 552	0.004 008
42	霍尼韦尔（广州）摩擦材料有限公司	0.000 000	0.000 000	0.000 000	0.000 408	0.006 515	0.001 579
43	美㼆（广州）化学有限公司	0.000 211	0.000 077	0.000 649	0.000 027	0.018 843	0.002 254
44	依利安达（广州）电子有限公司	0.074 096	0.063 485	0.000 000	0.003 107	5.957 399	0.015 423
45	国际纸业舒尔物德包装（广州）有限公司	0.000 927	0.000 409	0.000 191	0.000 044	0.062 991	0.003 594
46	松下电工电子材料（广州）有限公司	0.001 402	0.000 619	0.002 555	0.001 010	0.129 679	0.003 296
47	安美特（中国）化学有限公司	0.000 730	0.000 625	0.000 000	0.000 452	0.065 870	0.003 526
48	依利安达（广州）显示器有限公司	0.006 119	0.002 701	0.000 000	0.000 079	0.401 052	0.005 050
49	合一江铜（广州）有限公司	0.003 725	0.001 644	0.001 099	0.000 009	0.253 066	0.004 453
50	宏昌电子材料股份有限公司	0.000 000	0.000 000	0.000 648	0.000 362	0.011 068	0.001 370
51	广大科技（广州）有限公司	0.050 153	0.042 970	0.002 826	0.005 790	4.121 321	0.012 927

续表

序号	企业部门	双模式网络边权数据			单模式网络指标数据	
		工业废水排放量	化学需氧量	二氧化硫排放量	工业固体废物产生量	出权	加权集聚系数
52	永丰余纸业（广州）有限公司	0.000 710	0.000 608	0.000 573	0.000 026	0.061 869	0.003 327
53	广州市香雪制药股份有限公司	0.001 573	0.000 915	0.000 000	0.000 082	0.111 827	0.003 896
54	拜耳医药保健有限公司	0.000 769	0.000 659	0.000 000	0.000 036	0.061 898	0.003 581
55	广美精密钢管（广州）有限公司	0.000 784	0.000 285	0.000 000	0.000 000	0.049 081	0.003 954
56	贝尔罗斯（广州）工程塑料有限公司	0.000 000	0.000 000	0.000 000	0.002 318	0.037 014	0.001 826
57	广州三发运动器材有限公司	0.000 690	0.000 251	0.000 056	0.000 000	0.043 704	0.003 851
58	希世比科技电池（广州）有限公司	0.001 581	0.000 575	0.000 000	0.000 854	0.113 606	0.003 821
59	万宝漆包线有限公司	0.000 738	0.000 632	0.000 000	0.000 035	0.059 396	0.003 566
60	依利安达（广州）电子有限公司（东区）	0.030 393	0.013 414	0.000 000	0.002 223	2.023 907	0.009 135
61	光宝科技（广州）有限公司	0.013 409	0.007 798	0.000 000	0.000 059	0.942 031	0.006 581
62	建兴光电科技（广州）有限公司	0.043 818	0.025 483	0.000 000	0.000 724	3.087 684	0.010 976
63	艾利（广州）有限公司	0.001 101	0.000 486	0.000 004	0.000 567	0.081 660	0.003 652
64	广东省粤晶高科股份有限公司	0.001 892	0.001 100	0.000 000	0.000 099	0.134 492	0.004 009
65	广州喜乐食品企业有限公司	0.000 562	0.000 481	0.000 000	0.000 000	0.044 757	0.003 844
66	广州泰邦食品添加剂有限公司	0.000 850	0.000 728	0.000 000	0.000 000	0.067 710	0.003 997
67	广州益力多乳品有限公司	0.003 272	0.001 189	0.000 164	0.000 015	0.206 560	0.004 343
68	长兴（广州）电子材料有限公司	0.002 665	0.001 176	0.015 643	0.000 725	0.308 091	0.003 369
69	特普莱（广州）科技电池有限公司	0.001 998	0.000 882	0.000 000	0.000 890	0.145 785	0.004 024
70	广州森六塑件有限公司	0.000 000	0.000 000	0.000 000	0.000 054	0.000 862	0.001 500

续表

序号	企业部门	双模式网络边权数据				单模式网络指标数据		
		工业废水排放量	化学需氧量	二氧化硫排放量	工业固体废物产生量	出权	加权集聚系数
71	广州市火村家禽袋加工厂	0.000 202	0.000 089	0.000 000	0.000 000	0.013 188	0.003 670
72	广州立邦涂料有限公司	0.000 607	0.000 268	0.000 000	0.001 030	0.056 841	0.003 115
73	广州日维健营养食品有限公司	0.002 964	0.001 724	0.001 364	0.000 000	0.208 014	0.004 781
74	联众（广州）不锈钢有限公司	0.030 840	0.030 328	0.000 000	0.326 046	7.887 161	0.014 554
75	广州友益电子科技有限公司	0.004 297	0.003 682	0.000 000	0.000 000	0.342 354	0.005 317
76	广州光明乳品有限公司	0.005 824	0.002 117	0.000 109	0.000 000	0.365 579	0.005 389
77	广州市萝岗区联丰饲料材料有限公司	0.000 234	0.000 322	0.000 000	0.005 345	0.108 916	0.002 351
78	广州日正弹簧有限公司	0.001 860	0.000 821	0.014 707	0.000 134	0.236 898	0.002 836
79	广东威创日新电子有限公司	0.000 721	0.000 419	0.000 000	0.000 000	0.050 587	0.003 927
80	广州合科技（广州）有限公司	0.018 425	0.015 786	0.000 253	0.004 786	1.552 871	0.008 217
81	广州斯迪富电子有限公司	0.004 592	0.002 027	0.000 000	0.000 015	0.300 194	0.004 672
82	广州佳颖香料有限公司	0.000 006	0.000 006	0.000 000	0.000 000	0.000 508	0.003 459
83	广州市兴森电子有限公司	0.010 031	0.008 594	0.000 071	0.001 809	0.831 145	0.006 415
84	广州市宝特城塑胶制品有限公司	0.000 000	0.000 000	0.000 000	0.000 008	0.000 128	0.001 486
85	广州德爱康纺织内饰制品有限公司	0.000 000	0.000 000	0.000 000	0.000 034	0.000 543	0.001 494
86	广州市达志化工科技有限公司	0.000 463	0.000 168	0.000 004	0.000 002	0.029 046	0.003 425
87	舒适刀片（广州）有限公司	0.002 394	0.002 051	0.000 000	0.000 110	0.192 642	0.004 237
88	广州斗原钢铁有限公司	0.007 197	0.000 132	0.000 000	0.002 636	0.408 885	0.005 074
89	广州旷达汽车织物有限公司	0.000 135	0.000 059	0.000 000	0.000 020	0.009 145	0.003 263
90	百事饮料（广州）有限公司	0.019 549	0.007 106	0.000 000	0.000 793	1.237 712	0.007 398
91	长兴（广州）精细涂料有限公司	0.000 141	0.000 062	0.000 020	0.000 101	0.011 095	0.003 017

续表

序号	企业部门	双模式网络边权数据			单模式网络指标数据	
		工业废水排放量	化学需氧量	二氧化硫排放量	工业固体废物产生量	出权	加权集聚系数
92	本田汽车（中国）有限公司	0.005 988	0.002 643	0.000 000	0.000 192	0.394 466	0.005 052
93	广州日弘机电有限公司	0.001 514	0.000 668	0.000 039	0.000 496	0.107 779	0.003 858
94	飞登（广州）电子有限公司	0.008 181	0.003 611	0.000 000	0.000 053	0.535 271	0.005 469
95	东海橡塑（广州）有限公司	0.002 791	0.001 014	0.002 068	0.000 000	0.192 254	0.004 328
96	益海（广州）粮油工业有限公司	0.003 147	0.002 697	0.000 000	0.000 049	0.251 600	0.004 457
97	广州明旺乳业有限公司	0.016 416	0.005 967	0.012 464	0.000 493	1.141 871	0.006 973
98	扬子江药业集团广州海瑞药业有限公司	0.004 494	0.002 614	0.000 000	0.000 004	0.315 462	0.004 701
99	广州宏隆电子材料科技有限公司	0.005 087	0.043 777	0.000 026	0.000 762	1.756 176	0.008 234
100	珞徽电镀锌钢板（广州）有限公司	0.014 255	0.008 366	0.000 000	0.000 142	1.005 482	0.006 759
101	四维尔丸井（广州）汽车零部件有限公司	0.014 467	0.002 824	0.000 000	0.000 453	0.828 358	0.006 367
102	广州天科技（广州）有限公司	0.019 083	0.145 846	0.000 000	0.000 000	5.914 627	0.016 513
103	朔安合成科技（广州）有限公司	0.000 002	0.000 001	0.000 000	0.000 056	0.001 033	0.001 463
104	广州泛亚聚酯有限公司	0.002 103	0.018 668	0.000 585	0.000 001	0.745 023	0.005 817
105	高砂香料（广州）有限公司	0.000 778	0.000 283	0.000 000	0.000 000	0.048 711	0.003 951
106	广州广日专用汽车有限公司	0.001 237	0.000 720	0.000 406	0.000 001	0.090 386	0.003 673
107	广州汉高表面技术有限公司	0.000 196	0.000 114	0.000 000	0.000 063	0.014 842	0.003 248
108	金鹏源康（广州）精密电路有限公司	0.008 554	0.011 096	0.000 000	0.000 081	0.812 036	0.006 185
109	广州珠江钢铁有限责任公司	0.052 080	0.036 962	0.005 797	0.127 665	6.054 634	0.015 007
110	广州恒运热电（C）厂有限责任公司	0.011 302	0.003 850	0.328 160	0.268 685	7.743 578	0.011 611
111	广州恒运热电（D）厂有限责任公司	0.026 855	0.013 768	0.598 365	0.176 598	9.413 329	0.014 194